新阶梯卓越法律人才培养系列教材　　中国宪法学课程系列教材

中国宪法学

第二版

CHINESE CONSTITUTION

主　编　汪太贤

副主编　张　震　刘泽刚

撰稿人（以撰写章节先后为序）

吴晓秋　冉思东　何永红　刘泽刚

陈建平　李鼎楚　汪太贤　梁洪霞

温泽彬　陈兴立　张　震　林孝文

高应可　莫江平

法律出版社

LAW PRESS · CHINA

总　序

教学质量是高等学校的生命线；重视教材建设，是提高教学质量的重要环节。早在2005年，教育部就以1号文件下发了《关于进一步加强高等学校本科教学工作的若干意见》，要求"加强教材建设，确保高质量教材进课堂……对发展迅速和应用性强的课程，要不断更新教材内容，积极开发新教材，并使高质量的新版教材成为教材选用的主体"，而且特别强调教材应当"具有中国特色、中国风格和中国气派"。教材是课程及教学内容的载体，是在校大学生获得知识的重要途径。教材的编写过程本身，有利于及时反映社会状况的最新变化和学术研究的最新成果，有利于改进教学方法、提高教学水平、增强科研能力。这都是对教学与科研的反思和总结。通过教材的编写，还可以促使教师总结教育教学规律，了解学生的知识需求，培养热爱教学和关爱学生的教育情怀，实现教师、教材与学生三者的有机联结与良性互动。

依法治国是党领导人民治理国家的基本方略，高等法学教育是国家法治发展的重要依托。我国高等法学教育大众化的快速推进，引发了人们对法学教育质量的疑虑，进而促使法学教育工作者深刻思索如何改革法学教学方式、如何完善法学课程体系等问题。法学教育必须适应法律职业对法律人在知识、能力等方面的实际需求，而法学教育的进一步改革和发展又必须以法学核心课程教材建设为基础。如果说法学核心课程的确立，是对我国法学教育历史经验深刻反思的成果，是对养成法学思维方式所需基本知识体系的科学总结；那么，编撰高质量的法学核心课程配套教材，就是目前高等法学教育工作者不可推卸的责任。

西南政法大学前身是1950年成立的以刘伯承元帅为校长的西南人民革命大学。1953年，以西南人民革命大学为基础，合并重庆大学、四川大学、贵州大学、云南大学、重庆财经学院的法律院(系)成立西南政法学院。1958年，中央公安学院重庆分院又并入我校。特殊的建校背景，使学校汇集了当时西南地区法学和法律界的主要资源，也因此被誉为"新中国政法类的西南联合大学"。在我校的发展历程中，先后经历了多次隶属关系变更。"文革"期间曾一度被迫停办。1977年，经中央批准恢复法学本科招生。1978年，经国务院批准为全国重点大学，是司法部部属政法院校中唯一的全国重点大学。1979年，开始招收法学硕士研究生，是改革开放以后全国首批硕士学位授权单位。1993年，被国务院学位委员会批准为博士学位授权单位。1995年，经原国家教委和司法部批准，更名为西南政法大学。2003年，被国务院学位委员会确定为全国首批法学一级学科博士学位授权点；同年，经人事部批准设立法学博士后科研流动站。2012年10月24日，教育部、重庆人民政府签署共建西南政法大学协议，教育部副部长杜玉波在共建合作协议签字仪式讲话中指出："西南政法大学办学历史悠久，为国家培养和输送了众多优秀人才，推动了国家的法制昌明，被誉为'新中国法学教育的黄埔军校'。"同年，西南政法大学同时入选教育部、中央政法委员会公布的应用型、复合型法律职业人才教育培养基地、涉外法律人才教育培养基地和西部基层法律人才教育培养基地等全部三类首批国家级卓越法律人才教育培养基地。

经过六十多年的建设，学校正在发展成为以法学为主，法学与政治学、经济学、管理学、文学等多学科协调发展的特色鲜明、优势突出的研究型高水平大学。学校与美国、英国、德国、法国、俄罗斯、加拿大、意大利、日本和泰国等国家以及我国香港、澳门和台湾地区的一些大学，建立了校际友好关系，进行广泛而深入的学术交流与合作。

高水平大学应当有高水平的教材。作为国内规模最大的法学人才教育培养基地，西南政法大学历来高度重视本科教学质量及本科教材建设，不仅培养了一大批具有较强教学研究能力的中青年学者，而且逐步形成了自己独具特色的教学模式和教材风格。面对新世纪新阶段法学教育的变化，学校做出积极反应，在提高本科教学质量方面，做出了更大的努力。学校在总结已有教材编写经验的基础上，广泛吸取国内外其他法学教材的长处，与法律出版社合作，编写出版本套教材，以践行我校法学教育理论性与实践性充分结合的办学理念，并积极努力为我国高等法学教育事业做出自己新的更大的贡献。

本套教材以发展着的马克思主义为指导，坚持社会主义法治理念，贯彻和实践科学发展观，遵循理论联系实际的原则，力求适应国内依法治国与构建和谐社会的新要求，适应国际经济全球化发展的新态势，准确把握现代法治精神，在吸纳国内外法学研究最新成果的基础上，树立精品意识与创新观念，按国家级规划教材的高标准致力于打造符合国家精品课程要求的品牌教材。为了确保编写质量，我校通过专家论证，由教材委员会遴选高水平教师主持本套教材的编写和修订任务，并在教材建设经费上给予了重点支持。我们对本套教材的特色要求是：通过对基本知识点的重点阐述，保证学生掌握基础理论；通过对学术前沿问题的介绍，拓展学生视野，启发学生思维；通过对基本技能训练的指导，提高学生处理法律事务和应对国家司法考试的能力；通过课后作业的问题设计，引导学生独立思考、深入研究。

本套教材主要作为高等学校法学专业本科教学用书，也可供报考法学各专业研究生复习备考使用。

西南政法大学教材委员会

2013年5月

编者及修订者简介

汪太贤 男,1963年生,1986年获重庆师范学院汉语言文学学士学位,1989年获西南政法学院法学硕士学位,2004年获武汉大学法学博士学位。1992年晋升为讲师,1996年晋升为副教授,2001年晋升为教授。1999年任硕士研究生导师,2003年任博士生导师,现为重庆市宪法与行政法学学术带头人,西南政法大学行政法学院教授、博士生导师。主要研究方向有法治理论、近代中国宪法史等。专著主要有《从治民到民治:清末地方自治思潮的萌生与变迁》、《西方法治主义的源与流》、《法治的理念与方略》等,主编或参编教材有《法学绪论》、《法学导论》、《法理学》等,在《法学研究》、《中国法学》等期刊上发表学术论文八十余篇。

张　震 男,1999年毕业于中南政法学院法律系法学专业,获法学学士学位,2002年毕业于中南财经政法大学法学院宪法学与行政法学专业,获法学硕士学位,2009年毕业于中国人民大学法学院宪法学与行政法学专业,获法学博士学位,2014年获西南政法大学法学博士后。现为西南政法大学行政法学院副教授,硕士生导师,宪法教研室主任,兼中国宪法学研究会理事。主要研究方向:宪法学、人权法学。出版个人学术专著四部,并在《人民日报》、《法商研究》、《现代法学》、《法学评论》、《政治与法律》、《当代法学》等重要报刊上发表论文三十余篇,其中多篇文章被《中国社会科学文摘》、《人大报刊复印资料》等全文转载。主持全国博士后科学基金、国家安全部、中国法学会、重庆市博士后特别资助项目等课题。获得由环保部、中国法学会颁发部级科研奖励五项。荣获西南政法大学优秀教师。

刘泽刚 男,1996年获西南政法大学法学学士学位,1999年获西南政法大学法学硕士学位,同年留校任教。2011年获武汉大学哲学博士学位。现任西南政法大学行政法学院副教授,硕士生导师。主要研究方向:宪法权利、德国宪法、法哲学、隐私法、信息法。在《现代法学》、《华东政法大学学报》、《哲学评论》、《德国哲学》、《宁夏社会科学》、《社会科学家》、《法律与医学》等期刊上发表论文十余篇,其中数篇被《社会科学文摘》、《人大复印资料》全文转载。主持与主研多项国家级和省部级项目。

莫江平 男,1964 年生,1982 年考入西南政法学院法律系就读,1986 年毕业留校任教,现为行政法学院副教授。主要研究方向:宪政制度、人权保障。撰写《权利时代的宪法》、《中国宪法学》(主编)、"法眼看非典"、"知情权名称厘定与性质分析"、"选举权的误区"、"法律的情感与理性"、"'无罪推定'应该写进宪法"、"人民代表三论——纪念《代表法》颁布 10 周年"、"我国公民的平等权及其误区"、"人有没有恐惧的权利?"等著述。

吴晓秋 女,1964 年生。1986 年获重庆师范学院汉语言文学学士学位,2002 年获西南政法大学法学硕士学位,2015 年获西南政法大学法学理论博士学位。1996 年被评为编辑,2002 年转评为讲师,2004 年晋升为法学副教授,2005 年任宪法与行政法学专业硕士生导师。现任西南政法大学行政法学院副教授。主要研究方向:宪法与领土、新闻自由、女权主义。在《环球法律评论》、《政法论坛》、《西南民族大学学报》、《湘潭大学学报》、《西南政法大学学报》等学术刊物上发表论文十余篇。

冉思东 女,1963 年生,法学硕士,1986 年毕业于西南政法学院法律系,现为西南政法大学行政法学院副教授,硕士生导师。长期从事中国宪法学、外国宪法学的教学工作,主要研究方向为宪法学。曾在《现代法学》、《法学家》、《西南民族大学学报》等刊物上发表"民事诉权制度:一种私权的公力救济方式"、"论中国宪法的人权表达"、"宪法的自由逻辑进程"等文章。

陈建平 男,1974 年生,湖南邵阳人,法学博士,西南政法大学副教授,宪法与行政法学专业硕士研究生导师,从事宪法学与人权法学的教学和理论研究。在《现代法学》、《甘肃社会科学》、《法制日报》等报刊上发表论文数十篇,代表性著作有《湖南省宪研究》。

温泽彬 男,法学博士,西南政法大学行政法学院副教授,硕士生导师。先后在西南政法大学、中国人民大学法学院学习,2011 年毕业于中国人民大学,获法学博士学位。主要研究领域:基本权利、宪法制度及行政法学。在《现代法学》、《法商研究》、《法学》、《政治与法律》、《法制日报》等核心刊物发表论文三十余篇,其中多篇为《人大报刊复印资料》、《高等学校文科学术文摘》转载。主持国家社科基金项目一项,主持省部级社科项目多项,并参与多部著作、教材及工具书编写。

目　　录

修 订 说 明

本教材自出版以来,已历五个春秋,本校已有五届法学本科学生的宪法课程采用了此教材授课。但在这五年之中,教师的讲授和学生的学习为我们提供许多宝贵的意见,使我们认识到本教材的编写还存在诸多问题或不足。这些问题或不足,有的是本教材的编写体例中难以解决的,有的是在其编写体例中可以补正的。基于后者,我们启动了这次小范围的教材修订工作。

本次修订主要涉及三个方面:

第一,字句或表述上的订正,主要是针对本教材中某些字句上错误或不当,以及表述上的不确,使之更为严肃、确当。

第二,局部内容上的修改,主要是对本教材原有某些内容进行了调整、修改或补充,使其更为明了、恰当,以及能与宪法性法律的修改相衔接。后者如,我国《立法法》于2015年3月15日经第十二届全国人民代表大会第三次会议修改后,原教材中的相关内容已与修改后的《立法法》规定不甚相符,故于本次进行了修改。

第三,增设延伸阅读文献的指引和提出应当思考的问题。在增设延伸阅读文献的指引方面,主要是根据每章的内容,为学生指出进一步了解相关内容时需要阅读的课外书目或书目篇章,可能在一定程度上能够满足学生对宪法学的兴趣和求知欲望。同时,我们还在每章的结尾,为学生提出一些与本章内容相关的思考问题,以此启发学生的思维,其目的在于培养其问题意识和思考能力。

本次修订,除教材编写人员参加外,宪法教研室的李鼎楚副教授、何永红副教授、林孝文副教授也积极参与其中,分别参加了对第三章第二、三节,第二章,第六章第三节的修订。

特此说明。

汪太贤
2015年12月12日

看与讨论等学习手段。在讲授内容上,引入了宪法事件或实例分析等等。同时,为了拓展和深化“中国宪法学”课程的教学,本学科还专门开设了“外国宪法学”和“人权法学”课程,作为“中国宪法学”课程的知识延伸。

本教材《中国宪法学》是在上述教材和教学实践基础上的一种新的尝试,即贯彻我们正在进行的中国宪法学教学改革的一个组成部分。宪法学教研室拟对中国宪法学课程的教材体系进行改革,拟分别编写《中国宪法学》(讲授教程)、《中国宪法阅读教程》和《中国宪法实例教程》,使学生对宪法特别是对中国宪法有多种形式的认知和理解。据此,先行编写讲授教材《中国宪法学》。该教材由西南政法大学宪法教研室的教师集体编写而成。它主要针对法学本科学生所开设的“中国宪法学”和“宪法学”课程,为其提供教学和学习用书;但该教材亦可以作为法学各专业研究生和法律硕士研究生学习宪法学的参考书。

本教材是对二十多年来“宪法学”和“中国宪法学”教学经验和教训的总结,它的特点主要在于立足于中国宪法文本,注重中国宪法的基本概念、基本知识、基本权力与权利和基本关系的阐述,力求在内容和表述上简洁明了。

本教材的编写大纲由汪太贤教授草拟,经过全体编写人员的认真商讨后确定。其编写分工如下:

吴晓秋　第一章宪法释义
冉思东　第二章宪法的渊源与构成
刘泽刚　第三章中国的制宪(第一、四节)
陈建平　第三章中国的制宪(第二、三节)
汪太贤　第四章中国宪法中的人权
梁洪霞　第五章中国宪法中的公民权(第一、二、三、四节)
温泽彬　第五章中国宪法中的公民权(第五、六、七节)
陈兴立　第六章中国宪法中的国家权力(第一、三节)
张　震　第六章中国宪法中的国家权力(第二、四节)
高应可　第七章中国宪法中的地方自治权
莫江平　第八章中国的行宪

由于本教材在体例和内容上都还处于尝试阶段,其中难免存在疏漏及不当之处,真诚欢迎并衷心感谢各位学者和同学批评指正。

汪太贤
2011 年 8 月于重庆渝北

前　言

宪法学,一直是西南政法大学法学专业主要开设的课程之一。早在20世纪50年代西南政法学院创立时期,宪法学就被列为法学专业的重点课程。1978年西南政法学院复办时,成立了"国家与法的理论"教研室,其中涵盖了宪法学、法学理论等多个学科。在当时,"宪法学"仍是重点发展的主干课程之一,并于1982年在全校各专业普遍开设,亦印制了由主讲教师编写的宪法学讲义(校内印刷厂印制),课程讲授为一个学期。其课程内容主要包括宪法的调整对象、宪法的本质、政体与国体、社会主义宪法的优越性、资本主义宪法概述、国家结构形式、公民权利等内容。

1985年西南政法学院教研室调整,单独成立宪法教研室,开设了"社会主义宪法"和"资本主义宪法"两门课程,随后分别改名为"中国宪法"与"外国宪法"。其中"中国宪法"作为主干课程,开设于法学、刑事侦查等本科专业,教材采用了全国统编教材《宪法学》(吴家麟等主编,群众出版社出版)。

1989年以来,随着我国宪法的修改和宪法理论的发展,宪法学科对"中国宪法学"课程的教学内容进行了重大调整,删除了其中已经过时的部分,修改了其中不适宜的内容(比如经济制度部分中的"计划经济"),并增添了一些新的内容。为了配合该课程内容的改革,宪法学科决定不再使用国家统编教材,由学科重新编写教材《宪法学新编》(朱福惠主编,法律出版社1999年版)。随后,又编写了课程教材《中国宪法学》(莫江平主编,法律出版社2001年版)。

2004年以来,为适应第四次修宪后中国宪法文本的重大发展和变化,本学科对"中国宪法学"课程进行了第三次重大改革,主要包括课程内容、授课形式和授课方法。在课程内容的改革方面,增添了"宪法与人权"、"宪政知识"等内容,吸收了宪法学研究的一些成果等。为配合课程改革,又组织主讲教师编写了"中国宪法学"课程教材《宪法学教程》(高等学校法学核心课程教材,文正邦主编,唐忠民、莫江平副主编,法律出版社2005年版)。在授课形式上,添加了授课前阅读、授课中提问辩论和授课后答疑等环节,增添了影像观究成果奖”之“青年奖”。

何永红 男,曾就读于华中科技大学法学院、西南政法大学行政法学院,2010年获法学博士学位。现为西南政法大学行政法学院宪法教研室副教授,硕士生导师,主要研究领域为公法理论和英国宪法。曾在《政法论坛》、《清华法学》、《现代法学》等刊物上发表论文十余篇,著有《戴雪宪法理论研究》,主持国家社科基金项目“宪法惯例规范研究”。

林孝文 男,法学博士,西南政法大学行政法学院副教授,硕士生导师。出版学术著作有:《浙江省宪研究》、《中国近代宪法的起源》、《清末君主立宪思想史》、《法官自由裁量权的法理与哲理》,并在《法律科学》、《政治与法律》等核心期刊上发表学术论文三十余篇,主持和参与国家社科基金项目以及多省部级项目多项。

高应可 女,1964年生,1986年毕业于西南政法学院,获法学学士,现任西南政法大学行政法学院讲师。主要研究方向:宪法基本理论、中国宪法中的自治制度。主要著作有《中国宪法学》(参编)、《宪法学教程》(参编),并发表学术论文多篇,代表作有:"论违宪审查及建立我国违宪审查制度的构想"、"浅议我国宪法实施的途径"。

陈兴立 女,1965年生,1987年获得西南政法学院法学学士学位,2001年获得西南政法大学法学硕士学位。现为西南政法大学副教授,宪法与行政法学专业硕士生导师。长期从事中国宪法学、外国宪法学的教学工作,先后参与《宪法学新编》、《中国宪法学》、《宪法学教程》等教材的编写工作。主要研究方向为人权、选举制度、中国基层民主、村民自治、行政法学。曾在《南京社会科学》、《西南大学学报》、《探索》、《行政法学研究》、《学习与研究》等刊物上发表论文十余篇,代表作主要有:"宪法人权视野中的刑法解释观"、"中国特色社会主义法治建设需冲出'潜规则'重围"、"关于我国村民自治的若干理论问题"、"正确认识和处理农村党支部和村民委员会的关系"、"当前行政执法存在的问题及解决建议"、"对行政问责制度的宏观思考"等。

梁洪霞 女,1978年生。曾就读于中南财经政法大学、西南政法大学,获得法学硕士、博士学位。现为西南政法大学行政法学院讲师、硕士研究生导师,主要研究方向为弱势群体人权保护、公民基本义务等。出版专著《公民基本义务:原理、规范及其应用》;在《法律科学》等刊物上发表论文"论行政诉讼中公民死亡后的原告资格转移问题"、"论行政诉讼中法人或其他组织终止后的原告资格转移问题";主持国家教育部课题:"城乡统筹背景下城市流浪乞讨人员行政救助理论与实证研究"等。

李鼎楚 男,1980年生,曾就读湘潭大学法学院,获得法学学士、法律史学硕士、诉讼法学博士学位。2011—2014年挂职湖南省益阳市人民检察院检察长助理、湖南省郴州市中级人民法院院长助理。2014年完成吉林大学法学博后流动站研究工作。现任西南政法大学行政法学院副教授,硕士生导师。主要从事中国宪政及人权理论、中国传统法律文化方面的研究与教学。已出版学术专著一部,在《光明日报·理论周刊》、《政法论坛》、《法商研究》、《政治与法律》等报刊上独立发表学术论文十余篇,其中多篇被《人大报刊复印资料》全文转载;主持一项国家社科基金项目、三项省部级课题。2011年曾荣获全国性奖项"中国法律文化研

第一章 宪 法 释 义

第一节 中西“宪法”的词源与语义

现代汉语“宪法”的词形源于中国古代,而词义则是从西方移植过来的,即是对西语 constitution 的翻译。因此,对现代汉语“宪法”意义的认知,应当区分古汉语“宪法”与西语 constitution 的含义。

一、古汉语“宪法”的语义

在中国,据现存汉籍文献可考,“宪法”一语最早见于春秋战国时期汉语典籍。《管子·七法》:“有一体之治,故能出号令,明宪法矣。”《国语·晋语》:“夫守而二心,奸之大者也。赏善罚奸,国之宪法也。”

(一)“宪”

古汉语“宪法”中的“宪”,写作“憲”。其本义为“敏”。东汉许慎的《说文解字》解释说:“憲,敏也。从心从目,害省声。”但在古汉籍中,“宪”字的本义不常使用,而用义(即由本义引申出来的含义)使用较多。最为常见的用义有:

1.“宪”作名词,义与“法”同。如《尚书·益稷》曰:“率作兴事,慎乃宪,钦哉。”西汉经学家孔安国注解说:“宪,法也。天子率臣下为起治之事,当慎汝法度,敬其职。”《尚书·夏书》曰:“先王克谨天戒,臣人克有常宪。”西汉经学家孔安国注解其义说:“言君能慎戒,臣能奉有常法。”唐朝经学家孔颖达解释说:“传‘言君’至‘常法’。正义曰:王者代天理官,故称天戒。臣人奉主法令,故言常宪。君当奉天,臣当奉君。言君能戒慎天戒也,臣能奉有常法,奉行君法也。”又如,《管子·立政》:“正月之朔,百吏在朝,君乃出令,布宪于国。”“首宪既布,然后可以布宪。”再如,《墨子·尚同下》曰:“国君亦为发宪布令,于国之众。”“天子亦为发宪布令,于天下之众。”

2.“宪”作动词,其义为标表、悬,即有发布、公布之意。如《周礼·天官家宰》曰:“乃退以宫刑,宪禁于王宫。”东汉末年经学家郑玄注解说:“宪,谓表悬之,若今有新法令云。”唐朝经学家贾公彦解释说:“注‘宪谓’至‘令云’,释曰:凡刑禁皆出秋官。今云宪禁者,与布宪义同。故小宰得秋官刑禁文书,表而悬之于宫内也。”又如,《周礼·秋官司寇》曰:“正岁,帅其属而宪禁令于国,及郊野。”这里的“宪”亦是表悬之义。

3.“宪”作名词,有典范之义。如《毛诗·小雅》:“文武吉甫,万邦为宪。”“之屏之翰,百辟为宪。”

(二)“宪法”

“宪法”一语在中国古代汉籍的使用并不常见,其使用主要有两种类型:

1.“宪法”作为名词,属于“宪”与“法”同义连辍,即宪就是法之义。但在使用中,有泛指和特指两种情况:常法和先王成法;《淮南子·修务》:“烈藏庙堂,著于宪法,此功之可强成者也。”《艺文类聚·封爵部》:“奉诏之日,且惧且悲。惧于始违宪法,悲于不慎,速此贬退。”

2.“宪法”作为一个动宾词组,即“悬法示人之意”。其依据是“周礼悬法示人曰宪法,后人因谓宪为法”。(《集韵》)但其用例无从获得。

古语“宪法”语词的使用,自春秋战国始至19世纪80年代,伴随今语含义的“宪法”术语的出现而消失。

但需要澄清的是,古代中国仅有“宪法”一语,但并无现代意义上的宪法。汉语古语“宪法”与汉语今语“宪法”的词义有较大差异,它们虽都指称法,但所指称的对象却完全不同。在词义上,古汉语“宪法”与现代汉语“宪法”没有渊源关系,也无“根本大法”之义。

二、西方语言 constitution 的词义

现代汉语“宪法”词形虽源于中国古代,但其词义却直接源于西方语言中的 constitution 一词。

constitution 是英语、法语中宪法的词形,皆源自拉丁语 constitutio。constitutio 有多种释义,但主要有三种基本含义:一是在自然意义上使用,指人和事物的体质、组织或构造;二是在社会意义上使用,指国家的政体、体制或制度;三是作为法律用语,特指国王的立法。

从词义上讲,拉丁语 constitutio 与古希腊语 politeia 一词有一定的对应性,在意义上有着密切的关联性。在古希腊,politeia 一词是指城邦的政制和公民生活方式。但这个希腊词汇既不是拉丁语 constitutio 的词源,也不是现代西方 constitution(宪法)一词的词源。现代人们在古希腊的文献中看到的 constitution 或"宪法",大多是古希腊词汇 politeia 的译词。例如吴寿彭先生在汉译亚里士多德的《政治学》时,有时将 politeia 译为"政体",有时也在其政体意义上被翻译为"宪法"。

在罗马共和国时期,constitutio 主要作为一个政治词汇使用,指称一种政体或体制。在罗马帝国时期,constitutio 则主要作为专门的法律术语使用,指皇帝的立法或政令。同时,出现了拉丁语 constitutio 与 constitution 相互混用的现象。

在中世纪,教会作为罗马文明保存者,把不少拉丁语词带入了日耳曼王国。他们从拉丁语中借用了 constitution 一词,用此词指称基督教教会或某一特定教区教规。但在中世纪后期,constitution 使用开始世俗化,常常用此指称一个特定政府的立法,与古代的习惯法以示区分。此种含义一直持续到 16 世纪末。

17 世纪之后,constitution 的现代含义逐渐形成,主要是规定国家权力目的、构成、功用和运作方式及其限制条件的成文与不成文的原则和规则的集合。

三、现代汉语"宪法"的语源

现代汉语"宪法"一词,是 19 世纪后期的一个译名,对译于英语和法语的 constitution。作为一个译词,"宪法"词义最初是日本人在明治维新时期翻译西方语词 constitution 一词而确定的。

在日本,constitution 一语在江户时代末期自西方传入日本,最初的译名较为混乱,如译成"日本国总制度"、"藩论"、"议事体制"、"政体书"、"国体会议"等。

在明治初年,constitution 较为认同的译名是"国宪"。19 世纪 70 年代有人将其翻译为"宪法"。19 世纪 80 年代,"宪法"作为 constitution 语词的译名开始在日本普及。1882 年 3 月 3 日以后,"宪法"一词作为政府或公共用语而被使用。当时,天皇派伊藤博文赴欧洲考察宪法的诏书第一项称:"应考察欧洲各立宪君治国宪法之渊源及其沿革,观察其现行实况,研究利害得失之所在。"[1]

在中国,现代含义的"宪法"术语是 19 世纪后期从日本传入的,作为一个专用术语直接对译西方的 constitution。当时,在外国列强的纷纷入侵和国内

---

〔1〕 [日]阿部照哉、池田政章等:《宪法:总论篇、统治机构篇》(上册),周宗宪译,中国政法大学出版社 2006 年版,第 3 页。

矛盾日益突出的背景之下,变法维新人士在一定程度上接纳了西方政制和法律思想,特别是对西方政制发展具有决定性意义的宪法情有独钟,纷纷呼吁中国的政制改革,提出开国会、立宪法的举措。至20世纪初年,"宪法"成为中国政治改革风潮中最为重要的语词或概念,被政府和民间广泛使用。而此时,"宪法"一词从一个传统语词转变为一个现代政治法律术语,特指国家或政府组织形式和作用方式的根本大法。并且,将宪法定义为:规定国家的基本组织、人与公民的基本权利义务以及基本国策的根本法。

第二节　宪法的性质与地位

一、宪法的性质

(一)宪法的公法性

宪法属于公法,这是大陆法系对宪法性质的一般认识。公法是相对私法而言的,是古罗马时期法学家所创立的一种法律性质上的分类。宪法是公法的判断,主要根据宪法的调控对象、内容和施行方式,特别是宪法中所表现出来的"公共"性质。宪法的公法性主要表现在以下几方面:

1. 从利益上说,宪法体现出显著的公共利益性。国家利益,甚至民族的利益在宪法中皆有明确的体现。当然,并非宪法不体现私人或个人利益,它既有私人利益的体现,也有公共利益的体现。

2. 从宪法关系的主体上说,宪法关系的主体至少一方具有公的属性。宪法调整的关系主要包括国家组织或机构之间的关系、中央与地方之间的关系、国家或政府与本国公民之间的关系。这些关系可以分为两类:一是公与公的关系,二是公与私的关系。

3. 从宪法规制的对象上说,宪法是以公权力(职权)为规范的核心。比如公权力的分配、公权力的运作和界限等。

4. 从宪法的内容说,宪法以国家的公共政策为重点之一。从历史来看,18世纪的宪法主要以国家机关的组织和职权与公民的权利义务为基本内容;而20世纪后,各国宪法的主要内容除了这两大内容外,多设有关于基本国策的规定,包括国家的经济、文化、教育、外交和国防等主要公共事务。例如,1949年的《印度宪法》的第四篇就专门规定了"国家政策的指导原则"。此类规定,是20世纪以后宪法的一个重大特色,更凸显了宪法的公法性质。

(二)宪法的政治性

一般而言,国家的法律都具有一定的政治性。但与其他法律相比,宪法的政治性更为突出,表现更为显著。因而有西方宪法学家说:“宪法表达了生活在各种政治环境里的人们的主张和理想,并表明所有的国家都坚持一些共同的政治法律原则,尽管在他们之间存在各种冲突和意识形态的分歧。”[2]

宪法的政治性主要表现在:

1. 从制宪的目的看,宪法具有特定的政治目的。任何国家任何时期的宪法的创制或修改都反映了特定国家在特定时期的政治愿望,这往往成为制宪者最直接的政治动机。

例如,世界上出现最早的英国宪法,既隐含有大贵族和议会的政治目的,也隐含君主的政治目的。如1215年的《大宪章》的拟订和签署,大贵族的政治目的是胁迫君主承认国民的权利和自由,以及限制君主的权力;而君主的政治目的则是要获得国民特别是贵族在政治和经济上对自己统治的认可和支持。以后英国的各部宪法性法律皆是如此。

1789年的《美利坚合众国宪法》在序言中直接表达其立国和制宪的政治目的:“我们美利坚合众国的人民,为了组织一个更完善的联邦,树立正义,保障国内的安宁,建立共同的国防,增进全民福利和确保我们自己及我们后代能安享自由带来的幸福,乃为美利坚合众国制定和确立这一部宪法。”

1791年的《法国宪法》在序言中直述其目的:“任何政治结合的目的都在于保存人的自然的和不可动摇的权利。这些权利就是自由、财产、安全和反抗压迫。”

2. 从宪法产生上看,宪法是各种政治力量竞争的产物。有的宪法是多种政治力量博弈之后妥协的产物。例如,英国宪法产生于贵族、平民和君主力量的竞争与妥协,美国的联邦宪法产生于各种政党力量的竞争与妥协;有的宪法则是在各种政治力量竞争中,取得胜利一方的政治成果,宪法往往就成为其政治决断和主张的表达。社会主义国家的宪法皆是如此,如原苏联宪法。有的国家的宪法将其看成政治斗争成果的载体,如1982年的《中华人民共和国宪法》在序言中表明:“本宪法以法律的形式确认了中国各族人民奋斗的成果,规定了国家的根本制度和根本任务,是国家的根本法,具有最高的法律效力。”

---

〔2〕［荷］亨克·范·马尔塞文、格尔·范·德·唐:《成文宪法的比较研究——通过计算机进行的比较研究》,陈云生译,北京大学出版社2007年版,前言第1页。

3. 从宪法的精神看,每个国家的宪法都蕴含和直接表达着特定的政治哲学思想或意识形态。

例如,1793 年的《法国共和元年宪法》就表达着 18 世纪欧洲启蒙运动思想家的政治哲学思想。在“序言”(“人权宣言”)就直接表达出自然权利思想、卢梭的法律乃公意的思想等。如“序言”开篇即言:“法国人民深信忽视与轻蔑人的自然权利乃是人类不幸的唯一原因,所以决定将这些神圣而不可剥夺的权利阐明于庄严的宣言之中,以便全体公民都能不断地把政府的决定同整个社会机构的目标加以比较,从而不受暴政的压迫和凌辱;以便人民经常看见自己的自由与幸福的基础;官吏行使其职责时有准则;立法者行使其使命时有目标。”序言的第 3 条规定:“所有的人按其本性都是平等的,在法律面前都是平等的。”序言的第 4 条规定:“法律就是公共意志之自由而庄严的表现;它对于所有的人,无论是施行保护或处罚,都是一样的。”此外,在正文中直接规定的“人民的主权”,就有卢梭“主权在民”的思想影子。

1789 年生效的《美利坚合众国宪法》是以 1776 年美国的《独立宣言》为精神基础制定的。而在《独立宣言》中,卢梭和孟德斯鸠的政治哲学思想得到直接的表达。《独立宣言》宣称:“人人生而平等,每个人都有造物主赋予的不可转让的权利,包括生存、自由和谋求幸福的权利。”在该宪法中,孟德斯鸠三权分立的思想也在一定程度上得到了贯彻。

我国现行宪法中也有充分的意识形态的表达,如在序言中表明:“中国各族人民将继续在中国共产党领导下,在马克思列宁主义、毛泽东思想、邓小平理论和‘三个代表’重要思想指引下,坚持人民民主专政,坚持社会主义道路,坚持改革开放,不断完善社会主义的各项制度,发展社会主义市场经济,发展社会主义民主,健全社会主义法制,自力更生,艰苦奋斗,逐步实现工业、农业、国防和科学技术的现代化,推动物质文明、政治文明和精神文明协调发展,把我国建设成为富强、民主、文明的社会主义国家。”

4. 从宪法的内容看,宪法具有政治宣言的特性,同时它还规定了国家在特定时期的政治任务和原则。有学者指出:“每部宪法都有政治内容,而没有可以称之为不偏不倚的法律内容的东西,现在这是一个普通的常识。毕竟,每一个国家的宪法都有其意识形态的基础。宪法的内容常常具有政治—法律性质,而这种内容尤其是由意识形态和文化及一国历史和国际标准所决定

的。"〔3〕

例如,法国1791年制定了欧洲大陆第一部宪法典,把1789年在法国大革命中诞生的《人权与公民权宣言》作为该宪法的序言,在该"序言"中宣称:

第1条 在权利方面,人们生来是而且始终是自由平等的。只有在公共利用上面才显出社会上的差别。

第2条 任何政治结合的目的都在于保存人的自然的和不可动摇的权利。这些权利就是自由、财产、安全和反抗压迫。

第3条 整个主权的本原主要是寄托于国民。任何团体、任何个人都不得行使主权所未明白授予的权力。

第4条 自由就是指有权从事一切无害于他人的行为。因此,各人的自然权利的行使,只以保证社会上其他成员能享有同样权利为限制。此等限制仅得由法律规定之。

第5条 法律仅有权禁止有害于社会的行为。凡未经法律禁止的行为即不得受到妨碍,而且任何人都不得被迫从事法律所未规定的行为。

1958年的《法兰西共和国宪法》仍然保留了这种政治性宣言:"法国人民庄严宣告,他们热爱1789年的《人和公民的权利宣言》所规定的,并由1946年宪法序言所确认和补充的人权和国家主权的原则。根据这些原则和人民自由决定的原则,共和国对那些表明愿意同共和国结合的海外领地提供以自由、平等、博爱的共同理想为基础的,并且为其民主发展而设计的新体制。"

社会主义国家的宪法同样具有政治宣言的成分,例如,1924年的《苏维埃社会主义共和国根本法(宪法)》专设一篇即第一篇"苏维埃社会主义共和国联盟成立的宣言",在其中宣称:"自各苏维埃共和国成立以来,世界各国已分裂为二个阵营:资本主义阵营和社会主义阵营。""在资本主义阵营里,充满了民族的仇视与不平等,殖民地的奴役与沙文主义,民族的压迫与蹂躏,帝国主义的野蛮和残酷战争。""在社会主义阵营里则是相互的信任与和平,民族的自由与平等,各族人民的和平共处与友爱合作。"

我国现行宪法的"序言"部分,也具有不少宣示性的政治内容。如宣布革命的胜利与建国:"一九四九年,以毛泽东主席为领袖的中国共产党领导中国各族人民,在经历了长期的艰难曲折的武装斗争和其他形式的斗争以后,终于

〔3〕[荷]亨克·范·马尔塞文、格尔·范·德·唐:《成文宪法的比较研究——通过计算机进行的比较研究》,陈云生译,北京大学出版社2007年版,第262页。

推翻了帝国主义、封建主义和官僚资本主义的统治,取得了新民主主义革命的伟大胜利,建立了中华人民共和国。从此,中国人民掌握了国家的权力,成为国家的主人。”

此外,不少国家的宪法还明确规定了国家主权、任务和原则。例如,1958年的《法兰西共和国宪法》规定共和国的原则是:民有、民治和民享(第2条)。国家主权:国家的主权属于人民,由人民通过其代表和通过公民投票的方法行使国家的主权(第3条)。

我国现行宪法规定了国家的根本任务是:“沿着中国特色社会主义道路,集中力量进行社会主义现代化建设。”(序言)国家机构的活动原则是:“实行民主集中制的原则”(第3条)。

正是基于宪法所具有的丰富而显著的政治性,宪法往往又被称为“政治法”。它作为一种国家宏观层面的法,是政治生活的规范表达,是政治的法律化。作为“政治法”称谓的宪法,主要基于宪法的政治属性,以及宪法与政治之间的密切关联。[4]

二、宪法的地位

(一)宪法是根本法

宪法是根本法的判断,是基于宪法的性质、作用而对其地位的认定。这个命题可以分解为三个子命题:宪法是国家的根本法,宪法是法律的根本法,宪法是公民的根本法。也就是说,宪法是根本法,可以从三个方面来认识。宪法是根本法的论断,可以从以下四个方面来理解:

1. 宪法是国家的根本规范。从国家意义上讲,宪法是根本法,其根本性表现在宪法规定了一个国家的性质、体制和基本组织及其作用。所以,宪法是一个国家建立的根本准则和立国之道的表征。

2. 宪法是公民权利的根本规范。这是从公民角度将宪法称为根本法的一

[4] 宪法对政治事务的规定以及宪法与国家政治之间的密切关系,宪法学家对此有充分的揭示。如认为:“宪法是有关各种政治事务的总体规定,并用法律的形式表达。”“宪法和政治发展有着千丝万缕的联系,并且宪法构成了政治和法律之间的一种联系。”在论及宪法的组织职能时,他们又说:“宪法确定政治预期。宪法明确地表明,什么样的预期是被承认为合法的,也要表明通过哪些程序才能使这些预期得到承认……宪法确认预期,那就是说,特定的预期是政治活动和行政活动的指导原则。”“宪法用法律术语表达政治愿望。”[荷]亨克·范·马尔塞文、格尔·范·德·唐:《成文宪法的比较研究——通过计算机进行的比较研究》,陈云生译,北京大学出版社2007年版,第263、264~265、309页。

个理由。因为在一个国家中,公共权力组织与公民具有地位和力量的不对等性。拥有权力的一方处于强势地位,而权力的相对人居于弱势,因而常常发生公共权力对人与公民的基本权利自由践踏的现象。为了防范公共权力对人权与公民权的侵害,宪法明定了人与公民的基本权利,成为捍卫人与公民基本权利之基本法。在一个国家中,人与公民的自由权利的保障,关键取决于宪法对国家体制的安排和对其的选取的基本立场。

宪法中关于人与公民基本权利的规定,使政府和公民明知,公民对于国家具有何种权利,国家应当承担何种义务。一方面,宪法中的人与公民的基本权利成了公共权力的界限,意味着公共权力在此止步。宪法对此皆有明确的准则可循,非依宪法或其他所授权法律的规定,不得侵害。另一方面,宪法中公民某些基本权利也是政府的义务,国家对此负有成就和保障的责任。所以,人们常常据此认定:宪法是规定国家与人民相互之间的基本权利义务之法。

3. 宪法是普通法律的根据法。从宪法与普通法律的渊源关系上而言,在大多数国家中,宪法都成为制定其他法律的依据。这种根据有直接的,如表述为"根据宪法,制定本法";也有间接的,主要是宪法的精神和原则实际上成为制定其他法律的依据。

4. 宪法是最高效力之法。一般而言,一个国家的法律体系都存在一个效力的等级体系。而在这个等级体系中,宪法往往居于顶端。宪法效力的最高性,一方面源于宪法所规定事项的重要性。另一方面源于宪法创制的特殊性,即"人民制宪"这一基本理念。

宪法效力的最高性,主要体现在:

(1)在一国法律体系中,宪法居于核心地位,其他法律法规都不得与宪法相抵触,任何违背宪法的法律法规无效。在不少的国家宪法中,皆有相应的明确规定。例如:

现行的《日本国宪法》(1946 年 11 月 3 日公布,1947 年 5 月 3 日施行)第 98 条规定:"本宪法为国家的最高法规,与本宪法条款相违反的法律、命令、诏敕以及有关国务的其他行为的全部或一部,一律无效。"

1975 年的《希腊共和国宪法》第 111 条第 1 款规定:"任何法律或行政法规的任何条款如同宪法相抵触,则自它们生效之日起作废。"

1993 年《俄罗斯联邦宪法》第 15 条第 1 款规定:"俄罗斯联邦宪法具有最高的法律效力和直接的作用,适用俄罗斯联邦全境。俄罗斯联邦所通过的法律和其他法律文件不得同俄罗斯联邦宪法相抵触。"

我国现行《宪法》第 5 条第 3 款规定:"一切法律、行政法规和地方性法规都不得同宪法相抵触。"宪法效力的最高性是相对于其他法律而言的,有人将宪法的效力高于普通法律也称为宪法的至上性。

(2)宪法是国家一切组织和个人活动的根本准则,任何行为都不得违反宪法的规定。宪法是一切组织和个人的根本活动准则,在一些国家的宪法中有明确的表达。例如:

日本现行《宪法》第99条规定:"天皇或摄政以及国务大臣、国会议员、法官以及其他公务员均负有尊重和拥护本宪法的义务。"

我国现行《宪法》第5条规定:"一切国家机关和武装力量、各政党和各社会团体、各企业事业组织都必须遵守宪法和法律。一切违反宪法和法律的行为,必须予以追究。""任何组织或者个人都不得有超越宪法和法律的特权。"

(二)宪法是"母法"

宪法是"母法",是中国社会对宪法的一种称谓,早在清末就已经出现,一直使用至今。"母法"是相对"子法"而言的,表述的是一种法律与另一法律的渊源关系。在同一法律体系中,宪法被称为母法,其他法律被称为子法,是采用比喻的修辞方法形象地表达宪法和普通法律之间的关系。

"根本法"强调宪法规定内容的根本性、宪法规范具有最高法律效力,而"母法"强调宪法是其他法律的制定依据。宪法是"母法",一般法律是"子法",是国人理解宪法与普通法律关系的一种基本学说;但在宪法和普通法律文本中,并未使用"母法"、"子法"这样的法律术语。

在我国,宪法是其他法律的立法根据,在大多数法律的文本中,都有直接的表达,即类似"根据宪法,制定本法"的规定。例如:

我国现行《刑法》第1条规定:"为了惩罚犯罪,保护人民,根据宪法,结合我国同犯罪作斗争的具体经验及实际情况,制定本法。"

2007年生效的《中华人民共和国物权法》第1条规定:"为了维护国家基本经济制度,维护社会主义市场经济秩序,明确物的归属,发挥物的效用,保护权利人的物权,根据宪法,制定本法。"

2006年生效的《中华人民共和国公务员法》第1条规定:"为了规范公务员的管理,保障公务员的合法权益,加强对公务员的监督,建设高素质的公务员队伍,促进勤政廉政,提高工作效能,根据宪法,制定本法。"

2000年生效的《中华人民共和国国家通用语言文字法》第1条规定:"为推动国家通用语言文字的规范化、标准化及其健康发展,使国家通用语言文字在社会生活中更好地发挥作用,促进各民族、各地区经济文化交流,根据宪法,制定本法。"

三、宪法的功能

(一)宪法是国家组织之法

从宪法具有的特殊功能而言,宪法是国家组织之法。宪法被称为国家组织之法,主要因为宪法在组织国家实体中担负着特殊使命。自近现代民族国家形成以来,宪法是建立和结构民族国家的重要根据,具有确立建国的精神原则、机构的设置、制度的安排等重要功能。正是在此意义上,人们将宪法看成现代国家形成的重要标志。宪法在国家组织方面的功能主要表现在:

1. 宪法确立了建国的目的、原则和体制。现代国家的建立,都具有明确的目的、价值和体制安排,并将其规定于宪法之中,宪法就成为建国和立国的准则。

有的国家宪法确立了建国目的。例如,具有建国功能的《美利坚合众国宪法》,在它的序言中明确规定其国家的目的:"我们美利坚合众国的人民,为了组织一个更完善的联邦,树立正义,保障国内的安宁,建立共同的国防,增进全民福利和确保我们自己及我们后代能安享自由带来的幸福,乃为美利坚合众国制定和确立这一部宪法。"

有的国家的宪法还确立了组织国家的原则。例如,1958 年的《法兰西共和国宪法》第 1 条规定:"共和国和依自由决定的行为通过本宪法的海外领地的人民组成共同体。""共同体建立在组成共同体的人民平等和团结的基础之上。"第 2 条规定:"共和国的原则是:民有、民治和民享的政府。"

有的国家的宪法将国家的体制和国家的价值确立在宪法之中。例如,1993 年的《俄罗斯联邦宪法》确定了俄罗斯联邦的国家体制,在它的第 1 条规定:"俄罗斯联邦——俄罗斯是具有共和制政体的民主的、联邦制的法治国家。"又如,1978 年的《西班牙王国宪法》第 1 条第 1 款规定:"西班牙是一个法制社会和民主的国家,维护自由、正义、平等和政治多元化为其法律秩序的最高价值。"第 3 款规定:"西班牙的政体是议会君主制。"

2. 宪法确立了国家的组织结构。在现代国家中,国家的组织结构大多由宪法规定,并且在宪法中占有大量的篇幅。例如,美国联邦宪法的核心内容就是规定联邦立法、行政和司法三大机构的组织和职权。1975 年的《希腊共和国宪法》在第三编"国家的组织和职能"中,规定了国家的四大机构:议会、共和国总统、政府和法院。我国现行宪法专设"国家机构"一章,国家组织的结构体系是:"全国人民代表大会"、"中华人民共和国主席"、"国务院"、"中央军事委员会"、"地方各级人民代表大会和地方各级人民政府"、"民族自治地方的自治机关"、"人民法院和人民检察院"。

3. 宪法确立国家的区划结构。大多数国家的宪法,都确立了国家的区划结构。例如,1993 年通过的《俄罗斯联邦宪法》第 5 条第 1 款规定:"俄罗斯联邦由共和国、边疆区、州、联邦直辖市、自治州、自治区——俄罗斯联邦的平等主体组成。"第 3 款规定:"俄罗斯联邦的联邦结构建立在它的国家完整、国家权力体系统一、在俄罗斯联邦国家权力机关和俄罗斯联邦主体的国家权力机关之间划分管辖对象和职权、俄罗斯联邦各民族平等与自决的基础上。"1978 年的《西班牙王国宪法》第 137 条规定:"国家按地区由市镇、省和自治区组成。所有这些单位在治理其各自事务中均享有自主权。"

我国现行《宪法》第 30 条确立了中华人民共和国的行政区域划分的结构为三级:(1)全国分为省、自治区、直辖市;(2)省、自治区分为自治州、县、自治县、市;(3)县、自治县分为乡、民族乡、镇。

(二)宪法是权力之法

宪法以权力调控为主要对象,明确规定了国家权力的所属、配置和限制,因此人们将其称为权力之法。宪法是权力之法,主要是基于宪法对权力的调整和控制功能而言的。[5] 宪法以权力调控为重心,是各国的宪法的共性,它在各国的宪法中都具有重要的地位。

1. 宪法对国家权力所属的明定。现代宪法将国家权力所有者和行使者进行了分离,将国家权力归属于人民,然后将此进行了分解,分别授予不同的国家机关专门行使。国家权力属于人民所有,在各国的宪法皆有体现。

例如,现行的《法兰西共和国宪法》第 3 条规定:"国家主权属于人民,由人民通过其代表和通过公民投票的方法行使国家主权。"1947 年颁布的《意大利共和国宪法》第 1 条规定:"主权属于人民,人民在宪法所规定的形式和范围内行使主权。"

我国现行《宪法》第 2 条规定:"中华人民共和国的一切权力属于人民。""人民行使国家权力的机关是全国人民代表大会和地方各级人民代表大会。""人民依照法律规定,通过各种途径和形式,管理国家事务,管理经济和文化事业,管理社会事务。"

---

[5] 西方学者指出:"宪法所涉及的领域非常广泛——政府机构——立法机关、行政机关、司法机关及它们之间的权力分配,以及为保证个人或团体在种族、宗教、语言或人种方面的权利而对政府权力所施加的必要限制。"[英]米勒、波格丹诺主编:《布莱克维尔政治学百科全书》,邓正来等译,中国政法大学出版社 2002 年版,第 180 页。

宪法确立国家权力属于人民，既是国家权力合法性和正当性的宣示，也是规制国家权力在行使中的目的性，即为人民谋福利。只有以人民的意志和利益为根据的权力，才具有合法性和正当性。[6]

2. 宪法对国家权力的配置。对国家权力的配置，是宪法的一个重要功能，在各国宪法中都有充分的体现。宪法对国家权力的配置主要包括国家权力的横向配置和纵向配置。横向配置即是将国家权力分解为多种不同性质的权力，然后分别配置给不同的国家机构。国家权力的纵向配置，是指中央与地方之间的权力分配。

从权力的横向配置来看，现代宪法主要确立了“三权”配置模式和“五权”配置模式。三权配置模式即宪法将国家权力分解为立法权、行政权和司法权，分别配置给三个机构行使。从世界范围看，当今多数国家的宪法都采用立法、行政和司法三权的分配安排，即设置享有立法权的立法机构、行使行政权的行政机构和享有司法权的法院。

例如，美国联邦宪法在横向上对国家权力进行了三权分立的划分与配置。《美利坚联邦宪法》第 1 条第 1 款规定：本宪法所规定的立法权，全属于合众国的国会。第 2 条第 1 款规定：行政权赋予美利坚合众国总统。第 3 条第 1 款规定：合众国的司法权属于最高法院和国会规定和设立的下级法院。

1919 年颁布的《芬兰共和国宪法》也对国家权力进行了三权配置，在其第 2 条规定：立法权由议会和共和国总统共同行使。最高行政权授予共和国总统。司法权由独立的法庭行使，最终审判权由最高法院和最高行政法院行使。

1975 年的《希腊共和国宪法》将国家的三大权力即立法权、行政权和司法权分别配置给三个国家机构。第 26 条第 1 款规定：“立法权属于议会和共和国总统。”第 2 款规定：“行政权属于共和国总统和政府。”第 3 款规定：“司法权属法院，司法审判权以希腊人民的名义行使。”

在中华民国时期，1946 年制定的《中华民国宪法》对国家权力进行了二级配置。一级是将国家权力分为政权和治权，二级是将治权进行了“五权”配置，即将国家权力分立为立法权、行政权、司法权、监察权和考试权，分别配置给总统、立法院、行政院、司法院、监察院和考试院。

---

[6] 萨托利指出：“权力属于人民是建立一条有关权力来源和权力合法性的原则。这意味着只有真正自下而上授予的权力，只有表达人民意志的权力，只有以某种得以表达的基本共识为基础的权力，才是正当的权力。”[美]乔·萨托利：《民主新论》，冯克利、阎克文译，东方出版社 1993 年版，第 38 页。

从国家权力的纵向配置来看,各国宪法的规定差异较大。但归纳起来主要有中央集权式的权力配置和地方自治式的权力配置。前者的特点是中央的权力过大,地方的权力狭小;中央权力对地方权力有严格的控制;地方所行使的权力由中央授予,地方仅有少量的自治权。后者的特点是:中央与地方的分权较为彻底,地方拥有高度的自治权。

3. 宪法对国家权力的限制。对国家权力的限制是宪法最基本的功能,在当今宪政国家的宪法中体现得尤其充分。当宪法将一种国家权力授予一个国家机关的同时,也给予了相应的限制,体现于宪法对国家权力行使的目的、原则、方式和限度的控制。[7] 从各国的宪法规定来看,宪法对权力的限制主要表现在:

(1)宪法设置国家权力的范围和边界。在宪法中,任何国家权力都有范围和边界,各国宪法都对行使国家权力的范围和界限有明确的规定。任何超过其规定范围和边界的权力行使,均属非法。

(2)宪法规定了国家权力行使的禁止性事项。如美国联邦宪法规定,国会行使立法权时,"不得通过任何褫夺公权的法案或者追溯既往的法律"。美国宪法第1条修正案规定:"国会不得制定关于下列事项的法律:确立国教或禁止信教自由;剥夺言论自由或出版自由;或剥夺人民和平集会和向政府请愿申冤的权利。"

(3)宪法设立了行使权力的例外情形或附加条件。如法国现行宪法规定,总统虽有解散国民议会的权力,但在共和国总统行使非常权力期间,不得解散国民议会。总统有宣战的权力,但宣战必须经议会批准。又如,1923年《中华民国宪法》第84条规定:"大总统经国会之同意得宣战;但防御外国攻击时,得于宣战后请求国会追认。"第85条规定:"大总统缔结条约,但媾和及关系立法事项之条约,非经国会同意,不生效力。"

(三)宪法是权利之法

宪法被称为权利之法,可以通过以下四个方面的意义来理解:

1. 从宪法产生的根源上讲,宪法源于权利。也就是说,宪法是人们在为权利而斗争中形成的一种法律形式。就宪法的产生而言,保障人权是宪法产生的原始动因。近现代意义上的宪法是国民向君主争取个人权利与自由的结

---

〔7〕 如潘恩认为:"宪法对政府的关系犹如政府后来所制定的法律对法院的关系。法院并不制定法律,也不能更改法律,它只能按已制定的法律办事;政府也以同样的方式受宪法的约束。"《潘恩选集》,马清槐等译,商务印书馆1981年版,第146页。

果。国民在与君主争取权利的过程中,将获得认可的权利,用一定法律文件表达和记载下来,这个法律文件就是后来我们所称的宪法。宪法成为国民权利确认和巩固的形式,因而宪法被称为公民基本权利的保障书。

宪法产生的历史表明,权利诉求是宪法产生的动因。人类最早的宪法是英国的不成文宪法,它诞生于贵族和平民与君主的权利斗争之中。例如,1215年的《大宪章》就是人民主张和捍卫自己权利而出现的一个具有宪法性质的法律文本。

在中世纪英国,封建制使国王与贵族之间形成和维持着一种双向契约关系。1199 年至 1215 年间,国王约翰为增加政府财力和筹集军费,提高征税标准,引起贵族和市民的不满。特别是在欧洲大战中,约翰的军队多次失败,使英国遭受屈辱,从而导致国内群情激愤。1214 年,一批贵族以约翰国王未能保护封臣和王国的利益为由,发动大规模的反叛,使国王处于内外交困之中。于是,1215 年 6 月 15 日,约翰和大贵族聚集一地,贵族代表向他递交一份文件。由约翰与 25 名贵族代表签字生效,这就是著名的《大宪章》。《大宪章》将国民的权利要求以条文的形式表达出来,如订明:"未经合法裁决和本国法律的审判,不得将任何人逮捕监禁,不得剥夺其财产,不得宣布其不受法律保护,不得处死,不得施加任何折磨……"

1679 年 5 月,英国国会通过的《人身保护法》,也源于人民的权利要求。因为当时国王及臣属权力增大,任意迫害反政府人士,为了争取和实现反政府暴政的权利,议会通过了《人身保护法》。它的目的是限制国王的专横行为,使其不得任意处置反政府人士,以此来保障人民的人身自由。1689 年通过的《权利法案》,同样产生于国民的自由权利诉求,成为限制王权的宪法性文件。

后来,美国宪法、法国宪法等各国宪法的产生,大多基于人民权利的主张和要求。美国《独立宣言》中的自由权利宣告,催生了美国联邦宪法;法国的《人权与公民权宣言》,成就了 18 世纪后期的法国宪法。该宣言第 16 条规定:"凡权利无保障和分权未确立的社会,就没有宪法。"

2. 从宪法的价值上讲,宪法也称为权利之法。因为人与公民的权利自由是宪法最核心的价值。宪法的这一价值,在西方世界不仅表现在宪法创制的过程中制宪者的目的上,也表现在宪法文本中的"权利清单"上。

例如,1791 年《法国宪法》第 2 条规定:"任何政治结合的目的都在于保存人的自然的和不可动摇的权利。这些权利就是自由、财产、安全和反抗压迫。"如 1993 年《俄罗斯联邦宪法》在序言中首先表明该宪法的目的在于:"确认人的权利和自由、公民和睦与和谐"。接着在宪法的第 2 条规定:"人、人的权利与自由是最高价值。承认、遵循和捍卫人与公民的权利和自由是国家的义务。”

3. 从宪法的功能上讲,宪法被称为权利之法。宪法对人和公民权利保护具有根本性地位和特殊功能。对大多数国家的宪法而言,它不仅具有保障权利的功能,也起到实际的社会作用。从产生之日起,宪法就肩负着不同于普通法律的历史使命:负责抵制公共权力对个人权利的侵犯。

4. 从宪法的内容上讲,大多数国家的宪法典对人和公民的权利进行专门详尽地规定。有的专设一章,有的专设一篇。如1993年《俄罗斯联邦宪法》第二章规定了“人和公民的权利与自由”,1949年的《德意志联邦共和国基本法》第一章专门规定了“基本权利”。

首先,大多数国家的宪法都对人权和公民权利进行认可和表达,有的还详细罗列了人和公民应当具有的权利。正因如此,列宁说:“宪法是一张写着人民权利的纸”。比如,1791的《法国宪法》的第一篇“宪法所保障的基本条款”规定:“宪法保障下列的自然权利和公民权利”有平等权、自由权、财产权、政治权利和获得国家帮助的权利等。1949年的《印度宪法》在第三篇“基本权利”中确立了平等权、自由权、反剥削权、文化教育权等,并规定:“国家不得制定任何法律剥夺或侵削本篇给予之权利;任何与本款抵触之法律,在其抵触之范围内为无效。”

其次,宪法还对人权和公民权利的限制进行了严格的规定。一般而言,宪法规定的权利界限,往往以他人的权利、宪法禁止和基本道德为准则。如1975年的《希腊共和国宪法》第5条第1款规定:“每个人都有自由地发展个性和参加国家的社会、经济、政治生活的权利,但以不侵犯他人的权利、不违反宪法和道德准则为限。”1993年《俄罗斯联邦宪法》在充分列举了人和公民的权利与自由之后,也对其进行了限制。比如第55条第3款规定:“人和公民的权利和自由,只能在捍卫宪法制度基础、他人的道德、健康、权利和合法利益、保证国防和国家安全所必须的限度内,由联邦法律予以限制。”第56条第1款规定:“在为保证公民安全和捍卫宪法制度、根据联邦宪法性法律实行紧急状态的情况下,可以在指明限度及其有效期限的同时对权利和自由规定某些限制。”对特定权利的限制方面,如1975年的《希腊共和国宪法》第11条第1款规定:“一切希腊公民均有不携带武器和平地举行集会的权利。”

但多数国家宪法在规定对公民权利限制的时候,也规定了明确要求。如1949年的《德意志联邦共和国基本法》第19条第1款规定:“根据基本法,某一基本权利可以受法律限制或依法予以限制。就此而言,这种法律必须普遍适用而不仅仅适用于个别情况。此外,该法律应具体列出所限制的基本权利,指出个别条款。”

最后,有的国家的宪法还规定人权和公民权利丧失的情况。例如 1949 年的《德意志联邦共和国基本法》第 18 条规定:“凡滥用言论自由,尤其是出版自由、讲学自由、集会自由、结社自由、书信、邮件与电讯秘密、财产权或庇护权,以攻击自由、民主之基本秩序者,应剥夺此等基本权利。此等权利之剥夺及其范围由联邦宪法法院宣告之。”

第三节　宪法与宪政

一、宪政的含义

宪政是 18 世纪以来西方社会发展起来的一种国家的政治体制或政体,即是以个人自由权利为最高价值的宪法所构造的一种配置和限制国家权力的政治体制或政体。

宪政是一个西方的政治法律概念,在西方政治法律思想史上,宪政是指一种主张以宪法体系约束国家权力、保障公民权利的体制。这种体制要求政府所有权力的行使都纳入宪法的轨道,并受宪法的制约。17 世纪以来的英国,18 世纪以来的美国以及 20 世纪以来的西方国家的政治体制都被称为宪政。

在西方,宪政是一个具有特定内涵的概念。从字面或形式上理解,宪政就是宪法政治,或者是依据宪法建立起来的政治体制。但从实质意义上理解,宪政是以人和公民权利为根本目的建构一种规范权力的体制。因此,宪政具有特定的规定性:

1. 宪政是一种权力控制型的政体或政治体制。作为一种政体,它不是从政治主体或权力主体上确立的政体类型(从主体上确立的政体有如君主政体、贵族政体、民主政体),而是从权力安排和运作方式上确立的政体类型。所以说,宪政与民主政治不同,民主政治是从权力所有方面来认定的,即国家权力属于人民拥有的政治。宪政则是从国家权力的分配和控制方面来认定的,即国家权力根据宪法分配和限制其运作的政治体制。

2. 宪政是根据限制政治权力的宪法建构起来,即有效约束权力越轨的一种政治体制。因此,宪政不能简单理解为“宪法政治”,即依据宪法建立起来的政治体制。因为当代世界各国的体制几乎都是依据宪法建立起来的,但其中很多国家的体制都不是宪政。其缘由是:不少国家的宪法是非宪政的宪法,甚至是反宪政的宪法。所以,西方学者常常将宪政定性为“限政”。

3. 宪政在本质上是反对专制的。宪政是西方近代以来确立的一种与专制相对立的政体形式。宪政与专制不能兼容,有专制,必无宪政;有宪政,必无专制。

二、宪法与宪政的区别和关系

(一)宪法与宪政的区别

宪法与宪政指称的是两种不同的政治法律现象,它们既有区别也存在一定的联系。就其区别而言,主要表现在:

1. 在存在方式上,宪法与宪政不同。宪法是规范,宪政是实际的政治模式。一般而言,宪法是一个规范体系,它是主要以宪法典、宪法性法律、宪法惯例、宪法解释例和宪法判例构成的规范体系。宪政则是大多数国家按照宪法规范体系已经建构起来的政治结构和运作方式。据此,我们认为,宪法主要是一个规范概念,宪政则是一个宪法实践性的概念。

2. 在目的性上,一些国家的宪法与宪政不同。在不同国家,宪法的目的不尽相同,但大多数国家的宪法是以个人和公民的权利自由为根本的目的,也有一些宪法未必以此为根本目的。从经验来看,一些国家的宪法的主要目的可能是建立一种新的统治模式。所以,西方学者认为,当一部宪法是以保障个人自由为目的的“保障性宪法”,并能够得到有效施行和维护的时候,施行这样的宪法才能称为宪政。[8]

3. 在功能上,一些国家的宪法与宪政不同。大多数国家的宪法与宪政具有功能上的同一性,但也存在一些宪法的功能与宪政相异的现象。从经验而言,有的宪法的主要功能是新政权的象征和建构一套新的统治模式,宪法主要是处理国家政治事务的手段或工具。

据此我们可以断定:有宪法未必有宪政,根据宪法确立的政治即宪法政治,未必就是宪政。

(二)宪法与宪政的关系

从宪法与宪政的历史发展来看,宪法与宪政也存在一定的联系。然而,宪法与宪政的关系不能一概而论。从现实来看,宪政国家或者已经确立宪政目标的国家,宪法与宪政具有密切的联系;而一个未确立宪政目标的国家,宪法

---

〔8〕 [意]C. 萨托利:“‘宪政’疏议”,晓龙译,载《市场逻辑与国家观念》,三联书店1995年版,第114～120页。

与宪政并不必然的联系，甚至并不排除宪法具有反宪政的功能。

从宪政国家或者已经确立宪政目标的国家来看，对于宪法与宪政的联系，我们可以从以下几个方面来理解：

1. 宪法是宪政的根据。宪政是根据宪法建立起来的政治结构和政治体制，它主要根据制宪者的目的、宪法的原则和规范。因此，宪法对宪政具有制约关系，要求宪政与宪法具有根本目的、价值取向和内容上的一致性。

2. 宪政是宪法实践的结果。从一般意义上讲，宪法是一套法律规范，是一个国家政治设计的“图纸”，而将这套规范，或者国家设计的“图纸”在一个国家中被严格实施之后所形成的政治模式就是宪政。在此意义上说，宪政是宪法实施的结果，或者说，宪政是实现了的宪法。有什么样的宪法，就有什么样的宪政。

3. 宪政的发展也往往引起一个国家宪法的变迁。在宪政的发展过程中，因社会、经济或政治等因素的变化，宪政往往会在内容和方式上做出必要的应对，从而引起宪法的重新制定或修改。

延伸阅读

1. [英]K. C. 惠尔：《现代宪法》，翟小波译，法律出版社2006年版。
2. [美]马克·图什内特：《宪法为何重要》，田飞龙译，中国政法大学出版社2012年版。
3. [英]W. I. 詹宁斯：《法与宪法》，侯健译，生活·读书·新知三联书店1997年版。
4. [荷]亨克·范·马尔塞文、格尔·范·德·唐：《成文宪法的比较研究——通过计算机进行的比较研究》，陈云生译，北京大学出版社2007年版。

问题思考

1. 宪法为何被称为立国之法？
2. 宪法为何被称为“权利的宣言书”？
3. 如何理解宪法是限制权力之法？
4. 宪法应当如何限制人权和公民权利？
5. 有宪法的国家就是宪政国家吗？

第二章 宪法的渊源与构成

第一节 宪法的渊源

宪法渊源是指宪法规范的表现形式。由于本国的具体情况不同,各国的宪法渊源也不尽相同。概括起来,宪法主要有以下渊源:宪法典、宪法解释、宪法性法律、宪法惯例、宪法判例。

一、宪法典

宪法典是国家制宪机关按照特殊的制宪程序制定的、集中规定宪法规范、效力高于普通法律、修改程序严格于普通法律的法律文件。在成文宪法国家,宪法典是宪法规范最主要的表现形式,在不成文宪法国家则不存在宪法典。

宪法典具有以下特点:

1. 内容的明确性。宪法典经过专门的制宪程序和立宪技术加工,法律用语规范,意思表达准确,因而规范性和指导性较强,便于执行和监督。

2. 效力的最高性。除少数柔性宪法外,宪法典的效力高于普通法律,因而有助于维护宪法权威,也便于宪法规范的有效实施。

3. 程序的严格性。制定和修改宪法的程序比普通法律严格,因而其稳定性较强,保证了宪法的严肃性。

4. 结构的完整性。宪法典是制宪者意愿的表达,内容层次分明,篇章条款排列有序,完整地规定一个国家的性质、结构、人与公民的权利和各项政治制度。

为了让宪法典保持稳定,同时又能适应社会的变化,宪法修正案应运而生。宪法修正案是修宪机关不直接改动宪法文本的规定,对宪法典不适用的内容进行修改,新修改的内容一般按照修改时间另起序号附在原宪法典之后,成为宪法典的组成部分,与宪法典具有同等效力。例如,美国于 1791 年通过了 10 条宪法修正案(即《权利法案》)。

1982年12月4日第五届全国人民代表大会第五次会议通过了《中华人民共和国宪法》(以下简称现行宪法或1982年宪法),其后又分别于1988年、1993年、1999年和2004年通过了31条修正案。历次修正案均刊载于原宪法文本之中,已成为宪法典的一部分。宪法典是我国宪法的主要渊源。

二、宪法解释

宪法解释是指宪法解释机关按照一定的程序对宪法条文的含义及其适用范围等所作的具有法律效力的说明。它包括两种情况:一是独立性的宪法解释决议;二是在违宪审查过程中为了判断法律是否合宪而对宪法所作的解释。宪法解释是宪法规范的一种补充形式,

宪法解释具有以下特点:

1. 在内容上,宪法解释是对个别宪法条文的含义和适用范围的说明,或者对宪法条文之间相互界限的判定,或者对特定宪法条文蕴涵的宪政精神的发掘以产生普遍的法律效力。

2. 在形式上,宪法解释不变更宪法条文,而是发掘隐含在原条文中的意义和精神。

3. 在效力上,宪法解释是国家有权机关的法定行为,因而具有法律效力。

4. 在作用上,宪法解释一是明确宪法的内在含义,二是推出具体的宪法规则,三是根据宪政精神赋予原条文新的含义,以保证宪法的实施。

我国宪法明确规定,全国人大常委会有权解释宪法。因此,全国人大常委会的宪法解释是我国宪法的渊源。

三、宪法性法律

宪法性法律是指国家立法机关按照普通立法程序制定的调整宪法关系内容的法律。其包括两种情况:一是成文宪法国家有关调整宪法关系内容的法律,如我国的《中华人民共和国全国人民代表大会组织法》和《中华人民共和国立法法》;二是不成文宪法国家立法机关制定的调整宪法关系内容的法律,如英国的《1911年议会法》和《1998年人权法》。[1]

---

〔1〕 对于英国这样的不成文宪法国家的情况,通说中所谓"宪法性法律",严格而言,应该表述为"宪法性制定法"(constitutional statute)。因为在英国法中,"法律"(law)包括"制定法"(statute)和"判例法"(case law)两种。既然将宪法判例单独作为一种宪法渊源对待,那么这里"立法机关制定的调整宪法关系内容的法律"即是"宪法性制定法"。

宪法性法律具有以下特点:

1. 由立法机关按照普通立法程序制定,效力与普通法律相同。

2. 内容是对宪法典的延伸或者对宪法原则的具体化,是对宪法内容的某些方面进行专项立法。

在不成文宪法国家,宪法性法律是宪法渊源。在成文宪法国家,宪法性法律是否属于宪法渊源,学术界存在争议。赞成者认为,宪法性法律在内容上是对宪法典的延伸或者对宪法原则的具体化,应视为宪法规范的一种表现形式。反对者则认为,任何法律在内容上都是宪法典的延伸,难以区分是否是宪法性法律;而且宪法性法律的效力与普通法律相同,不具有最高法律效力这一基本特征,因而不能认为是宪法渊源。

我国主流观点认为,宪法典多为原则性或概括性的规定,在实施中需要法律给予阐明和补充,而且宪法性法律涉及国家基本制度或公民基本权利义务,如选举法、国家机关组织法等,应视为宪法渊源。

四、宪法惯例

宪法规范并不一定以法律文书的形式表现出来,即它们既不表现在制定法之中,也不表现在司法判决之中,但这些规范却在政治实践中得到普遍认可和遵守。对于这些规则,宪法学者起过的名字五花八门:习惯、默示协议、不成文的宪法准则、宪法道德等。经过长期的使用,戴雪的称谓(即"宪法惯例")现已得到公认,因此本教材也予以采用。戴雪把广义的宪法规则分为两类,一是宪法性法律,即由法院实施的规则,二是宪法惯例,即不由法院实施的规则。现在通常所讨论的宪法惯例就是法律和惯例二分的意义进行的。概括来讲,宪法惯例是一种主要在实践中形成的为国家机关、政党及人民普遍遵循的不成文的政治行为规范。

在不成文宪法国家,宪法惯例与宪法性法律相配合,在宪法规范的实施过程中发挥着重要作用。比如,现代英国宪法中的许多领域都是由惯例来调整的,因而形成了大量宪法惯例,包括但不限于:国王特权必须由大臣行使;国王不得拒绝批准议会两院通过的法律;国王必须提名大选后获胜的议会多数党领袖为内阁首相;议会必须每年召开一次;内阁若被议会投不信任票必须辞职;内阁集体对议会负责。但是,成文宪法国家也有宪法惯例。美国在1951年通过宪法修正案之前,总统连续任职不得超过两届即是典型例证。在法国,也形成了总统必须任命反对联盟领袖出任总理这样的共治惯例。

宪法惯例的意义在于,它们充实和丰富了空洞的法律框架,使宪法得以实施，并使宪法与当时的宪法思想尽量保持一致。有学者将其比喻为宪法实施的“润滑剂”。就其总的特征而言，宪法惯例决定了宪法在实践中发挥作用的方式，事实上是宪法发展的动力；而且它们是用来确保宪法在实践中符合当时流行的宪法思想。不过，这里有一个限制条件，即惯例必须以法律作为前提条件，换言之，惯例都是围绕和依赖法律发展起来的。

具体而言，宪法惯例具有以下特点：

1. 宪法惯例没有法律文书表现形式，但是可以书面总结出来。

2. 宪法惯例的内容涉及国家基本制度，实际发挥着宪法的作用。

3. 宪法惯例不具有司法上的适用性，其约束力主要来自政治道德。

4. 违反宪法惯例的行为不构成违法，但可能带来政治危机。

宪法惯例在国家政治生活中，主要发挥以下作用：(1)弥补宪法缺陷。宪法或者宪法性法律一般具有僵化的缺陷，惯例通过补充或者修改法律，能够使僵化的法律符合日益变化的社会需要和日益变化的政治思想。(2)促成政治行为者之间的合作。政治需要合作，而法律规则本身不能单独地促成合作，惯例则可以协调政党之间，各国家机关之间的工作，缓解它们之间明显的冲突，进而增进民族福祉。

根据英国宪法学者詹宁斯的理论和我国台湾学者陈慈阳的总结，一个政治习惯是否确立为宪法学上的惯例，取决于三个标准：一是时间因素，即该习惯必须持续一段时间，且反复运用；二是主观因素，即政治行为者是否相信他们受着该习惯规则的约束；三是客观因素，即该习惯本身以法规范的形式存在。

按照我国宪法学的通说，我国在长期的政治实践中也逐渐形成了一些宪法惯例，成为我国的宪法渊源。例如，我国修改宪法多由中国共产党中央委员会向全国人大常委会提出修改宪法的建议，再由全国人大常委会向全国人大提出正式的宪法修正案。又如，全国政协委员集体列席全国人大全体会议。

五、宪法判例

宪法判例是指法院在宪法争议案件中作出的具有一定约束力的判决。在普通法系国家，最高法院、上级法院的判决因是下级法院审理同类案件的依据而形成判例。宪法判例是普通法系国家宪法规范的组成部分。在大陆法系国家，法院的判决必须符合法律的规定，判例没有约束力，一般不是法律渊源。

宪法判例具有以下特点：

1. 宪法判例是最高法院、上级法院在审理案件时所形成的判决，对下级法院审理同类案件有约束力。

2. 宪法判例是法院在宪法没有明确规定的情况下就有关的宪法问题所作出的判决,或者基于对宪法的解释而作出的判决。

3. 宪法判例的效力只适用于同类案件,一般不具有普遍约束力。

由于我国尚未承认判例是法的渊源,又未确立宪法诉讼制度,因此宪法判例不是我国宪法的渊源。

国际条约是国际法主体之间就某一事项中各自的权利义务所缔结的书面协议。遵守和奉行已经签订的国际条约是一项通行的国际法准则。各国在宪法上通常规定"诚实履行国际条约原则",但我国宪法没有明文规定这一原则,也没有明确规定国际条约在法律体系中的地位。不过,我国宪法规定了"和平共处五项原则",充分表明我国是诚实履行与他国签订的国际条约中所承担的义务的,只是这种义务通常转化为国内立法予以适用,或者在法律适用中优先适用国际条约(如我国《民事诉讼法》第236条的规定)。按照通说,国际条约不属于我国的宪法渊源。

此外,在一些国家中,全民公决的决议、宪法学家的经典著作也被视为宪法的渊源,但我国未予以承认。

第二节　宪法的分类

宪法分类是根据不同的标准,将宪法划分为不同的种类。对宪法进行分类,有助于认识和了解各种宪法的特点以及对宪法进行比较研究。

一、成文宪法与不成文宪法

成文宪法与不成文宪法的划分,是以是否具有统一的法典形式为标准进行的分类。因此,有时又称为成典宪法与不成典宪法。

成文宪法是指由统一完整的书面法律文件构成的宪法。由于成文宪法是由制宪机关(有时即议会)或个人(君主、国王、皇帝)在一定时期特别制定的法律文件,所以又称制定宪法。1787年美国宪法是世界上第一部成文宪法,现在绝大多数国家的宪法都是成文宪法。成文宪法具有规范明确、条文系统、便于执行和监督的优点,但缺乏适应性和灵活性。不成文宪法是指没有统一的法典形式,而是由具有宪法性质的各种政治文件和法律文件、宪法惯例、宪法判例组成的宪法。由于是由历史上各个时期的文件、习惯和判例汇集而成,所以又称为汇集宪法。英国宪法是不成文宪法的代表。不成文宪法具有弹性较大、适应性强的优点,但也存在规范不系统、相互重复矛盾的不足。

一般认为,成文宪法和不成文宪法的主要区别在于是否有一部系统完整的宪法典,所以这种划分只是提供了一种形式上认识宪法的理论方法,不能将其做绝对化的理解。随着宪法的发展,现代国家已不存在绝对的成文宪法,即使有统一的宪法典,这些国家也承认宪法惯例、宪法判例或某些权威性的政治文件的补充作用;在不成文宪法国家,有大量的宪法规范即是以成文法的形式存在。但这种分类对研究宪法的历史发展,认识各国宪法的形式及特点仍有意义。

二、刚性宪法与柔性宪法

刚性宪法与柔性宪法的划分是以宪法修改程序的难易程度为标准进行的分类。

刚性宪法是指修改程序比普通法律严格,其效力高于普通法律的宪法。美国宪法是刚性宪法的代表,绝大多数国家的宪法是刚性宪法。刚性宪法有利于保证宪法的权威性和稳定性,有利于宪法的实施和保障,但缺乏适应性。柔性宪法是指在修改的程序上和效力上与普通法律相同的宪法。英国宪法是柔性宪法的代表。柔性宪法灵活性强,能适应社会发展变化的要求,但稳定性和尊严性不及刚性宪法。

一般认为,不成文宪法属于柔性宪法,因为没有统一的宪法典,宪法规范体现在普通法律或宪法惯例中,也就不需要特别的修改程序。但成文宪法并不一定都是刚性宪法,有些国家的成文宪法却属于柔性宪法,如哥伦比亚、智利、秘鲁、新西兰等国家的宪法。把宪法分为刚性宪法与柔性宪法也是一种形式上的分类,只具有相对意义。由于时代的发展,其界限也趋于模糊,有的刚性宪法修改并不难,如1972年孟加拉国宪法,到1975年,先后修改四次,平均每年修改一次;而英国宪法修改却很困难,如妇女参政,历时数十年,才得以实现。即便同属刚性的宪法类型,但不同的刚性宪法在修宪方式、修宪难易程度上也不尽一致。

三、钦定宪法、协定宪法与民定宪法

钦定宪法、协定宪法与民定宪法的划分是以宪法制定的主体为标准进行的分类。

钦定宪法是指由君主或以君主名义制定颁布的宪法,它基于君权神授和

君主主权的思想,自上而下地赐予臣民主权。世界上最古老的钦定宪法是1814年挪威王国宪法,我国清末的钦定宪法大纲也属于钦定宪法的范围。协定宪法是指由君主和人民通过协商的形式制定的宪法,由君主和人民分享国家的主权。世界上最古老的协定宪法是1809年的瑞典宪法。民定宪法是指由代表民意的制宪机关或公民投票公决的宪法,它奉行人民主权的思想,其制定权只能属于人民。世界上绝大多数宪法都是基于人民主权思想而产生的。

目前在宪法学理论研究和创制宪法的实践中,通行的是人民主权思想,即人民是宪法的制定者,其他任何组织或个人都无权制定宪法。从宪法制定者的正当性来看,钦定宪法和协定宪法只是存在于一定的历史时期,即使在仍保留传统的钦定宪法和协定宪法的国家,君主的作用只有象征性的意义。不过这种分类对于了解各国历史上的宪政运动有一定的价值。

四、宪法的其他分类

根据不同标准,还可以将宪法分为不同类型。以时间为标准,将宪法分为古代宪法、近代宪法和现代宪法;以构成宪法文件的多少为标准,将宪法分为单一文件宪法和复式文件宪法;以宪法制定的来源为标准,将宪法分为创制性宪法(原始宪法)和模仿性宪法(派生宪法);以宪法的实施效果为标准,将宪法分为规范性宪法、名义性宪法和标签性宪法;以宪法的经济基础和所反映的阶级本质为标准,可以将宪法分为资本主义类型宪法和社会主义类型宪法。

第三节　宪法典的结构

宪法典的结构是指宪法典的内容按照一定的原则、逻辑和方式进行组合、编排而形成的具有内在联系的文本体系。宪法典的结构能够比较准确地反映一个国家发挥主导作用的宪法思想的特点,也在一定程度上体现了一个国家创制宪法的立宪技术特征。虽然各国的具体国情不同,制宪的意图不同,宪法典的结构有所区别,但是,因为宪法规范有其共同的特点,因此在结构上也有众多相似之处。

宪法典一般由序言、正文、附则组成,以章、节、条、款、项、目为排列顺序,这有利于区分宪法规范的层次,便于明了宪法规范之间的逻辑关系,并简化宪法规范的表述方式。

一、宪法典的序言

宪法典的序言又称“前言”、“前文”等，在宪法典的构成顺序中居于文首。宪法序言一般带有引导性、纲领性的特点，可以弥补宪法条文的缺陷。其内容主要是不便于用规范形式规定的内容。一般有：(1)国家的斗争历史、主要任务和奋斗目标。(2)制宪的宗旨、目的和指导思想。(3)国家和社会活动的基本原则。

宪法典设立序言为美国1787年联邦宪法首创，以后被多国宪法仿效。它是宪法典与普通法律相比较，在结构方面的一个突出的特征。目前大多数国家宪法典都有序言，但内容繁简、篇幅长短却差异很大。最短的是希腊1975年宪法序言约30字；最长的是前南斯拉夫1974年宪法序言约11000字。

宪法典的序言是否有法律效力的问题，学术界有几种观点：(1)无效力说。有学者认为，宪法序言的内容过于抽象，不能作为人们具体的行为准则，因此不具有法律上的效力。(2)整体效力说。有学者认为，宪法典是一个整体，序言是它的重要组成部分，具有当然的法律效力。(3)部分效力说。有学者认为，序言中属于规范性的部分具有法律效力。

二、宪法典的正文

宪法正文是宪法典的主要内容，是宪法的重心，包括国家的基本制度、公民的基本权利和义务、国家机构、国家标志、宪法的修改程序和实施保障等。基本内容有以下几个方面：

1. 国家和社会生活的根本制度和基本国策。包括国家权力的归属和行使，中央与地方的关系，政治、经济、文化、国防、外交、民族、宗教等方面的基本制度和基本政策。由于其昭示了统治阶级的意图、步骤和措施，关系到国家和社会的稳定和运转，因此在顺序排列上通常居于正文前端，并称为“总纲”、“总则”或“基本原则”。

2. 权利保障和国家机构。宪法的必要组成部分是公民基本权利与义务和国家机构的设置与权限。因为宪法的最终目的在于保障公民基本权利，所以宪法的核心在于公民权利的有效保障和国家权力的正确行使。现代宪法典都设有专门的章节以规定这两部分内容，而且一般把基本权利置于国家机构之前。

3. 国家标志。国旗、国徽、国歌和首都等都象征着国家，代表着国家的主权和尊严，应该是宪法的重要内容，许多国家的宪法典对此予以规定，在结构顺序上大多安排在宪法典的末尾。

三、宪法典的附则

宪法附则是附在宪法典后面的补充性或辅助性条文,有的称"附则"、"补则",有的称"过渡条款"、"最后条款"等。一般来说,绝大多数宪法典都需要有附则的存在,这对宪法的有效实施有重要意义。附则规定的内容有:(1)宪法的最高法律地位。(2)宪法中的名词、术语的定义。(3)宪法批准、颁布、施行和生效的问题。(4)宪法贯彻执行的问题。(5)宪法修改和解释的问题。(6)宪法生效后,有关法律的制定、现行法律的修订或废存的问题。(7)有关过渡事项的规定。各国宪法附则规定的内容是根据宪法本身和各自的立宪需要而定的。

由于附则是宪法的一部分,涉及内容又重要,因此其法律效力与条文相同,但法律效力有两个特点:(1)特定性。附则只对特定的条文或事项适用,有一定的范围,超出范围则无效。(2)临时性。附则只对特定的时间或情况适用,有时间限制,一旦时间届满或情况发生变化,其法律效力自然应该终止。

我国现行宪法典分为序言,第一章总纲,第二章公民的基本权利和义务,第三章国家机构(分7节),第四章国旗、国歌、国徽、首都,共4章,总计138条。

延伸阅读

1. [英]詹宁斯:《法与宪法》,龚祥瑞、侯健译,生活·读书·新知三联书店1997年版,第一至三章。
2. [英]K. C. 惠尔:《现代宪法》,翟小波译,法律出版社2006年版。
3. 舒国滢主编:《法学方法论》,厦门大学出版社2013年版,第四章"法的渊源论"。

问题思考

1. 宪法解释在宪法变动过程中具有怎样的作用?
2. 如何理解宪法解释与宪法判例的关系?
3. 如何理解宪法惯例的规范性与司法适用性?
4. 不成文宪法国家中"宪法性法律"的准确含义是什么?
5. 如何理解规范性宪法、名义性宪法和标签性宪法之间的区别?
6. 宪法典形式上一般由序言、正文和附则组成,但就实质而言它应该包含哪些内容?

第三章　中国的制宪

第一节　制 宪 释 义

一、制宪的概念与表现

制宪，就是由享有制宪权的主体，或由其授权的制宪代表依据特定的制宪原则，创制作为国家根本法的宪法的过程。在宪法学上，制宪至少包含三个层次的内容：理论层面上的制宪权、实践层面的制宪制度以及一个国家的具体制宪过程。制宪权理论主要研究制宪权的来源、归属、界限。制宪制度主要关注制宪机关、制宪程序、制宪形式。制宪权是具体制宪制度的规范基础，制宪制度则是制宪权的展开与实现，一国的具体制宪进程则是对以上两个方面的综合体现。

对大多数成文宪法国家而言，制宪的表现形态就是制定、通过一部宪法典并使之生效。但从广义来说，只要是创造新的宪法秩序的活动，都可以被视为制宪。从此意义上来说，不成文宪法国家，如英国也有制宪的进程。但宪法学研究制宪，一般都将成文宪法国家的宪法典的制定作为重点。

二、制宪权

制宪权（constituent power）指的是制定宪法，创造宪法秩序的权力。制宪权理论最早由法国大革命时期的西耶斯（Emmanuel Joseph Sieyés，1748—1836）提出。自西耶斯建立制宪权理论体系后的两百多年间，制宪权学说发生过巨大变化。这些变化反映出每个时代宪政理念的特征。19 世纪末至 20 世纪初，在法实证主义盛行的大环境下，制宪权论理论饱受批评与非议，甚至一度几乎销声匿迹。20 世纪上半叶，经德国宪法学家卡尔・施密特（Carl Schmitt，1888—1985）精致的理论重构，制宪权理论得以重新焕发生机。后来，汉娜・阿伦特（Hannah Arendt，1906—1975）等学者也从不同角度对制宪权进行了有影响的阐释。从总体来看，但凡宪政制度发生重大变化前后，制宪权理论就会受到广泛而深入的讨论。而在宪政制度处于较为平稳的状态时,制宪权理论则不会引起太多关注。一般而言,制宪权具有以下特征:

(一)政治性

作为人民主权理论的体现,人民的制宪权是一种政治性的权力。制宪权确保人民有权选择具体宪政制度以实现其自由和权利。正如西耶斯所言,"在所有自由国家中——所有的国家均应当自由,结束有关宪法的种种分歧的方法只有一种,那就是求助于国民自己,而不是求助于那些显贵"。[1] 人民创制宪法的过程是政治性的。人民所拥有的制宪权不可剥夺、也不可让渡。制宪不受先前法制的制约,而仅受制于人民基于制宪权创制和认同的未来宪法必须遵循的政治原则。尽管制宪权的实现可以有多种方式,但从理论上来看,任何宪政国家的宪法都应当是依据这些制宪原则制定出来的,符合人民意志的政治契约。

(二)根本性

制宪权的根本性是指它是国家权力创立的唯一依据。宪政国家的权力既不来自神授,也不建立在暴力征服的基础上,而是通过人民的制宪权获得其正当性根据。这一方面表现为制宪权是国家宪法的渊源,不通过制宪权直接或间接认可的宪法不具备要求人民服从的权威性。另一方面,制宪权无须由宪法和法律加以明确规定。这是因为制宪权是法律的根据,任何法律也没有资格对制宪权加以规范。

(三)至高性

制宪权(pouvoir constituant)与宪法所创设的权力(pouvoir constitué)是不同的。制宪权的至高性描述的正是这两种权力的关系。在效力上,制宪权高于由其创设的立法权、行政权及司法权等国家权力。任何国家权力都必须服从于制宪权的权威。制宪权的至高性意味着宪政之下的政府权力都是有限。政府的各种权力都由宪法和法律明确授权。宪法和法律的规定划定了政府权力的有效范围,只有在这个范围内,政府权力才具有合法性。

三、制宪制度

(一)制宪机关

1. 制宪机关与制宪权主体

制宪权的主体是全体人民。这是毋庸置疑的。但在具体的制宪过程中,

---

[1] [法]西耶斯:《论特权·第三等级是什么?》,冯棠译,商务印书馆1990年版,第56页。

制宪权通常却不能由全体人民来直接行使，而是需要一个具体的机关来承担这一任务。制宪机关是直接行使制宪权、创制宪法的机关，它拥有通过宪法的最终决定权。制宪机关具体行使制宪权，但其本身却并不拥有制宪权。严格来说，制宪机关对宪法文本的决定权并非制宪权本身，而是由制宪权派生和委托的一种权力。尽管从形式和运行上看，制宪机关与议会或民意机关有很大相似，但制宪机关却并非议会或一般民意机构。因为议会和一般民意机构是依据既有宪法产生的，而制宪机关则不受旧宪法的约束，具有政治议会的性质。

2. 制宪机关与宪法起草机构

制宪机关批准宪法的前提是已经存在一个可供表决的宪法草案。通常，宪法草案并不由制宪机关提供，而是由事先组成的宪法起草机构完成。当然，制宪机关有对宪法草案做出修改的权力，而不是仅具有表决的权力。二者区分的关键在于是否代表人民行使了制宪权。宪法起草机构是一个工作机构，其职责仅限于提供宪法草案，而不能对宪法草案作出最终的决定。因此，宪法起草委员会不必是一个代表性的机构。为了确保宪法的科学性，宪法起草委员会应当体现一定的专业性。在组成宪法起草委员会时都会充分考虑吸收相关专业人士参与。从存在的形态来看，制宪机关可以是常设的；宪法起草机构则都是临时性的。制宪机关是行使制宪权的国家机关，宪法起草机构则只是具体工作机构。从产生来看，制宪机关经选举产生，具有民意基础，而宪法起草机构通常都是经任命产生的。

需要特别说明的是宪法的创制与生效并不等同。尤其是联邦制国家，其制宪进程往往牵涉各联邦组成体（如州）选举代表通过宪法文本，及其后各州的批准程序。由于各州代表组成的机构代表民意，行使人民制宪权，并非宪法起草机构，因此学界往往将各州代表制定宪法文本的活动视为制宪，而各州代表组成的机构也被视为制宪机关。如1787年美国费城制宪会议通常被视为制宪机关，而不是宪法起草机构。

3. 制宪机关的表现形式

由于种种原因，各国制宪机关的形态存在较大差异，实践中曾出现过制宪会议、国民会议、立宪会议等形式。目前比较常见的制宪机关表现形式主要有以下几种：

（1）专门制宪机关。为了制定宪法，专门选举出代表组成机构，由该机构批准宪法，这个机构就是专门制宪机构。制宪机构完成了制宪任务之后，即自行解散。因此，专门制宪机构是临时性的。最早采用专门机构制宪的是美国。

二战后德国的制宪也采用此制宪机关形式。以德国为例,二战后根据当时盟军作出在西占区制定宪法的决定,西占区有11个州议会选出了65名代表组成了名为“议会委员会”(Der Parlamentarische Rat)的立宪机构。1949年5月8日,该机构在波恩以53票对12票通过了《德意志联邦共和国基本法》(Grundgesetzfürdie Bundesrepublik Deutschland)。同年5月16日至22日,《基本法》陆续被10个州议会批准,于5月23日公布生效。

(2)国家最高权力机关。一些国家是由已成立的国家最高权力机关表决制定宪法。在这种情况下,国家最高权力机关就是制宪机关。我国采用的就是这种形式的制宪机关。与专门制宪机构不同,国家最高权力机关不是为制定宪法而专门成立的临时性机构,它是通过某种程序成立于宪法制定之前,制定宪法则是对这一既成事实的确认。例如,我国就是由1949年制定的起临时宪法作用的《中国人民政治协商会议共同纲领》确认全国人民代表大会的最高国家权力机关地位,然后由全国人民代表大会制定了1954年《中华人民共和国宪法》。《中国人民政治协商会议共同纲领》第二章“政权机关”第12条规定:“中华人民共和国的国家政权属于人民。人民行使国家政权的机关为各级人民代表大会和各级人民政府。各级人民代表大会由人民用普选方法产生之。各级人民代表大会选举各级人民政府。各级人民代表大会闭会期间,各级人民政府为行使各级政权的机关。国家最高政权机关为全国人民代表大会。全国人民代表大会闭会期间,中央人民政府为行使国家政权的最高机关。”正是这一条赋予人民代表大会作为制宪机关的正当性。

(3)议会。一些国家在制宪时采用已成立的议会作为其制宪机关。需要注意的是,行使制宪权的议会从性质上来说已经超越了一般议会的范畴。这是因为普通议会必须接受即有宪法的约束,而行使制宪权的议会则可以突破现有宪法的框架,创制新的宪法秩序。目前采用议会制宪形式的国家主要是英国这个奉行议会至上原则的不成文宪法国家。

(二)制宪程序

为了保证制宪的权威性与正当性,制定宪法必须遵循特定的步骤和阶段。由于宪法是国家根本法,其制定程序要严于普通立法程序,各国宪法也有不同规定,但一般而言,各国制宪都包括如下程序:制宪机构的设立、宪法草案的提出、宪法草案的通过、公布。

1.组织制宪机关,设立宪法起草机构。制宪机关的产生是否民主,以及制宪机关成员的素质,直接影响制宪的社会效果。宪法起草机构负责宪法草案的起草工作,其专业性直接影响宪法草案的质量。因此,组织制宪机关、设立胜任的宪法起草机构对制宪成败至关重要。

2. 提出宪法草案。这一程序包括宪法草案的起草和讨论等具体阶段。宪法草案的起草要遵循一定的指导思想或原则,以保证其合理性。制宪机关在基本宪政模式的选择、公民的宪法地位、基本的政治经济文化制度等方面首先要确立原则,以便宪法起草机构在起草工作中贯彻实施。

3. 通过宪法草案。如前所述,这一程序与各国制宪机关的设立情况紧密相关。因为只有制宪机关才有权力通过宪法草案。为保证宪法的权威和稳定性,大多数国家对宪法草案的通过程序有严格规定。

二战以后,越来越多的国家采用全民公决的方式通过宪法。全民公决的本质是人民直接参加宪法的制定,并对宪法是否生效表明最终的态度。全民公决制度为拿破仑所首创,迄今为众多国家所采用。由于这种制度最直接地体现了人民享有制宪权的精神,因此往往也被看作最民主的制宪方式。现行法兰西共和国宪法和俄罗斯联邦宪法等都是采用全民公决的方式通过的。近几十年来,一些后起的民主宪政国家往往也倾向于采用全民公决的方式通过宪法。经由全民公决方式通过宪法的国家,一般会在宪法的序言中予以说明。例如,1993 年由全民公决通过的《俄罗斯联邦宪法》序言有如下文字:"我们,在自己土地上由共同命运联合起来的多民族的俄罗斯联邦人民,确认人的权利和自由、公民和睦与和谐,维护历史形成的国家统一,依循普遍公认的各民族平等和自决的原则,缅怀将对祖国的热爱与尊重、对善良与正义的信念传递给我们的先辈,复兴俄罗斯主权的国体并确认其民主基础的不可动摇性,努力保证俄罗斯的繁荣和昌盛,基于为自己的祖国而对当代和后代所承担的责任,意识到自己是国际社会的一部分,特通过俄罗斯联邦宪法。"从理论上说,全民公决通过宪法最能体现人民主权原则的精髓。过去有理论认为这种直接民主通过宪法的方式虽然优越,却不适应人口规模较大的社会。随着当今科技水平的发展和教育水平的提升,以往对全民公决仅适用于小国寡民社会的论断的合理性已日渐降低。

在专门制宪机关制宪的情形下,一般规定宪法要获得制宪机关成员的2/3或 3/4 以上的多数赞成方能通过。在联邦体制下,为了保证制宪的民主性,由专门制宪机关通过的宪法通常还需要有法定数量的地方议会批准宪法才能生效。将地方议会批准作为宪法生效的条件,可以起到弥补制宪程序不足、制约制宪机关合法行使制宪权的作用。例如,《美国联邦宪法》第 7 条规定,经 9 个州制宪会议的批准(当时共有 13 个州),即足以使本宪法在各州批准成立。德国 1949 年《德意志联邦共和国基本法》第 144 条规定:"本基本法需取得德国现有州三分之二的州议会通过。”在最高国家权力机关通过宪法的情形中，也会规定比普通法律更高的投票通过比例。

4. 公布生效。宪法通过后一般由国家元首或制宪机关公布。经公布的宪法或者自公布之日起生效或者在满足一定条件后正式生效。在我国，通过和公布宪法的机关都是全国人民代表大会。

第二节　清末的制宪

“宪法”一词虽然中国古已有之，但作为近代限制王权，保障人权意义上使用的宪法的出现却是近代才有的事。鸦片战争以前，中国一直以礼仪之邦、天朝大国自居，无视西方外来文化。直到1840年鸦片战争之役，中国被迫割地赔款，开放通商口岸，才深感国外“蛮夷”的“船坚炮利”，思“以夷之长技以制夷”，于是“洋务运动”兴起。待到1894年中日“甲午之战”，中国败于日本“蕞尔小邦”，丧师割地，国耻尤甚。而西方列强瓜分中国之说，复盛极一时，于是有识之士，深感中国政治制度的腐朽没落，倡“变法救亡”之论，立宪之声出现。较早提出立宪主张的，当属早期变革论者郑观应。他在1894年日本出兵朝鲜时，即明确提出“开国会、定宪法”的主张，战后又呼吁立即立宪，建议仿效日本立宪图强。

甲午战争使一部分具有忧患意识的中国知识分子意识到立宪的必要，但真正使立宪成为一种举国上下的运动，却是1900年的庚子事变和1904年的日俄战争。庚子事变时，慈禧太后、光绪皇帝带领王公贵族“西游”逃难，国将不国，这使统治者意识到不改革就将亡国；而日俄战争的结果是立宪小国日本战胜专制大国俄国，一时立宪国战胜专制国之声传遍朝野，国人要求立宪之说顿时风靡全国。

在要求立宪的声音中，不但有舆论极力鼓吹立宪，朝廷内外臣工也极力奏请立宪，更让清廷寝食难安的是革命党指责清廷专制腐败，丧权辱国，提出不革命无以立宪的主张。以孙中山为首的革命党人不断发动武装起义，对清廷的统治造成严重的威胁。

清廷面对当时内外交困的局面，为维持其摇摇欲坠的统治，不得不迎合人民的立宪要求，宣布立宪，希望立宪能使“皇位永固”、“外患渐轻”、“内乱可弥”。

可见，近代中国立宪思想的萌发是和救亡图存联系在一起的。由于当时国人缺乏对西方世界的真正了解,特别是对西方宪法文化产生的历史传统等一知半解,认为西方强大的原因在于其制定了宪法。既然宪法能使一个国家富强,以为中国只要一制定宪法,中国立即就会强大起来,于是就纷纷支持立宪。这一国家主义情结成为中国立宪的最主要动力,也是历次立宪的最根本的局限性。倘使专制能使国家富强,便转而支持专制。宪法于是乎在中国变成了一种器物,当这种器物在中国没有像在西方宪政国家一样发生作用和影响时,宪法也就淡出了人们的视野。立宪救国论,一直影响中国半个多世纪之久。

一、1908 年《钦定宪法大纲》

(一)制定背景

受政权危机与立宪运动所迫,1905 年,清政府成立政治考察馆,并派载泽、戴鸿慈、端方等满汉要员,访问日、美、英、德诸国,史称五大臣出洋考察宪政。次年回国后,诸考察大臣,以"立宪之利"上书清廷。1906 年,清廷发布上谕,宣布"仿行宪政"。1907 年,政治考察馆改名为宪政编查馆,该馆会同资政院以日本明治宪法为蓝本,草拟了《宪法大纲》,并确定九年预备立宪计划。1908 年,大清朝廷批准并颁布了《钦定宪法大纲》。

(二)文本内容

《钦定宪法大纲》主要内容共 23 条,分为君上大权和臣民权利与义务两部分;在文本结构上,先列诸项君上大权,后附臣民权利义务。

1. 君上大权。君上大权是《钦定宪法大纲》的核心内容,共 14 条。主要规定了皇帝的法律地位和权限。(1)君主的法律地位,即"大清皇帝统治大清帝国,万世一系,永永尊戴";"君上神圣尊严,不可侵犯"。(2)君主权力,即立法权、行政权、司法权。君主立法权有"钦定颁行法律及发交议案之权";有"召集、开闭、停展及解散议院之权";君主行政权主要是君主的用人权、军事权、外交权以及皇室的经费和荣典权。如"设官制禄及黜陟百司之权"。"统率海陆军及编定军制之权。""宣战、媾和、订立条约及派遣使臣与认受使臣之权。""宣告戒严之权。""爵赏及恩赦之权。"其他如"发命令及使发命令之权。唯已定之法律,非交议院协赞奏经钦定时,不以命令更改废止。""皇室经费,应由君上制定常额,自国库提支,议院不得置议。""皇室大典,应由君上督率皇族及特派大臣议定,议院不得干预。"君主的司法权,即君主委任审判衙门、审判官代行司法权。

2. 臣民的权利与义务。规定符合法定资格的臣民有权担任文武官员,在法律规定范围内有言论、著作、出版、集会、结社的自由,非按法律规定不得加以逮捕、监禁和处罚,财产及住所无故不受惊扰,有要求法定审判机关法官审判其所诉案件之权,同时规定臣民有纳税、当兵、守法的义务。

(三)地位评价

《钦定宪法大纲》作为中国历史上第一部宪法性文件,以当时美英等宪政国家的眼光来看,有着太多值得批评和指责的地方,但从中国当时的情况来看,却不能不说是一种进步。有着多个中国宪法史上"第一"的称号。

1. 民意立法方面:第一次规定法律必经议院议决,而不是"朕即法律";皇帝非经议院通过,不得随意筹措财用;即使紧急情况,在议会闭会时,亦得于次年交议会协议。

2. 司法独立方面:第一次规定皇帝之下权力不再是行政司法不分,司法依法独立审判,不得以诏令随时更改。

3. 法律保留方面:第一次在国家大法上,规定臣民享有非经法律不得限制和剥夺的一些权利。

同时,它作为一种新生事物,也标志着中国宪政文化从观念的启蒙渐已走到制度层面的初步试验,它留给后世的绝不仅仅是一种遗产,它本身就构成了中国宪政史上独立的一页。

二、1911年《宪法重大信条十九条》

(一)出台背景

1911年10月10日,武昌起义爆发,湖北宣布独立。紧接着,湖南、江苏等省宣布独立。10月29日山西宣布独立。同一天,驻滦州的陆军20镇统制张绍曾、协统蓝天蔚等通电清廷,提出在本年度召开国会、组织责任内阁、制定宪法、特赦国事犯、削除皇族特权等12项要求,表示如果清廷不予采纳,不排除率军进攻北京。清政府迫于形势,不得不全部接受其要求,并授意资政院以此要求为蓝本,草拟《宪法重大信条十九条》(以下简称《十九信条》)。1911年10月30日,清廷下"罪己诏",宣布言论自由,开放党禁,实行责任内阁,立行宪政,并启用袁世凯组建责任内阁。11月3日,颁布《宪法重大信条十九条》,立即生效。

(二)主要内容

《十九信条》的主要内容如下:

1. 皇帝地位。"大清帝国皇统万世不易","皇帝神圣不可侵犯"。

2. 皇帝之权。皇权"以宪法所规定者为限",主要为任命权、军队统帅权、颁布宪法、法律权。如总理大臣由国会公举,皇帝任命;其他国务大臣由总理大臣推举,皇帝任命;统帅陆海军,但对内使用时,应依国会议决之特别条件,此外不得调遣。宪法由资政院起草议决,由皇帝颁布。

3. 国会之权。国会有宪法改正提案权,公举国务大臣权,议决国际条约缔结权,立法权,财政预决算、皇室经费议决权。

4. 实行法治。如官制官规,以法律定之,皇帝无权随意设置。皇帝不得以命令代法律,除紧急命令外,以执行法律及法律所委任者为限。

5. 权力制衡。如总理大臣受国会弹劾时,非国会解散,即内阁辞职,但一次内阁不得为两次国会之解散;国务裁判机关,由两院组织之。

(三)历史评价

《十九信条》是中国历史上的第一部真正具有"虚君共和"性质的宪法性文件,也是清廷最后颁布的一部宪法性文件。该《十九信条》虽没有规定人民的权利,但对君上大权进行了明确、严格的限制,并规定了法律至上的法治原则和立法行政制衡的分权原则,形似近代英国典型的"虚君共和"政体。这部宪法性文件的出台主要是为了应对辛亥革命的爆发,挽救清朝即将崩溃的命运。然而,《十九信条》并没有能够挽救清廷的命运,此时民众已对清廷完全失望,国内的主要政治力量——立宪派中的部分人员倒向了革命派,接着南方独立各省纷纷建立临时政府。1912 年元旦,孙中山宣誓就任中华民国临时大总统并宣布中华民国成立;同年 2 月 12 日,中国历史上最后一位皇帝,爱新觉罗·溥仪颁布退位诏书。这标志着中国肇始于戊戌变法的君主立宪运动宣告终结。

第三节 中华民国的制宪

中华民国成立后,首先组建政府,面临的任务就是制定宪法。然而,当时的中国人对自由、民主、宪政等知识缺乏,并且受中国历代相传的强权政治的观念影响,使得仅对宪法作为一种工具性价值的认识。所以,宪法在中国虽已落户,却难如西方宪政国家一样发挥其应有的作用。但是,形式上出于掩饰的需要,又不得不制定一部宪法,以表示自己政权的合法性。于是,在中国历史上,就出现了每一次权力的更替就有了一次宪法的制定,宪法成了一件没用但大家都抢着制定的"遮羞布"。

一、1912 年《中华民国临时约法》

(一)产生背景

1911 年武昌首义成功后,湖北随即宣布独立,起草《中华民国鄂州临时约法草案》,于同年 11 月 14 日发布。随后宣布独立的江苏、四川、浙江、广西、贵州、江西等省亦纷纷制定临时约法或省宪。1912 年,南京临时政府成立后,各省选派代表前往南京,组成临时参议院,着手制定《中华民国临时约法》(以下简称《临时约法》)。同年 3 月 8 日,临时参议院通过《临时约法》,3 月 11 日,由临时大总统孙中山正式签署生效。

在制定《临时约法》之前,南京临时政府已制定了《中华民国临时政府大纲》,该大纲效法美国宪法,采用总统制,实行三权分立制衡。但在袁世凯出任临时大总统已成定局的情况下,革命派为了制约袁世凯,便急匆匆起草《临时约法》,改大纲中的总统制为责任内阁制,希望能借《临时约法》之手,限制住袁世凯的野心,让其有位无权。这种一厢情愿的想法,不但被实践证明是无效的,而且因人而随意修改宪法中的基本原则,更是让后来者对宪法失去信心,并开创了一个不好的先例,使后起者效尤。

(二)主要内容

《临时约法》共 7 章 56 条,其主要内容有:

1. 国家制度。规定"中华民国由中华人民组织之","主权属于国民全体","领土为二十二行省、内外蒙古、西藏、青海";"以参议院、临时大总统、国务员、法院行使其统治权"。

2. 公民权利。规定"中华民国人民一律平等,无种族、阶级、宗教之区别"。人民享有人身、居住、财产、言论、出版、集会、结社、通信和信教的自由;人民有请愿、诉讼、考试、选举及被选举等权利。同时规定,人民有纳税、服兵役等义务。

3. 在政府的组织形式上实行权力制衡的原则。规定全国的立法权属于临时参议院,参议院有权议决一切法律、预算、决算、税法、币制及度量衡准则,募集公债,选举产生临时大总统、副总统,弹劾大总统和国务员,对临时大总统行使的重要权力,具有同意权和最后决定权。临时大总统代表临时政府总揽政务,公布法律,统率全国海陆军,制定官制官规,任免文武官员等,但行使职权时,须有国务员副署。受参议院弹劾时,由最高法院组成特别法庭审判;法官有独立审判的权利。

(三)历史评价

《临时约法》是中华民国第一部宪法性的根本大法,也是在20世纪初年的亚洲各国当中,一部极具资产阶级民主性的"民权宪章"。

在政治上,它以根本法的形式废除了中国延续两千多年的君主专制制度,确立了民主共和国的政治体制;在思想上,使民主共和的思想深入人心;文化上,知识分子利用《临时约法》规定的集会、结社、言论、出版自由,纷纷组织党团和创办报刊,大量介绍西方资本主义国家,为新文化运动创造了条件;在对外关系上,强调中国是一个领土完整、主权独立、统一的多民族国家,有利于启发爱国主义的民族感情,防止帝国主义侵略。

但宪法作为一种契约,它应是各派政治力量相互妥协的产物,袁世凯集团作为当时国内最大的一支政治力量,当它的意志没有在宪法中有所体现时,《临时约法》的命运也就很快走到了尽头。

二、1913年《中华民国宪法草案》(《天坛宪草》)

(一)背景及过程

袁世凯就任临时大总统后,临时参议院陆续制定了《国会组织法》、《众议院议员选举法》、《参议院议员选举法》,并由总统公布生效。1913年,国会议员选举,其中众议院议员596人,参议院议员274人。初次选举后,国民党在两院议席中共占392席(众议员269,参议员123),居各党派之首。国会成立后,国会联合会通过了宪法会议规则,成立了宪法起草委员会,由两院从议员中各选出30人(共60人)组成。其中,国民党起草委员最多,为25人,委员长亦为国民党议员;进步党次之,为19人;其余四党,共16人。

1913年10月,由两院联合组成的宪法会议制定并直接公布了《大总统选举法》。该法规定总统非由公民直选,而由国会选举产生。总统只能连任一次。袁世凯根据此选举法,当选总统。就任后,袁世凯一方面不断破坏责任内阁制;另一方面,又企图通过国会制定一部维护自己独裁统治的宪法来取代《临时约法》,故咨请国会立即修订《临时约法》,以增加大总统的权力,免除任期限制以及国会对其任免官员、缔结条约、宣战及媾和权力之约束。而国会中的革命党人则希望通过制定宪法来限制袁世凯的权力。

由于袁世凯不断对宪法会议提出自己的要求,而宪法会议又对其予以拒绝。为防夜长梦多,宪法起草委员会在一个月之内即完成宪法草案,并于10月31日三读通过宪法草案全文,因这部宪法草案在北京天坛祈年殿起草拟定,所以又称为"天坛宪草"。

(二)主要内容

《天坛宪草》共11章113条,各章节分别为:国体、国土、国民、国会、国会委员会、大总统、国务院、法院、法律、会计以及宪法之修正及解释;其主要内容如下:

1. 规定中华民国的国体为统一民主国,国土依固有疆域。

2. 规定国民应享有的权利,如平等权、人身保护令、住居权、通信自由、迁徙自由、集会、结社、言论、出版、信仰自由等,同时规定了国民应尽的义务,如纳税、服兵役、受初等教育的义务。

3. 规定了"三权分立"的国家机构设置,对行政权的设置采取了半总统制半内阁制的设置办法。

4. 设立国会委员会作为国会休会期间的工作机构,代行国会职权。

5. 规定了宪法的解释机关为宪法会议,规定了宪法极其严格的修改程序。

(三)历史评价

《天坛宪草》基本沿袭了《临时约法》的精神和原则。虽然迫于袁世凯的压力,不得不对总统权力的规定作了一些让步,但仍对总统权力作了较多的限制。这样的宪法草案,显然不会被袁世凯所接受。不久,因"宋教仁案"后国民党人的"二次革命",袁世凯下令解散国会,"合法"地扼杀了《天坛宪草》。

三、1914年《中国民国约法》(《袁记约法》)

(一)制定过程

国会解散后,袁世凯随即组织御用的"中央政治会议"来代行国会的职权。并向政治会议提出了《约法增修咨询案》,要求讨论修改《临时约法》,但政治会议认为此事事关重大,请求另外组织立法机关来修订《临时约法》。于是,由政治会议议定,组织了"约法会议"。约法会议不是独立的立法机关,而是在总统领导下的修宪机关。它的主要任务,就是修改《临时约法》。1914年3月,约法会议在北京召开,袁世凯向约法会议提交了增修《临时约法》的咨文,咨文中提出了增修约法的7项大纲,主要内容是:实行总统制;总统行使权力无须经国会同意;总统有紧急命令权和紧急处分权;重要宪法改正权归总统等。约法会议很快通过了《中华民国约法》(也称《袁记约法》),并于1914年5月1日由总统公布生效。

(二)主要内容

《中华民国约法》共10章68条。其主要内容为:规定中华民国的主权本于国民全体;人民依法享有身体、家宅、财产、言论、迁徙、信教、请愿、诉讼、选举、考试之权利,以及纳税、服兵役之义务;实行总统制,总统对外代表国家,统帅三军。总统有制定官制官规,任免文武职官,宣战、媾和及缔约之权;有权召集和解散立法院,否决立法院议决的议案之权;有紧急命令和财政紧急处分权。法官由大总统任命。可见,总统具有至高无上的权力。

与《临时约法》相比,《袁记约法》的变化集中体现在大幅度扩张总统的权力,主要表现在以下四个方面:

1. 确立凌驾于三权之上的总统"统治权"。如规定"大总统为国家之元首,总揽统治权。"赋予总统超出立法、司法、行政三权之上的权力,从体制上已超出权力分立、相互制约的共和政体。

2. 取消内阁制,改行总统制。

3. 虚化对总统权力的制约。如规定"大总统对于国民之全体负责任。"根据《约法》以及由约法会议制定的《修正大总统选举法》,总统不通过民选产生,也不向议会负责。故大总统事实上对谁也不用负责,也不接受任何人、任何机构的制约。

4. 在选举方式上的特殊规定,很容易形成实际上的总统终身制甚至世袭制。根据《修正大总统选举法》,大总统任期为十年,连任无限制;总统选举会由现任总统本人召集;总统选举之前,由现任总统提出总统候选人三名,并由总统"亲书于嘉禾金简,衿盖国玺,密贮金匮于大总统府特设尊藏金匮石室尊藏之"。大总统选举会除就被推荐三人投票外,同时得对于现任大总统投票。

(三)历史影响

通过《袁记约法》,袁世凯事实上取得了大总统终身制。但他还不知满足,复辟帝制,当上了大中华帝国的皇帝。最终众叛亲离,在全国的讨伐声中,抱病而死。《袁记约法》也随之废除。这似乎说明了,在中国,宪法权威虽还未有效确立,但皇权权威的传统模式却已然崩塌。

四、1923 年《中华民国宪法》

(一)制定背景

袁世凯死后,黎元洪继任大总统,国会恢复,以《天坛宪草》为基础,继续起草宪法。但制宪各派出于政见,双方争执,相持不下,以致制宪难产。恰值政府与国会矛盾激化,黎元洪邀请军阀张勋进京调处。张勋进京后,强迫黎元洪解散国会,制宪再次中止。1920 年直皖战争,直胜皖败。1922 年直奉战争,直胜奉败。黎元洪在直系支持下复任总统,国会恢复,继续制宪。但由于曹锟觊觎总统一职,黎元洪被迫辞职。1923 年,曹锟以贿赂国会议员的方式当选为总统。10 月 10 日,曹锟正式就任总统,同日,宪法会议正式公布宪法全文。

(二)主要内容

《中华民国宪法》共 13 章 141 条,主要内容有:

1. 规定中华民国为统一民主国,主权属于国民全体。

2. 对人民权利的规定采取明示加默示的方法,人民一律平等,有人身、住居、通信、集会、结社、言论、信教、财产、诉讼、请愿、选举等权利,有纳税、服兵役、受教育的义务。

3. 对中央与地方事务进行明确划分,各省自制定省自治法,省设省议会和省务院,自选议员和省务员,省务院设院长一人,由省务员互选之。

4. 立法、行政、司法实行分权制衡制度;国会实行两院制,参议院以法定最高地方议会选举产生,任期 6 年,每两年改选 1/3;众议院则按选区人口比例由选举直接选举产生,任期 3 年。如果认定大总统有谋叛行为或国务员有违法行为,众议院可以 2/3 多数发起弹劾,弹劾正副总统要求出席议员达到总数的 2/3 以上。国会议定之法律案,由大总统公布,如有异议,得按时请求复议;如两院仍执前议,应即公布之;行政权采取双元首制,由大总统在国务员赞襄下行使,大总统由国会议员组成“总统选举会”,以选举人总数 2/3 以上投票产生;总统任期 5 年,可以连任一次;大总统统帅海陆军,缔结条约、宣战、媾和非经国会同意,不生效力;总统任免文武百官,但国务总理的任命须经众议院同意;众议院对国务员通过“不信任决议”,大总统或者免除国务员职务或者解散众议院,但解散众议院须经参议院同意,且同一会期只能解散一次;司法独立,法官独立审判案件;最高法院院长的任命须经参议院同意。

5. 国会为修宪发议机关,但宪法之修正和解释,由宪法会议行使。

(三)历史评价

作为中华民国的第一部正式宪法,历经 11 年方告制成,期间凝聚了中国很多宪法学者的心血,内容亦不无可取之处,但不幸因曹锟而落得“贿选宪法”的恶名,最终以“娼妇不能产合法婴儿”之罪,被抛进了历史垃圾堆。

五、1936 年《五五宪草》

(一)背景与过程

1921 年,孙中山发表五权宪法讲演,认为中国古代即有三权宪法,即考试权、君权(兼立法、行政、司法)、弹劾权,而现在这五权宪法就是将君权去了,把其中的行政、立法、司法三权提出,与考试、弹劾一起成为五权。宪法上就是要规定五权分立,除此之外,最重要的是县治,行使直接民权,直接民权才是真正的民权。

1924年,孙中山实行"联俄、联共、扶助农工"三大政策,改组国民党。孙中山认为中国实行宪政之前,首先要经过军政、训政阶段。军政就是革命政府用武力扫除一切障碍,并转变人心。任何一省完成军政后,即应进入训政。训政就是分县自治,包括选举、创制、复决与罢免权利。任何县的人民在对这四种权利经过适当训练之后,即成为完全自治的县,任何省内的所有县均已完成自治,则该省便完成训政并进入了宪政开始时期。1925年,广州政府改组为国民政府,通过了《国民政府组织法》,规定"国民政府受中国国民党之指挥及监督掌理全国政务",实行委员会制,由此开始了中国最早的"党治"。

"九·一八"事变发生后,全国抗日民主运动全面展开,要求国民党结束训政实行宪政的呼声日益高涨。在国民党内部,主张从速立宪以团结国内力量共同御侮的力量也在增长。1932年12月,国民党召开四届三中全会,决议于1934年召开第一届国民代表大会议决宪法,假定1934年10月10日为宪政开始日期。1933年,孙科任立法院院长,组织宪法草案起草委员会,自任委员长,张知本、吴经熊为副委员长,委员有傅秉常等36人。立法院一方面分函海内名流,征求各界对于制宪的意见并送交国民政府,通知各级地方,分别组设宪法草案研究会,将研究结果,拟具意见,送立法院参考;另一方面编译各国宪法,以备起草参考。1936年5月1日,立法院三读通过,遂呈报南京国民政府,5月5日,南京国民政府正式公布《中华民国宪法草案》,因公布时间在5月5日,故又称"五五宪草"。

(二)主要内容

"五五宪草"共8章,148条。其主要内容有:

1. 规定了国体、主权、国籍、领土、国旗、国都等构成国家的基本要素。将"党"的主义规定在国体之中。

2. 规定了国民的权利和义务。以间接保障和社会本位为原则,对权利采取列举和概括的规定。

3. 按照孙中山权能分治的原则,政权由国民大会行使。国民大会的职权主要为选举、罢免总统、副总统,立法院院长、副院长,监察院院长、副院长,立法委员、监察委员;创制、复决法律;修改宪法等职权。国民大会每三年集会一次,每次会期一个月,每届任期6年。

4. 按照孙中山五权宪法原理,治权由中央政府行使。中央政府分为行政院、立法院、司法院、考试院、监察院五个部门。总统为国家元首,位于五院之上。

(1)总统。总统为国家元首,统率全国陆海空军,得依法公布法律、发布命令。总统有宣战、媾和及缔结条约、宣布戒严、解严、大赦、特赦、减刑、复权、任命文武官员的权力,以及紧急处置权。

(2)行政院。行政院为行使政权的最高机关,其地位与其他四院相同,行政院院长、副院长及政务委员均由总统任免、对总统负责,总统还有向行政院行政会议提出议案的权力,因此,总统对于行政可充分运用职权,其行政首长的地位得以有力体现。

(3)立法院。立法院为中央政府行使立法权之最高机关,对国民大会负责。立法院的职权则大抵与国会相同。

(4)司法院。司法院为中央政府行使司法权的最高机关,掌理民事、刑事、行政诉讼的审判及司法行政,并有统一解释法律命令的权力。关于特赦、减刑、复权事项,由司法院院长依法律提请总统行使。法官依法律独立审判。

(5)考试院与监察院。考试权和监察权的独立行使,是五权宪法的特点之一。考试院为中央政府行使考试权之最高机关,掌理考选铨述。监察院为中央政府行使监察权的最高机关,掌理弹劾、惩戒、审计,两者都对国民大会负责。

5. 中央与地方关系采取均权主义,实行县自治。

(三)历史评价

"五五宪草"的制定,前后历时三年有余,其间曾两次公开征集民间对于宪法草案的意见,这使得社会各界对于宪法的诸多问题都有比较深入的讨论和认识,加深了人民对宪法的了解。同时,该宪草作为民国时期一次大规模的立宪活动,反映了国人自近代以来对宪政理想的不懈追求。尽管最后的结果,"五五宪草"没有获得真正的实施,未能给当时灾难深重的中国带来渴望已久的和平与民主,但由它所产生的宪法思想依然是中华民族追求民主、法治与宪政精神的宝贵财富。

六、1946年《中华民国宪法》

(一)制定背景

1946年《中华民国宪法》是在《五五宪草》的基础上修正制定的。《五五宪草》制定公布后,随即制定并公布了《国民大会组织法》与《国民大会代表选举法》,但随着抗日战争的全面爆发,国家的重点转移到抗战,国民大会代表的选举也就停顿下来。

抗战胜利后,国际社会和国内民众一致呼吁和平建国。为此,1945 年毛泽东飞抵重庆进行国共谈判,以求政治解决国内问题。毛泽东在重庆期间,国共双方达成"双十会谈纪要",决定召开"政治协商会议",召集各党各派代表及社会贤达共商国是。政治协商会议的成员由共产党 7 人、国民党 8 人、青年党 5 人、民盟和社会贤达 9 人,共 38 人组成。针对《五五宪草》,政治协商会议提出 12 项修改原则,立法院由选民直接选举产生,其职能相当于民主国家的议会,行政院由总统提名,立法院同意任命,行政院对立法院负责,如果立法院对行政院全体不信任,行政院长或者辞职或者提请总统解散立法院;司法院由大法官组成,大法官由总统提名,监察院同意任命;中央与地方分权采取联邦主义,省可以制定省宪,但不得与国宪相抵触。但国民党提出不同意见,反对联邦制和议会制。经过协商,取消了立法院的不信任权和行政院的解散权,同时改"省宪"为"省自治法"。

1946 年,国共双方军事冲突不断升级,终于酿成全面内战。11 月 15 日,国民党宣布召开国民大会,遭到共产党抗议。在共产党和民盟代表缺席的情况下,国民大会主席胡适接受了宪法草案,并进行审议。1946 年底,国民大会通过了《中华民国宪法》。该法随即于 1947 年 1 月 1 日公布,并于 12 月 25 日开始施行。

(二)主要内容

《中华民国宪法》全文共 14 章 175 条,其主要内容有:

1. 规定中华民国"基于三民主义,为民有、民治、民享之民主共和国";主权属于国民全体;正式将一党主义写入宪法之中,成为全中国人民的信仰。

2. 国民享有各项权利,依法履行义务。对权利规定的基本精神仍然是保障而非限制。

3. 国民大会任期 6 年,由总统召集。负责选举正副总统、修改宪法、复决立法院所提之宪法修正案。与《五五宪草》相比,国民大会的职能进一步削弱,主要作用在于选举正副总统。

4. 政府实行责任内阁制,总统权力较《五五宪草》的规定有所削弱,但仍然具有很大权力。立法委员由选举直接产生,行政院长由总统提名,立法院同意任命,行政院有义务向立法院提出施政方针及报告,立法院对行政院有权质询;立法院不同意行政院的政策,可以通过决议要求行政院变更;行政院经总统核可,可以要求立法院复议,如果 2/3 以上的出席立法委员维持原决议,行政院长应立即接受该决议或辞职。司法院负责解释宪法,法官独立审判,正副院长和大法官皆由总统提名,经监察院同意而获得任命。监察院由各省、直辖市议会和蒙、藏地方议会及华侨团体选举产生,任期6年,连选连任。

5. 中央与地方事权,按事务的中央与地方属性划分。中央事权和地方事权俱采取列举方式规定,对于未列举的事项,其调控权力根据其性质加以划分。各省可以召集省民代表大会,制定省自治法。各省设省议会和省政府,省长和议员均由省民选举产生。

(三)历史评价

1946年《中华民国宪法》的制定开始于1933年,历时13年方告制成,与1923年《中华民国宪法》相比,制定的时间更长,参与讨论的人数和范围也更多和更广,然而该部宪法的实施,同样也没有能挽救国民党在大陆摇摇欲坠的统治。随着国民党从大陆退往台湾地区,该宪法在大陆也就寿终正寝。伴随国民党在大陆统治的失败,民国时期的一切法制也被全部废除,历史再一次回到了起点,中国人的宪政努力将面临一个新的开端。

第四节 中华人民共和国的制宪

一、中华人民共和国制宪的概述

中华人民共和国只进行过一次严格意义上的制宪,即1954年《中华人民共和国宪法》的制定。1949年的《中国人民政治协商会议共同纲领》起到了"临时宪法"的作用,为中华人民共和国的诞生提供了合法基础,但它并不是正式颁布的宪法,该纲领的制定也不是制宪权的直接行使。当然,该纲领的制定实施为1954年宪法的制定打下了坚实的基础,其在我国宪政史上的作用是不容低估的。特别需要指出的是:1975年、1978年和1982年宪法典文本的重大改动并不是制宪,而仅仅是对宪法的全面修改。

中华人民共和国的制宪活动并非毫无基础和白手起家。实际上,在1949年以前,在革命根据地政权建设中已经形成了一些人民民主性质的宪法性文件,如《中华苏维埃共和国宪法大纲》(1934年)、《陕甘宁边区施政纲领》(1941年)、《陕甘宁边区宪法原则》(1946年)等。

《中华苏维埃共和国宪法大纲》是1931年11月在江西瑞金召开的全国第一次工农兵苏维埃代表大会上通过的。大纲宣告了中华苏维埃共和国的成立。该大纲于1934年做了补充和修改后,正式公布实施。这是在中国共产党的领导下制定和颁布的第一个宪法性文件。《宪法大纲》共17条,它确认苏维埃共和国性质是"工人和农民的民主专政国家",任务是反帝反封建并逐步转变为无产阶级专政国家,规定苏维埃共和国的基本政治制度是工农兵苏维埃代表大会制度,规定了苏维埃公民的基本权利和自由。

抗日战争时期,为巩固边区政权,团结抗日力量,陕甘宁边区第二届参议会第一次会议于1941年11月通过了《陕甘宁边区施政纲领》。施政纲领共21条,主要内容包括实行"三三制"原则,即边区政权由共产党、党外进步人士和中间派大体各占1/3组成抗日政权机关:保证一切抗日人民的人权、政权、财产及言论、出版、集会、结社、信仰、居住、迁徙之自由权:改进司法制度,坚决废止肉刑,重证据不重口供,严惩公务人员贪污行为;发展边区经济的各项政策,坚持男女平等和民族平等原则等。

抗日战争结束后,中国共产党结合抗日根据地政权建设经验积极探索新民主主义建国纲领。1946年4月在延安召开的陕甘宁边区第三届参议会第一次会议上,通过了《陕甘宁边区宪法原则》,共5个部分25条。其主要内容包括以下几个方面:第一,边区政权组织形式。边区、县、乡人民代表会议为人民管理政权机关;代表由人民以普遍、直接、平等、无记名投票的方式选举产生;政府由各级代表会议产生,向其负责,各级代表向选民负责。第二,人民的权利。人民不仅享有政治、经济、文化等方面的权利和自由,还规定了实行这些权利的物质保障。第三,确认了民族平等、男女平等的原则,规定在各少数民族聚居区可以组织民族自治政权。第四,规定了边区的司法制度和边区的经济、文化等方面的基本政策。《陕甘宁边区宪法原则》是中国共产党新民主主义共和国纲领的集中体现,是制定陕甘宁边区宪法的基础。遗憾的是,根据此宪法原则于1946年6月拟就的《陕甘宁边区宪法草案》由于全面内战的爆发未能通过颁行。在这种情形下,《陕甘宁边区宪法原则》起到了陕甘宁边区政府临时宪法的作用,并成为其他解放区施政纲领的样板。

以上宪法性文件尽管在内容和形式上都不够完备,但为中华人民共和国的制宪活动积累了宝贵的经验。

二、《中国人民政治协商会议共同纲领》的制定

(一)制定过程

1949年中华人民共和国成立时还不具备召开全国人民代表大会的客观条件。当时大陆的军事行动仍未结束,各地土地改革还没有完成,人民群众也没有完全组织起来,还无法实行全国的普选。没有普选就不能保证宪法制定的民主正当性。在这种情况下,只能先制定一部起临时宪法作用的文件,完成新政府的组织工作。为此,中国共产党早在1948年就开始了相关准备工作。

1948年5月30日,中共中央发布了《五一劳动节口号》,号召全国"各民主党派、各人民团体、各社会贤达迅速召开政治协商会议,讨论并实现召集人民代表大会,成立民主联合政府"。从1948年10月上旬开始,党中央已经着手起草共同纲领草案。起草工作在周恩来的主持下,由中共中央统战部部长李维汉具体负责。10月27日,草案第一稿成型。这份名为《中国人民民主革命纲领草稿》的文本集中体现了中国共产党的新民主主义建国思想,分总则、政治军事、土地改革等十部分,共46条,外加一个简短的序言。1948年11月,《中国人民民主革命纲领草稿》又形成了第二稿。1949年1月8日中共中央政治局决议通过《中国人民民主革命纲领草稿》。

然而,解放战争的局势变化使得《中国人民民主革命纲领草稿》很快就不能适应形势了。1949年6月16日,周恩来在新政协筹备会议上宣布要重新起草《共同纲领》,并指出这是一项十分繁重的工作。会上周恩来当选为起草共同纲领的小组组长,许德珩为副组长。6月18日起草小组成立。随即,小组分为政治法律、财政经济、国防外交、文化教育和其他共五个小组,分别就有关问题进行讨论,并写出了具体的条文,供起草者参考。经过数易其稿,9月5日,终于形成《中国人民政治协商会议共同纲领》的草案。此后,中共中央又集思广益,广泛地吸收各种建议。《中国人民政治协商会议共同纲领》最后阶段的修改与定稿,是在各界民主人士积极参与中进行的,可谓中国政治史上民主协商的典范。

1949年秋,中国共产党邀请各民主党派、人民团体、人民解放军、各地区、各民族以及国外华侨等各方面的代表635人,组成中国人民政治协商会议,代表全国各族人民的意志,在普选的全国人民代表大会召开以前代行全国人民代表大会的职权。1949年9月29日,中国人民政治协商会议第一届全体会议表决通过了《中国人民政治协商会议共同纲领》。

(二)文本内容

《中国人民政治协商会议共同纲领》除序言外,分为总纲、政权机关、军事制度、经济政策、文化教育政策、民族政策、外交政策共7章60条。

序言宣告解放战争与人民革命的胜利,以及帝国主义、封建主义和官僚资本主义在中国统治的结束和人民民主共和国的建立。它确认中国要建立"中国工人阶级、农民阶级、小资产阶级、民族资产阶级及其他爱国民主分子的人民民主统一战线的政权,而以工农联盟为基础,以工人阶级为领导"的人民民主专政的国家。序言还确定了中国人民政治协商会议是人民民主统一战线的组织形式。政治协商会议宣告中华人民共和国成立和组织人民政府,新民主主义即人民民主主义为中华人民共和国建国的政治基础。序言还宣布《中国人民政治协商会议共同纲领》由人民政府和全国人民共同遵守。

第一章总纲。规定中华人民共和国为新民主主义即人民民主主义的国家,实行工人阶级领导的、以工农联盟为基础的、团结各民主阶级和国内各民族的人民民主专政,反对帝国主义、封建主义和官僚资本主义,为中国的独立、民主、和平、统一和富强而奋斗。总纲还规定了新政权的一些具体任务和目标,例如取消帝国主义特权、没收官僚资本、变封建半封建土地所有制为农民土地所有制、保护公私财产、变农业国为工业国、巩固和加强人民武装力量、联合世界上一切爱好和平、自由的国家和人民反对帝国主义侵略、保障世界持久和平等等。总纲还宣布了中华人民共和国人民的基本权利和义务,其中列举的基本权利包括选举权和被选举权、平等权以及思想、言论、出版、集会、结社、通讯、人身、居住、迁徙、宗教信仰及示威游行的自由权等。

第二章政权机关。规定中华人民共和国的国家政权属于人民。人民行使国家政权的机关为各级人民代表大会和各级人民政府。各级人民代表大会由人民用普选方法产生。各级人民代表大会选举各级人民政府,各级人民代表大会闭会期间,各级人民政府为行使各级政权的机关。国家最高政权机关为全国人民代表大会。全国人民代表大会闭会期间,中央人民政府为行使国家政权的最高机关。政治协商会议为人民民主统一战线的组织形式,在人民代表大会召开之前,由政协全体会议执行人民代表大会的职权。各级政权机关一律实行民主集中制。人民代表大会向人民负责并报告工作。人民政府委员会向人民代表大会负责并报告工作。在人民代表大会和人民政府委员会内,实行少数服从多数的制度。各下级人民政府均由上级人民政府加委并服从上级人民政府。全国各地方人民政府均服从中央人民政府。县市以上的各级人民政府内,设人民监察机关,以监察各级国家机关和各种公务人员是否履行其职责,并纠举其中之违法失职的机关和人员。人民和人民团体有权向人民监察机关或人民司法机关控告任何国家机关和任何公务人员的违法失职行为。此外,还规定了军事管制等问题。

第三章军事制度。规定中华人民共和国建立统一的军队,即人民解放军和人民公安部队,受中央人民政府人民革命军事委员会统率,实行统一的指挥,统一的制度,统一的编制,统一的纪律。规定建立政治工作制度,加强军队现代化建设,适时实行义务兵役制,军队和平时期参加劳动生产等内容。

第四章经济政策。规定经济建设的根本方针是以公私兼顾、劳资两利、城乡互助、内外交流的政策,达到发展生产、繁荣经济的目的。宣布土地改革为发展生产力和国家工业化的必要条件。规定了国营经济、合作社经济、国家资本主义经济的性质、地位和国家采取的政策态度。规定了农林渔牧业,以及工业、商业等各经济部门发展的基本政策。

第五章文化教育政策。规定中华人民共和国的文化教育为新民主主义的,即民族的、科学的、大众的文化教育。在此基础上规定了各种具体的文化教育政策。

第六章民族政策。宣布中华人民共和国境内各民族一律平等,实行团结互助。各少数民族聚居的地区实行民族的区域自治。各少数民族有组织地方人民公安部队的权利,有发展其语言文学、保持或改革其风俗习惯及宗教信仰的自由。人民政府应帮助少数民族的人民大众发展其政治、经济、文化、教育的建设事业。

第七章外交政策。宣布中华人民共和国拥护国际的持久和平和各国人民间的友好合作,反对帝国主义的侵略政策和战争政策。对于国民党政府与外国政府所订立的各项条约和协定,中华人民共和国中央人民政府应加以审查,按其内容,分别予以承认,或废除,或修改,或重订。在平等、互利及互相尊重领土主权的基础上与他国建立外交关系。

(三)性质、作用与评价

《中国人民政治协商会议共同纲领》规定了国家制度和社会制度的基本原则及各项基本政策。它是由代行全国人民代表大会职权的中国人民政治协商会议制定的,因此,不管是从内容上还是从法律效力上看都起到了临时宪法的作用。但从本质上讲,《中国人民政治协商会议共同纲领》仍非严格意义上的宪法,而只是一个建国纲领。它规定的政治、经济、军事与文化制度适应建国初期建立政权体系的需要。它是新中国成立初期团结全国人民共同前进的政治基础和纲领,对于巩固人民政权,加强革命法制,维护人民民主权利,以及恢复和发展国民经济起着指导作用。从制定过程和内容上看,《中国人民政治协商会议共同纲领》都体现了民主的精神。《中国人民政治协商会议共同纲领》的许多基本原则在制定1954年宪法时都得到了确认和进一步发展,因而在我国宪政史上有着不容低估的价值。

三、1954年《中华人民共和国宪法》的制定

(一)制定背景

中华人民共和国成立初期,由于制宪条件尚不具备,由中国人民政治协商会议代行全国人民代表大会行使制宪权,并制定了起临时宪法作用的《中国人民政治协商会议共同纲领》。到了1953年,国家的政治、经济与文化发展发

生了重大变化,这些变化为制定新中国第一部宪法提供了客观环境。

在政治环境方面,从1950年12月到1951年10月,在全国范围内开展了镇压反革命运动,基本上扫除了国民党政权遗留在大陆上的残余势力。从1949年新中国成立到1954年这五年时间里,人民民主政权在全国各地普遍建立并日渐巩固。在经济上,从1950年冬到1953年春,在新解放区占全国人口一多半的农村完成了土地制度的改革。从1949年起国家进行了为期三年的国民经济恢复和发展工作,到1952年时,我国实现了国民经济的根本好转,完成了国民经济恢复工作。在经济恢复的同时,国民经济结构也发生了深刻的变化。国营经济、私人资本主义经济、个体经济、国家资本主义经济、合作社经济都得到了发展。由于国家的支持和经济结构的合理性,国营经济发展迅速。文化上,经过三年共同纲领的实践,广大人民群众体验认识了国家制度、政治结构和人民权利,对社会主义制度的认同和理解增强。

在以上客观条件变化的情况下,作为建国大纲的《中国人民政治协商会议共同纲领》中规定的某些制度和政策已经不适应国家向社会主义过渡的要求。为了适应新民主主义革命结束后建设社会主义的需要,召开人民代表大会制定新宪法已成为非常紧迫的任务。但之所以会在1953年就启动宪法制定的进程,还与苏联领导人斯大林的多次制宪建议有很大的关联。早在1949年7月刘少奇访问苏联时,斯大林就建议我国准备制定宪法。1950年初,毛泽东访问苏联时,斯大林就中国的建设问题提出的三点建议中也提到召开全国人民代表大会和制定宪法问题。1952年斯大林第三次建议制宪。在重申1949年基本观点后,斯大林建议在1954年进行选举和通过宪法,并进一步提出:现在中国的政府是联合政府,其他民主党派的人很多与英美是有联系的,所以政府的重要机密难以保守;如果人民选举的结果是共产党占当选者的大多数,共产党就可以组织一党政府;各党派在选举中如果落选了,也不应当使统一战线破裂,而是应该继续在经济上和他们合作。〔2〕

中共中央认真考虑了斯大林提出的制宪建议,于1952年底作出决定:尽快召开全国人民代表大会和制定宪法,并按规定向全国政协提议,由全国政协向中央人民政府委员会提出召开全国人民代表大会的建议。1952年12月24日,全国政协常委会举行扩大会议,讨论并同意中国共产党的建议,决定在1953年召开全国和地方各级人民代表大会,制定宪法。

〔2〕 参见蔡定剑:《宪法精解》,法律出版社2006年版,第26~28页。

(二)起草与通过

为了进行宪法起草工作,中央人民政府决定成立以毛泽东为主席,以朱德等32人为委员的中华人民共和国宪法起草委员会。宪法起草工作是在毛泽东亲自主持下开展的。他亲自指定了一个由他领导的宪法起草小组。起草小组由陈伯达、胡乔木、田家英三人组成。1953年11月至12月间,毛泽东让陈伯达个人先行起草一个草稿,作为起草小组的工作基础。1953年12月27日,毛泽东率宪法起草小组到达杭州正式开展宪法起草工作。经过一个多月夜以继日地努力工作,起草小组草拟出宪法草案初稿。1954年2月18日,草案送达北京,分送中央政治局委员和在京中央委员。经过党内多次讨论,并向全国政协委员征求意见,宪法起草小组又相继拿出了“二读稿”、“三读稿”。1954年3月9日,起草小组提出了“四读稿”。3月12日、13日、15日,刘少奇主持召开中央政治局扩大会议,讨论并通过了“四读稿”。这就是《中华人民共和国宪法草案(初稿)》。

1954年3月下旬,宪法起草委员会开始工作。从1954年3月23日至6月11日,宪法起草委员会先后召开了七次会议。3月23日,宪法起草委员会第一次会议在中南海举行。起草小组成员陈伯达在会上作《关于中华人民共和国宪法草案(初稿)起草工作的说明》,报告了宪法草案的起草过程、工作方向以及主要问题。在此后的会议中,委员会对草案逐章逐条地进行讨论和修改,最终形成了正式的向全国人民代表大会提出的宪法草案。

宪法起草委员会第一次会议决定,在宪法起草委员会讨论的同时将中共中央提出的草案初稿向社会征求意见。中共中央在北京和全国各大城市组织民主党派、各人民团体和社会各方面代表8000余人,花了两个多月对宪法草案初稿进行了认真讨论,共收集了5900条意见。宪法起草委员会对这些意见进行认真分析研究,并采纳了其中近百条意见。6月16日,《人民日报》公布了宪法草案,并发表社论。在此后的三个月中,广大群众积极参与宪法草案的讨论。据统计,约1.5亿人参加讨论,共收集了118万多条修改和补充意见。这些意见被宪法起草委员会办公室归纳分类,刊印成册,对宪法草案的最后定稿提供了广泛而坚实的民意基础。

1954年9月15日,第一届全国人民代表大会第一次会议在京召开。刘少奇同志作了《关于中华人民共和国宪法草案的报告》。报告简要回顾了宪法起草过程,并对草案基本内容如国家性质、公民基本权利与义务、民族区域自治等进行了说明。经代表认真审议,1954年9月20日,全国人民代表大会第一次会议当日出席的1197名代表全票表决通过了这部《中华人民共和国宪法》。至此,中华人民共和国第一部宪法正式诞生了。

(三)主要内容

1954 年宪法除序言外,分为总纲、国家机构、公民的基本权利和义务、国旗国徽国都,共 4 章 106 条。

序言回顾了中国人民革命斗争取得的伟大成果,肯定了国家建设社会主义的过渡时期的总路线和实现总路线的内外条件。

第一章总纲对社会制度、社会主义过渡时期总路线、民族区域自治等内容进行了规定。中华人民共和国的国家性质是工人阶级领导的、以工农联盟为基础的人民民主国家。国家政权的组织方式是人民代表大会制度。经济制度上规定了国家建设社会主义过渡时期的总路线,即依靠国家机关和社会力量,通过社会主义工业化和社会主义改造,保证逐步消灭剥削制度,建立社会主义。

第二章国家机构共分六节,分别规定了人民代表大会制度、中华人民共和国主席、国务院、地方各级人民代表大会和地方各级人民委员会、民族自治地方的自治机关和人民法院和人民检察院的组成、职权、领导方式、工作制度等内容。

第三章公民的基本权利和义务,宣布中华人民共和国公民在法律上一律平等,并详细列举了公民的各项基本权利与义务。

第四章规定了中华人民共和国的国旗、国徽和首都。

(四)主要特点和历史地位

1954 年宪法的基本内容充分体现了全国各民族人民的共同愿望和要求,符合当时的实际情况,有鲜明的特点:

1. 它是一部社会主义的宪法。这部宪法确认了社会主义原则和人民民主原则,这是对《中国人民政治协商会议共同纲领》的继承和发展,但它在诸多方面都超越了《中国人民政治协商会议共同纲领》,体现了更多的社会主义宪法的特征。

2. 它是本国经验与国际经验统一的产物。1954 年宪法不仅记载了中国人民一百年来革命斗争的胜利成果,还总结了中华人民共和国成立以来革命和建设的经验。作为中国历史上第一部社会主义类型的宪法,1954 年宪法在制定过程借鉴了其他社会主义国家宪政的成功经验。从宪法结构和主要内容来看,主要借鉴了苏联 1936 年宪法,还参考了罗马尼亚、波兰、德国、捷克等国宪法。

3. 它具有鲜明的社会主义过渡时期特点。这部宪法既确认社会主义生产资料所有制和实行社会主义建设与改造的基本制度,保证消灭剥削制度和建设社会主义社会,又规定要依法保护资本家的生产资料和资本所有权。

1954宪法的制定是中华人民共和国第一次,也是唯一一次行使制宪权的立宪行为。中华人民共和国的各项基本制度通过1954宪法得到了确认。此后1975年、1978年和1982年的全面修宪都没有从根本上突破这部宪法确立的具有中国特色的社会主义宪法框架。

延伸阅读

1. [日]芦部信喜:《制宪权》,王贵松译,中国政法大学出版社2012年版,第一章。
2. 陈端洪:《制宪权与根本法》,中国法制出版社2010年版,第三、四部分。
3. 许崇德:《中华人民共和国宪法史》,福建人民出版社2005年版,第一至十二章。
4. 蔡定剑:《宪法精解》,法律出版社2006年版,上编。
5. 侯宜杰:《20世纪初中国政治改革风潮》,中国人民大学出版社2009年版。
6. 张国福:《民国宪法史》,华文出版社1991年版。

问题思考

1. 如何理解制宪权与民主的关系?
2.《钦定宪法大纲》正文主要列举的是"君上大权",但为何仍可认为这是一部限制权力的宪法性文件?
3.《中华民国临时约法》中存在"因人设法"观念,这是否同后来袁世凯的复辟有关联?它是否会在权力者的观念上影响了宪法的权威性?
4. 帝制推翻、民国兴建,而为何《中华民国约法》("袁记约法")比清末两部宪法性文件,更加虚化对权力的制约?宪法发展史中,权力如何能够被限制?中国近代制宪史,在这一问题中存在何种倾向?
5.《中国人民政治协商会议共同纲领》的新民主主义性质的表现在哪些方面?

第四章　中国宪法中的人权

第一节　人权与宪法

一、人权释义

(一)人权的含义

概括地讲,人权是作为自然意义上的人,在一个国家与社会中拥有和应当拥有的权利。从人权概念的内涵看,它应当包括三层含义:

1. 人权是人的权利。它最初是针对神权提出来的,主张人具有非神所赋予的权利。在后来的发展之中,人权又成为对抗君权的一个概念。人权是权利大系统中的一部分,它是依据主体对权利进行分类而确立的一个权利种类,与它相对应的是公民权利、法人权利、国家权利等。

2. 人权是人自然享有的权利。此含义表明,人权是从人性意义上确定的,是人出生之后就享有的权利,它的存在不受任何因素的影响。

3. 人权是人应当享有的权利。人权并不能包含人的全部事实,人的哪些事实或行动是人权,取决于人类共同的道德认可。所以说,人权并非个人认为是合理、正当的事实和行为,就可以称之为人权。

人权最初提出的根据是道德,后来法律对其进行部分认可,被法律认可的人权即是法律上的人权。所以,人权概念在道德和法律的范围内使用,往往是指称和表达人具有的某种资格、主张、利益和行为自由,以明示人们在某些方面与他人相区分,或者划定一个"免疫"防线。当我们说某个人享有权利时,是说他拥有某种资格,或者某种利益,或某种主张,或者某种行为自由,也就意味着别人不得占有、干涉和侵犯。

因此,在道德和法律的范围内,人权可以获得这样的表述:人权是个体的某种资格,人权是个人的某种利益,人权是个人的某种主张,人权是个人的某种行为自由。

(二)人权的特点

人权既是一个道德概念,也是一个法律概念。作为道德概念,人权的存在依据是道德;作为一个法律概念,人权是被法律认可的权利。但是,人权的存在与否,与法律认可与否没有关系。一般地说,人权具有以下特点:

1. 人权的自然性。人权基于人的存在,它的唯一根据就是人,不需要任何个人、组织赋予而存在。“人权是一种特殊的权利,一个人之所以拥有这种权利,仅仅因为他是人。”[1]

2. 人权的普遍性。人权是人人具有的,其存在具有无差别性。人权是一种普遍的道德权利,是一切人在任何时间任何地方都享有的权利。普遍的人权,即凡是人都具有的权利。一个人,不论其与他人在种族、肤色、性别、语言、宗教、政治或其他见解、国籍或社会出身、财产、出生或其他身份等方面有何等的区别,都丝毫不影响他(她)拥有这些权利。它是“无论被承认与否都在一切时间和场合属于全体人类的权利。人们仅凭其作为人就享有这些权利,而不论其在国籍、宗教、性别、社会身份、职业、财富、财产或其他任何种族、文化或社会特性方面的差异”。[2] 只属于少数人才有的权利不是人权,而是特权。

在当代,是否承认人权的普遍性,已成为社会文明的一个基本准则。对普遍人权的承认和保护程度,已是衡量文明国家与野蛮国家的一个重要尺度。

3. 人权的正当性。人权是人作为人应当享有的权利。这里的“应当”也含有人权本身也应具有一定的正当性,这个正当性就是人类生活的共同道德。任何权利都有正当的根据,它的认定根据一是道德,一是法律。一般认为符合这两个根据的权利,就分别具有道德上和法律上的正当性。但是,人权的正当性,往往在道德和法律上的标准是不同的。在道德上,人权的正当性的要求,一般是指尊重人道原则和具有基本的道德要素,它的底线是不得损害他人;而在法律上,人权的正当性主要是一个法律认定问题,也就是说,人权在法律上是有依据的。法律上的人权常常称为法定人权,它只是人权被认定的部分。

4. 人权的对抗性。从人权的内容看,它是既有的某种事实或行为。这些事实或行为为何要被称为人权,其目的在于警示他人:这是一个不能被干涉和侵犯的领域。因而人权具有对抗私人和公共权力非正当侵扰的性质。

---

[1] [美]杰克·唐纳利:《普遍人权的理论与实践》,王浦劬等译,中国社会科学出版社2001年版,第7页。

[2] [英]A. J. M. 米尔恩:《人的权利与人的多样性——人权哲学》,夏勇、张志铭译,中国大百科全书出版社1995年版,第2页。

二、人权与公民权

人权是作为一个人所享有的和应当享有的权利。公民权是公民权利的简称,即一个政治共同体赋予它的成员的权利。这个政治共同体主要包括城邦、国家等形式。但在一个国家的制度中,人权与公民权往往并未进行严格的界定,并且它们在一个国家的权利体系中也具有一定的联系。但是,它们之间却有着很大的差别。

(一)人权与公民权的区别

1. 人权是自然权利和道德权利,公民权是资格权利和法律权利。因为人权是人之所以为人的权利,“人”是一个道德概念,不存在一个资格问题,任何规范或制度都不能进行认定和判断。所以,人权是基于人的存在而存在,并不依赖任何制度而存在,当然也不依赖国家的法律而存在。它存在的根据只有两个:一是人的存在;二是人的共同生活道德的存在。

而公民权是具有公民身份的人才享有的权利。“公民”是一个法律概念和政治概念,它是一种资格权,依赖主权国家或政治共同体而存在。其存在的根据:一是公民身份的确认;二是法律的规定。

所以说,人权是不能被任何人和规则所否定,但公民权则可以被制度或法律否定,例如一些国家的宪法里承认罢工权和迁徙权,而在另一些国家的宪法里则不予承认。所以,在不同国家或一个国家的不同时期,公民权往往不同。但即使被法律剥夺了公民权的人,他的人权依然存在。此外,没有公民资格的无国籍人,他虽不享有公民权,但享有人权。

必须指出的是,作为个体的具体人权,在特定条件下可以被法律剥夺。如一个人犯了重罪,法律判决他死刑,就是剥夺了他人权中的生命权。

2. 人权是一种消极权利,公民权是一种积极权利。消极权利是相对积极权利而言,是指免于他人干涉的权利。只要这个权利不受剥夺和干涉,它自身就有保障。而积极权利是指要去做什么的权利,因此它必须有制度保障。人权是一种既存的事实,它是免于国家或他人干涉或侵害的权利。它在一个国家中只要求国家权力或他人行为的不作为,即人权所指向的义务是不作为义务。也就是说,人权的保障主要是防御侵害。

公民权是由政治共同体创设的权利,它是公民要或能做什么的权利,因此它往往并不是一些既有的事实,它需要国家负有一种作为的义务。如果国家不做出一定的行为,仅仅依赖权利者是无法实行的。如选举权、诉权等。

3. 人权具有普遍性,而公民权则具有特殊性。人权的普遍性表现在两个方面:一是人人都具有人权,没有时间或地域上的分别;二是人人都具有等质、等量的人权,也就是说,只要是人,他们的人权是没有差别的。而公民权则是有差别的,一是不同时期公民的公民权是不同的;二是不同国家的公民的公民权是不同的。

(二)人权与公民权的联系

在当今的理论中,人权与公民权的关系看法很多,有代表性的观点主要有两种:一是包含关系,即人权包含公民权,公民权是人权的一部分,理由是公民是人的一部分,所以公民权也是人权的一部分。二是交叉关系,即人权与公民权虽属于不同的权利,但有的权利既是人权也是公民权,如言论自由。

我们认为这两种说法都存在问题。第一种说法的错误在于,它把人权与公民权的关系进行了简单的逻辑处理(在逻辑上,人与公民是属种关系,因而推导出公民权是人权的一部分)。但是,在事实上,公民权如选举权、被选举权等并不属于人权。

第二种说法也是将人权与公民权看成一种逻辑上的交叉关系,认为人权与公民权有交叉重叠的部分。但是,人权和公民权是两个具有特定内涵的独立概念,不能从逻辑上来看待二者的关系。

我们认为,人权与公民权的关系,可以从两个方面来表述:第一,它们都是社会中人的权利,只是针对不同对象、享有不同内涵的权利。第二,人权的部分往往通过转化为"公民权"在宪法或法律中获得具体的表述。例如,多数国家的宪法中并未区分人权与公民权,并且只规定了公民权或人民的权利,人权的内容就往往转化为"公民权"或"人民的权利",在它们的名义下表达了出来。所以,我们认为,人权与公民权的联系更多是形式意义上的。

三、人权在宪法中的表达

宪法是人权的确认者和保护者,并非人权的创造者。在宪法出现之前,人权无论是事实还是观念就已经存在于人类的社会生活中。宪法的出现,其主要目的之一就是要求国家保护人的那些天赋的自然权利。

(一)人权在宪法中出现

人权被宪法认可,最早可以追溯到英国1215年的《大宪章》[3]中。该宪章中虽然没有明确"人权"字眼,但部分基本人权在其中被确认,主要包括人

〔3〕 在1215年6月15日,由英国国王与贵族们签订的《大宪章》共63条。这张书写在羊皮纸卷上的文件在历史上第一次限制了封建君主的权力,日后成为英国君主立宪制的法律基石。后人也称其为《自由大宪章》。

身自由权和财产权。《大宪章》第 39 条规定:“任何自由人,如未经其同级贵族之依法裁判,或经国法判决,皆不得被逮捕、监禁、没收财产、剥夺法律保护权、流放,或加以任何其他损害。”事实上,在该条款中,人身自由权和财产权已获得了这部带有契约性质的宪法性文件的确认。

1776 年,人权概念的内涵在北美弗吉尼亚的宪法性文件中得到了最为明确的表达。1776 年 6 月 12 日,弗吉尼亚议会通过的《弗吉尼亚权利法案》第 1 条规定:“所有人都是生来同样自由与独立的,并享有某些天赋权利,当他们组成一个社会时,他们不能凭任何契约剥夺其后裔的这些权利;也就是说,享受生活与自由的权利,包括获取与拥有财产、追求和享有幸福与安全的手段。”这里所说的“所有人都是生来同样自由与独立的,并享有某些天赋权利”指的就是人权。

1776 年 7 月 4 日,美利坚合众国十三个州一致通过的《独立宣言》,把人权写入这一建国的纲领之中:“人人生而平等,造物者赋予他们若干不可剥夺的权利,其中包括生命权、自由权和追求幸福的权利。为了保障这些权利,人类才在他们之间建立政府,而政府之正当权力,是经被治理者的同意而产生的。当任何形式的政府对这些目标具破坏作用时,人民便有权力改变或废除它,以建立一个新的政府;其赖以奠基的原则,其组织权力的方式,务使人民认为唯有这样才最可能获得他们的安全和幸福。”因而,人们通常将它称为世界的第一部人权宣言。

但是,1787 年 9 月 17 日制宪会议通过的《美利坚合众国宪法》并未充分继承《独立宣言》中关于人权的表述。而在 1791 年 12 月 15 日第一届国会提出并被批准的宪法修正案中,人权才在美国宪法中获得充分的表达。例如,修正案第 1 条规定:“国会不得制定关于下列事项的法律:确立国教或禁止信教自由,剥夺言论自由或出版自由;剥夺人民和平集会和向政府诉冤请愿的权利。”修正案第 4 条规定:“人人具有保障人身、住宅、文件和财产的安全,不受无理之搜查和拘捕的权利;此项权利,不得侵犯。除依据可能成立的理由,以宣誓或代誓宣言保证,并详细说明搜查地点和扣押的人或物,否则不得发出搜查和扣押状。”修正案的第 5 条规定:“不经正当法律程序,不得被剥夺生命、自由或财产。不给予公平赔偿,私有财产不得充作公用。”

“人权”术语明确写入宪法文本之中的是 1791 年的《法国宪法》。该宪法典由两个相对独立的部分构成,即“人权宣言”和“宪法”部分。其中,“人权宣言”部分就是 1789 年 8 月 26 日法国国民议会通过的《人权和公民权利宣言》

(以下简称《人权宣言》)的全文。[4]《人权宣言》开宗明义:“组成国民议会之法国人民的代表们,认为不知人权、忽视人权或蔑视人权是公众不幸和政府腐败的唯一原因,所以决定把自然的、不可剥夺的和神圣的人权阐明于庄严的宣言之中,以便本宣言可以经常呈现在社会各个成员之前,使他们不断地想到他们的权利和义务;以便立法权的决议和行政权的决定能随时和整个政治机构的目标两相比较,从而能更加受到他们的尊重。”并且在宣言中表明人权天赋的主张和人权的具体内容。在第1条宣布:“在权利方面,人们生来是而且始终是自由平等的。只有在公共利用上面才显示社会上的差别。”这就从原则上肯定了人们之间权利是平等的,意味着反对封建特权与封建等级制。在第2条宣布:“任何政治结合的目的都在于保存人的自然的和不可动摇的权利。这些权利就是自由、财产、安全和反抗压迫。”明确提出了人权就是个人的自由权、财产权和反抗压迫权,强调人权是天赋的和不可剥夺的。并且,法国《共和国元年(1793)年宪法》专门规定了人权的保障条款,即第122条规定:“宪法保障全体法国人民的平等、自由、安全、财产、公债、信教自由、普通教育、公共救助、无限的出版自由、请愿权、结成人民团体的权利并享有一切的人权。”

此后,世界众多国家都相继将人权载入宪法,成为实行宪政和法治的重要内容与象征。尽管各国宪法所确认的人权范围不同,但保障人权已成为各国宪法的基本价值目标。特别是在20世纪中后期,各国在推行民主宪政的进程中不断充实人权的内容、提供人权实现的途径,并强化了人权的保障机制。当今世界,尤其是发达国家和发展中国家对人权的理解还存在分歧,在人权保障方面还存在矛盾和斗争,但是尊重和保障人权已成为一项世界性的宪法原则和共识,对人权的尊重和保障的实效,已成为评价一个国家政治文明的标准。

(二)人权在宪法中的表达方式

在世界上多数国家的宪法文本中,人权都被认可并获得保护。但是,一个普遍的现象是人权都未获得明确的定义。根据它们对人权的理解和认可不同,从表达上讲,各国宪法主要有两种情形:直接表达和间接表达。

1. 直接表达

人权在宪法的直接表达,就是在宪法文本中人权作为一项独立的权利种类获得了明确的认定和标明。综观各国宪法,人权的直接表达主要有以下几

---

[4] 1789年8月26日,法国国民议会通过《人权和公民权利宣言》,成为1791年、1793年、1795年法国三部宪法典的序言。

种方式：

(1)“人权”作为与“公民权利”相对应的宪法权利，直接记载于宪法文本之中。例如法国的1791年、1793年和1795年宪法皆是如此。

(2)在宪法文本中以“人的权利”作为人权的称谓获得表达。在有些国家的宪法中，规定了“人”和“公民”作为权利主体，即“人的权利”与“公民的权利”并存。例如，1993年的《俄罗斯联邦宪法》规定了人和公民的权利自由。在该宪法第1条“人、人的权利与自由是最高价值。承认、遵循和捍卫人与公民的权利和自由是国家的义务”。在第17条第1款规定：“在俄罗斯联邦，根据普遍公认的国际法原则和准则并根据本宪法承认和保障人与公民的权利和自由。”

(3)在宪法文本中人权以“自然权利”的名义获得表达。例如，1791年《法国宪法》中使用了“自然权利”和“公民权利”宪法概念，用“自然权利”表述人权的内容。例如在该宪法第一篇：“宪法所保障的基本条款”中规定，宪法保障下列的自然权利和公民权利：第一，“一切公民，除德行上和才能上的差别外，都得无差别地担任各种职业和职务”。第二，“一切赋税都应在全体公民之间按其能力作平等的分摊”。第三，“同样的犯法处以同样的刑罚，不因人而有所差别”。这三条是规定平等权的内容，其中第一、二两条是规定作为公民权的平等权，第三条是规定作为人权的平等权。

(4)人权以“个人权利”的名义获得表达。例如，1975年的《希腊宪法》将“个人权利”与“社会权利”并称，并在“个人权利”中列举了人身自由权、宗教信仰自由权等。如在第13条规定：“宗教信仰自由不可侵犯。任何个人的人权和公民权利不因宗教信仰而受到限制。”

2. 间接表达

人权在宪法中的间接表达，是指人权在宪法文本中并未明确区分，人权在其他权利类型中获得表达。在有些国家的宪法中没有使用“人权”术语，同时亦无独立表示人权的权利类型，人权在其他权利分类中，以其他的权利名义获得规定。概括起来，主要有以下几种情形：

(1)人权在“人民的权利”之中获得具体的表述。有的国家的宪法没有直接用“人权”术语，是宪法文本中不直接出现人权字眼，人权在“人民的基本权利”中获得表述。如1919年的《德意志帝国宪法》第109条规定：“德国人民，在法律面前一律平等。”第111条规定：“一切德国人民，在联邦内享迁徙自由之权，无论何人，得随意居留或居住于联邦内各地，并有取得不动产及自由营生之权。”又如，1979年的《伊朗伊斯兰共和国宪法》规定了“人民的权利”,人权内容包含其中,主要有人身自由、财产等基本人权。如第22条规定:“除了法律许可的若干问题,不得侵犯个人的荣誉、生命、财产、权利、住宅和职业。”

(2)人权在“公民权利”中被具体地表达出来。有的国家的宪法没有直接使用“人权”术语,权利的主体也未同时列出“人”,而是直接用“公民”。例如,1919年的《芬兰共和国宪法》即使用“公民的一般权利”,并在其中规定人权的具体内容。如第6条规定:“每一个芬兰公民的生命、荣誉、人身自由和财产都受法律保护。”又如,1947年颁布的《意大利共和国宪法》接受了人权概念(第2条规定:“共和国无论对个人还是对表现其个性的社团成员,均承认并保障其人权之不可侵犯。”)并且在“公民权利”的名义下罗列了人权的具体内容。

(3)在“基本权利”的名目下规定人权的核心内容。如1949年的《德意志联邦共和国基本法》是在“基本权利”的名义下规定了人权和公民权。其中人权规定有:人的尊严权(第1条规定“人之尊严不可侵犯”)、自由权(第2条规定“人人有自由发展其人格之权利”,“人人有生命与身体之不可侵犯权。个人之自由不可侵犯”)。又如,1979年修改后的《印度宪法》在“基本权利”名义下列举了人权的具体内容,如平等权、自由权等。

(4)在“国民权利”的名目中人权被具体地表达。如1947年施行的《日本国宪法》在国民的权利中规定了人权的内容,第10条规定:“国民享有的一切基本人权不能受到妨碍。本宪法所保障的国民的基本人权,作为不可侵犯的永久权利,现在及将来均赋予国民。”第97条规定:“本宪法对日本国民所保障的基本人权,是人类为争取自由经过多年努力的结果,这种权利已于过去几经考验,被确信为现在及将来国民之不可侵犯之永久权利。”

上述可知,人权是宪法中不可缺少的部分,无论它们是采取何种方式表达。人权与宪法的关系是:宪法基于人权而生,人权基于宪法而获得更大程度的尊重。但要指出的是,人权不是由宪法所赋予的,而是为宪法所承认的。不论宪法存在与否,也不论宪法是否认可人权,人权都是客观存在,它不以宪法的意志为转移。

第二节 人权在中国宪法史上的表述

“人权”是一个西方概念,在清末由日本传入中国。在清末变法论者和后来的立宪论者的言辞中,人权内涵变得逐渐清晰。例如,早期的变法论者何启和胡礼垣在提倡新政时说:"权者乃天之所为,非人之所立也。天既赋人以性命,则必畀以顾此性命之权;天既备人以百物,则必与以保其身家之权。"〔5〕康有为认为:"人者天所生也。有是身体即有其权利,侵权者谓之侵天权,让权者谓之失天职。""凡人皆天生,不论男女,人人皆有天与之体,即有自立之权,上隶于天,人尽平等,无形体之异也。""人人有天授之权,即人人有天授自由之权。故凡为人者,学问可以自学,言语可以自发,游观可以自如,宴飨可以自乐,交往可以自主,此人之公有之权利也。禁人者,谓之夺人权、背天理矣。"〔6〕梁启超认识到:"泰西所谓文明自由之国,其所以保全人权,使之发达者有二端:曰参政权,曰自治权。"〔7〕

在立宪运动中,立宪派也论及宪法与人权的关系。如说:"立宪之国,莫不以修明法律,保障人权为先务之急。而藉法律以保障人权之机关,莫不另立法衙,使人民共信。唯法衙始能遵法律,唯法律始能保人权。非不知行政官亦有足以奉法律、以卫民者,而要不若专立法衙之尤以固人民之信用,此立宪各国之所以专立审判衙门,而不使行政官兼管之大原因也。"〔8〕

一、人权在中国最初宪法性文件中的表述

(一)人权在《钦定宪法大纲》中的表述

1908年,在筹备立宪的过程中,满清朝廷颁布了中国历史上第一部宪法性文件——《钦定宪法大纲》。在该大纲里,没有"人权"的术语,但人权的内容已经载入其中。《钦定宪法大纲》在附则"臣民的权利"名目下规定了公权和私权两大部分,人权的内容规定在私权部分,主要包括人的自由权、财产权、居住权几种。自由权主要包括人身自由、言论自由、著作自由、出版自由、集会、结社自由。例如大纲规定:"臣民非按照法律所定,不加以逮捕、监禁、处罚。""臣民于法律范围以内,所有言论、著作、出版及集会、结社等事,均准其自由。""臣民之财产及居住,无故不加侵扰。"这是中国历史上国家首次认可中国国民的人权,也是人权宪法化的首例。

---

〔5〕何启、胡礼垣:"新政真诠·劝学篇书后",载《胡翼南全集》(卷十八),文海出版社1976年影印本,第987页。

〔6〕康有为:《大同书》,章锡琛、周振甫点校,中华书局1956年版,第130、134、136页。.

〔7〕"论中国人种之将来",载《清议报》(第19册)1899年6月28日。

〔8〕"编纂官制大臣泽公等原拟行政司法分立办法说帖",载《东方杂志》1907年第4卷第8期。

(二)人权在各省军政府的《临时约法》中的表述

辛亥革命爆发后,1911年底,独立各省相继建立了军政府,它们参照美、法等国的宪法分别制定了该省的《临时约法》。在约法中,仿效美、法等国宪法对人权进行了规定。虽然"人权"字样仍未出现在文本中,但人权内容已经较为丰富。此时对人权的规定有两点特点:一是民权与人权未作区分,混合表达于"人民的权利"概念之中(人民的权利包括了人权与民权);二是人权的表达多取法法国早期宪法的表述方式。其例证如下:

1911年11月,武昌军政府公布的《中华民国鄂州约法》。首次详尽地列举了众多的具体人权,即平等权和八大自由权。该约法规定:"人民一律平等。"其八大自由权包括:(1)人民有言论、著作、刊行、集会和结社的自由;(2)人民有秘密通讯的自由;(3)人民有信教的自由;(4)人民有居住迁徙的自由;(5)人民保有财产的自由;(6)人民有保有身体之自由,非法律规定,不得逮捕审问处罚;(7)人民有保有家宅之自由,非依法律不得侵入搜索;(8)人民自由营业。但在认可众多人权的同时,又对其进行限制。第21条规定:"本章所载人民之权利,于有认为增进公益,维持公安之必须,或非常紧急必要时,得于法律限制之。"

1911年11月江苏军政府成立,同年12月公布的《中华民国江苏军政府临时约法》简略地规定了人身自由权、财产权等。该临时约法第16条规定:"军政府除有认为增进公益、维持公安及非常紧急必要时外,须依法律保护人民身体财产之安全,及言论、著作、刊行、集会、结社、通讯、营业、居住之自由,不得侵害。"

1911年12月,《中华民国浙江省约法》(又名《浙江军政府临时约法》)颁布,在第二章"人民"之下,对两类人权作出了规定,即平等权和自由权,而将财产权包含于自由权之中。该临时约法第4条规定:"凡立于本军政府之统治下之人民,一律平等。"第5条规定人民应当享有的七大自由权:(1)人民之身体,非依法律所定,不得逮捕审问处罚;(2)人民之家宅,非依法律,不得侵入搜索;(3)人民保有财产的自由;(4)言论、著作、集会、结社之自由;(5)书信秘密之自由;(6)迁徙居住之自由;(7)信教之自由。

1912年1月24日公布实施《江西省临时约法》。在第三章"人民"之下规定:(1)人民一律平等;(2)人民有言论、著作、出版、集会、结社、秘密通信、信教、居住、迁徙、保有财产、营业之自由;(3)人民保有身体之自由,非依法律不得逮捕审问处罚;(4)人民保有家宅之自由,非依法律不得入侵或搜索。

1911年11月贵州宣布脱离朝廷后,立即组织贵州省军政府,将原"谘议局”更名为立法院。12月该院便仿照美、法、德、瑞等国的宪法,拟定了《贵州宪法大纲》,规定:“人民于法律范围内得享有身体、住居、财富、言论、著作、出版、集会、结社、信教各项自由之权利。”

(三)人权在《中华民国临时约法》和《中华民国宪法草案》中的表述

1911年12月3日,由各省都督府代表联合制定(签名)通过的《中华民国临时政府组织大纲》公布后,因其中没有规定人民的权利,令国民颇为不满。如1911年12月11日《民立报》发表评论说:“此草案不适合者颇多,如人民权利义务毫无规定。”于是,1912年1月5日,湖北、江西、福建、云南、广东、广西六省代表提出“修正临时政府组织大纲案”。同时,湖南、江西、浙江、云南、陕西五省代表又提出“临时政府组织大纲应加入人民权利义务一章案”。各省代表会(参议院未立前,由各省都督府代表组成的代表会行使职权)立即推举景跃月、张一鹏、吕志伊、王有兰、马君武为审查员,拟定一个修正案。五位审查员在拟定修正案过程中认为:过去《大纲》中没有人民权利义务的内容,可称为“临时政府组织大纲”,现在增加了“人民权利义务”一章仍用原名,有些欠妥。故决定将修订的《中华民国临时政府组织大纲草案》改名为《中华民国临时约法草案》。[9]

1912年3月11日,《中华民国临时约法》公布施行。其结构分为7章,其中专设“人民”一章。尽管其中没有使用“人权”术语,但事实上罗列了人权的具体内容。认可的人权主要有:(1)平等权,规定:“中华民国人民,一律平等,无种族、阶级、宗教之区别”;(2)人身自由;(3)家宅自由;(4)财产和营业的自由;(5)言论、著作、刊行及集会结社之自由;(6)书信秘密之自由;(7)居住迁徙之自由;(8)信教之自由。

但该约法对人权采用了法律限制主义。在第15条规定:“本章所载人民之权利,有认为增进公益,维持治安或非常紧急必要时,得依法律限制之。”对此,民初宪法学家就颇有微词,评论说:《临时约法》中“关于人权各条,虽列举颇详尽,然为‘增进公益,维持治安或非常紧急必要时,得依法律限制之’是明明参议院有立法限制或竟剥夺人民权利之大全;故民权苟无‘最高司法’为之

---

〔9〕据1912年为南京临时政府参议院议员的谷钟秀解释说:“临时政府成立之始,修改《临时政府组织大纲》问题发生,尚未结,嗣以《临时政府组织大纲》规定召集国会限期六个月,恐不及,势须展缓,而根本法上之人权,不得不迅速规定,又不能纳入临时政府组织之范围,于是修改《临时政府组织大纲》之名称而为《临时约法》,将《临时政府组织大纲》之缺漏者增补之,窒碍者修正之,而中国美国宪法之权舆形式略备。”谷钟秀:《中华民国开国史》,上海泰东图书局1917年版,第83页。

保护,势必为专横之参议院所侵犯,约法于此亦似未曾注意及之”。[10]

1913年开始制定的《中华民国宪法草案》(又称“天坛宪草”)关于人权的规定基本沿用《中华民国临时约法》中关于人权的规定。但它将人权基本上分为三大类型。(1)平等权。宪章规定:“中华民国人民,于法律上无种族、阶级、宗教之别,均为平等”(第4条)。(2)自由权,包括人身自由、思想和信仰的自由。宪草规定:“中华民国人民,非依法律不受逮捕、监禁、审问或处罚”(第5条)。“中华民国人民之住居,非依法律不受侵入或搜索”(第6条)。“中华民国人民通信之秘密,非依法律不受侵犯”(第7条)。“中华民国人民有选择住居及职业之自由,非依法律不受限制”(第8条)。“中华民国人民有集会、结社之自由,非依法律不受限制”(第9条)。“中华民国人民有言论、著作及刊行之自由,非依法律不受限制”(第10条)。“中华民国人民有信仰宗教之自由,非依法律不受限制”(第11条)。(3)财产权。宪章规定:“中华民国人民之财产所有权不受侵犯,但公益上必要之处分,依法律之所定”(第12条)。

与《中华民国临时约法》相似,《中华民国宪法草案》加强了对人权的法律限制。多数人权确认后,即加上“非依法律不受侵犯”,意思是这些人权是可以用法律限制的,并且对“法律限制”并无限制。当时有宪法学者指出:“《宪法草案》第二章第六至十二条,规定人们居住、通信、择业、言论、聚会、信仰宗教等自由,‘非依律不受限制’或‘侵犯’,此种条文,意义似近空泛,不能予人权以切实之保障者也。”[11]

二、人权在民国两部宪法典中的表达

1923年10月10日,宪法会议公布了中国历史上第一部宪法典《中华民国宪法》,在“国民”一章罗列了人权的内容,基本上与“天坛宪草”无异。因为该宪法就是在以1913年的宪法草案为底本的1917年宪法草案的基础上,对其进行进一步修改后完成的。

该宪法典规定了三大人权,即平等权、自由权和财产权。例如,第4条规定:“凡依法律所定属中华民国国籍者为中华民国国民。”第5条规定:“中华民国人民于法律上无种族、阶级、宗教之别,均为平等。”第6条规定:“中华民国人民,非依法律不受逮捕、监禁、审问或处罚。人民被羁押时,得依法律以保护状请求法院提至法庭审查其理由。”第7条规定:“中华民国人民之住居,非

---

〔10〕 陈茹玄:《民国宪法及政治史》,上海政治学社1928年版,第41页。

〔11〕 陈茹玄:《民国宪法及政治史》,上海政治学社1928年版,第58页。

依法律不受侵入或搜索。"第 8 条规定:"中华民国人民通信之秘密,非依法律不受侵犯。"第 9 条规定:"中华民国人民有选择住居及职业之自由,非依法律不受限制。"第 10 条规定:"中华民国人民有集会、结社之自由,非依法律不受限制。"第 11 条规定:"中华民国人民有言论、著作及刊行之自由,非依法律不受限制。"第 12 条规定:"中华民国人民有尊崇孔子及信仰宗教之自由,非依法律不受限制。"第 13 条规定:"中华民国人民之财产所有权不受侵犯,但公益上必要之处分,依法律之所定。"

从宪法典列举的人权来看,基本保留了前两部宪法草案中的内容。[12] 不同的是,该宪法典在列举人权的之后,增加了一个延展性的条文,即第 14 条规定:"中华民国人民之自由权除本章规定外,凡无背于宪政原则者,皆承认之。"在宪法上扩大了人权的范围。但是,由于该宪法典的制定者背负受贿恶名,这部宪法典也被国人称为"贿选宪法",一直受到国人唾弃,[13] 所以它关于人权的完整规定,并没有引起国人的关注。

1946 年 12 月 25 日,南京国民政府经制宪国民大会于南京议决通过了《中华民国宪法》,1947 年 1 月 1 日该宪法典由国民政府公布,同年 12 月 25 日施行。该宪法典对人权有充分的规定,不仅列举细致,而且还规定了不少保障性条款。人权保障性条款除了体现于宪法第二章"人民之权利义务"之外,还体现于"基本国策"一章。

该宪法典完整地列出了世界多国宪法通常列举的人权种类,主要包括:

1. 平等权。宪法规定"中华民国人民,无分男女、宗教、种族、阶级、党派,在法律上一律平等"。该规定包括性别上的平等、宗教上的平等、民族平等、阶级平等、党派平等(第 7 条)。

2. 人身自由权。宪法对人身自由有严格规定,任何司法或警察对人的拘

---

〔12〕 中华民国的正式宪法草案主要有"民国二年宪草"、"民国六年宪草"、"民国八年宪草"、"民国十四年宪草"和 1936 年 5 月 5 日由南京国民政府公布的《中华民国宪法草案》(亦简称"五五宪草")等。

〔13〕 当时有舆论指出:"这个国会是绝不配制定宪法的","宪法是根本的法律,民治国家的法律绝不是那班自己不守法律的无耻政客所能制定的。我们可以预言:吴景濂、张百烈的国会即使定出一个宪法来,将来绝不会有宪法的效能,将来不过添一张废纸!"(参见《努力周报》第 41 期 1923 年 2 月 11 日。)吴经熊等人也说:1923 年宪法"是于 10 月 10 日以宪法会议的名义公布。这就是世人所称之'贿选宪法'。直系军阀虽以宪法为号召,但无行宪之诚意,所以这个宪法虽公布,亦未施行,不过等于一纸具文而已。"吴经熊、黄公觉:《中国制宪史》(上册),商务印书馆 1937 年版,第 70 页。

禁须于24小时内提交法院,并由法院裁决应否羁押。宪法要求未触犯法律者不受任何刑罚,即无律文则无刑罚。宪法规定非经司法或警察机关依法定程序,不得逮捕拘禁(第8条)。

3. 居住与迁徙的自由权。宪法明定"人民有居住及迁徙之自由"(第10条)。

4. 言论、学术与出版自由。规定:"人民有言论、讲学、著作及出版之自由"(第11条)。

5. 通讯自由权。规定:"人民有秘密通讯之自由"(第12条)。

6. 信仰自由权。宪法规定"人民有信仰宗教之自由"(第13条)。该规定已经修改了《天坛宪草》中关于"尊崇孔子及信仰宗教之自由"的表述,以避免人们以儒教为国教,干涉信仰自由。

7. 集会结社自由权。宪法规定"人民有集会及结社之自由"(第14条)。

8. 生存、工作与财产权。宪法规定"人民之生存权、工作权及财产权,应予保障"(第15条)。

该宪法典对人权的列举不仅完整,而且还规定了不少人权救济和保护制度。例如,宪法设置了人权救济途径,规定:"凡公务员违法侵害人民之自由或权利者,除依法律受惩戒外,应负刑事及民事责任。被害人民就其所受损害,并得依法律向国家请求赔偿"(第24条)。同时,还规定了对人权的宪法限制和对未列举人权的保障。宪法规定各项人权,"除为防止妨碍他人自由,避免紧急危难,维持社会秩序,或增进公共利益所必要者外,不得以法律限制之"。"凡人民之其他自由及权利,不妨害社会秩序公共利益者,均受宪法之保障。"也就是说,非有上述所列之情形,不得以法律限制人权。可见,对人权的保护是选择了直接保护主义,对人权的限制比较严格。与1923年《中华民国宪法》相比是一个进步,因后者采取人权间接保护主义,即规定非依法律,不得限制人权。这样,法律对人权的限制可能出现任意性。

三、中华人民共和国前期宪法对人权的表述

1954年9月20日,中华人民共和国第一届全国人民代表大会一次会议通过的《中华人民共和国宪法》(以下简称《五四宪法》)是共和国宣告成立后制定的正式宪法。在《五四宪法》中,"人权"字眼没有出现,但具体的人权内容已经规定其中。因为该宪法典在制定之时,"人权"并未获得中华人民共和国法律制度上的承认和使用,但《五四宪法》在第三章"公民基本权利和义务"下,用了14个条文来规定中国公民应当享有的权利自由,实质上肯定了部分

人权的存在。其中,对人权的表述,是在《中国人民政治协商会议共同纲领》关于人权规定的基础上的进一步扩充与发展。[14]

《五四宪法》在"总纲"、"国家机构"之后,专门设立第三章"公民的基本权利和义务",将《共同纲领》总纲中规定的基本权利自由单列开来,进行了列举式的表述,其中包括:(1)财产所有权及其继承权。第 11 条规定:"国家保护公民的合法收入、储蓄、房屋和各种生活资料的所有权。"第 12 条规定:"国家依照法律保护公民的私有财产权的继承权。"(2)平等权(第 85 条),妇女与男子的平等权(第 96 条)。(3)言论、出版、集会、结社、游行、示威的自由权(第 87 条)。(4)宗教信仰自由权(第 88 条)。(5)人身自由权(第 89 条)。(6)住宅不受侵犯、通信秘密和迁徙的自由权(第 90 条)。(7)劳动权(第 91 条)。(8)休息权(第 92 条)。(9)科研、文艺创作和其他文化活动的自由权(第 95 条)。

《五四宪法》与《共同纲领》相同的是,在人权种类上都规定了言论、出版、集会、结社、通讯、人身、居住、迁徙、宗教信仰、示威自由权利。不同的是:第一,它将财产所有权作为人权来保护。因为在《共同纲领》中规定的财产所有权是一种阶级性的权利,不是人人都能享有的。第二,在表达方式上,它所规定人权不完全是宣告性的,还有一些是保障性的。例如,《共同纲领》仅规定中华人民共和国人民有人身自由,《五四宪法》不仅规定"中华人民共和国公民的人身自由不受侵犯",而且规定了对公民人身自由保障的措施,如规定"任何公民,非经人民法院决定或者人民检察院批准,不受逮捕"。

自 20 世纪 50 年代末期始,"人权"在中国大陆已经是一个禁区。在以后的相当长时期内,"人权"术语在宪法和法律上不曾使用,人权问题在政治文化领域成为禁区。特别是"文革"时期,受极"左"思潮的影响,"人权"被当成资产阶级的谎言加以批判,导致在现实生活中人权常常被漠视和侵犯。

1975 年宪法的修改,[15]正值"文化大革命"(以下简称"文革")的后期,人权成为一个反动的词汇,受到激烈的批判。所以,1975 年修改后的宪法,不可能有明确的"人权"字样,并且连《五四宪法》中的人权内容也丧失不少。在

---

〔14〕《中国人民政治协商会议共同纲领》在规定国家的组织及其实行的各项基本政策的同时,也规定了人民享有的基本权利和自由。共同纲领规定的基本权利自由,从条文数量上看只有第 4 ~ 6 条这三条,内容上包括选举权和被选举权,思想、言论、出版、集会、结社、通讯、人身、居住、宗教信仰及示威游行的自由,男女平等的权利和婚姻自由。

〔15〕1975 年修改后的《中华人民共和国宪法》,由 1975 年 1 月 17 日第四届全国人民代表大会通过。

该修改后的宪法典中仅仅用一个条文进行表述,即第 28 条规定:“公民有言论、通信、出版、集会、结社、游行、示威、罢工的自由,有信仰宗教的自由和不信仰宗教、宣传无神论的自由。”“公民的人身自由和住宅不受侵犯。任何公民,非经人民法院决定或者公安机关批准,不受逮捕。”

20 世纪 70 年代末期,“文革”宣告结束,中国正处于“大革命”后的反思之中,但国内主流的思想界和学术界仍然拒绝承认人权,把人权看作资产阶级的谎言,强调无产阶级历来反对人权口号。在此背景之下,1978 年我国第二次全面修改宪法,即 1978 年修改后的宪法,在该宪法的第三章“公民的基本权利和义务”中,规定了人权中的部分自由权,即“公民有言论、通信、出版、集会、结社、游行、示威、罢工的自由”,有运用“大鸣、大放、大辩论、大字报”的权利(第 45 条)。“公民有信仰宗教的自由和不信仰宗教、宣传无神论的自由”(第 46 条)。“公民的人身自由和住宅不受侵犯。”“任何公民,非经人民法院决定或者人民检察院批准并由公安机关执行,不受逮捕”(第 47 条)。人权的条文虽然增加,但内容并无实质性的改变。其中,规定“大鸣、大放、大辩论、大字报”的权利,不仅不能体现和保护人权,而且往往还有损于人权。

第三节　中国现行宪法上的人权

20 世纪 80 年代前期,中国进入了改革开放时期,思想界和学术界有人权话语的出现,随之出现了零星的讨论。从话语上看,主要是批判地介绍外国人权发展历史和人权观点,并无非常明确的人权主张。从讨论上看,多数观点还是否定性的。80 年代后期,人权问题才开始在中国学界有了新的认识,承认人权并非是西方资本主义社会的“专利”,社会主义社会也有自己的人权。同时,人权问题也逐渐被共和国政府所正视。[16]

正是在中国刚刚进入改革开放之期,为适应基本国策的调整,1982 年中华人民共和国第三次全面修改宪法。此次修改宪法,虽然“人权”术语并未出现于文本,但人权的具体规定却发生了巨大的变化。

---

〔16〕 1985 年 6 月 6 日,针对国际敌对势力对中国人权状况的抨击,邓小平反击道:“什么是人权?首先一条,是多少人的人权?是少数人的人权,还是多数人的人权,全国人民的人权?西方世界的所谓‘人权’和我们讲的人权,本质上是两回事,观点不同。”邓小平:“搞资产阶级自由化就是走资本主义道路”,载《邓小平文选》(第 3 卷),人民出版社 1993 年版,第 125 页。

一、1982 年修改后的宪法中的人权表述

(一)人权在宪法中表述的基本内容

1982 年修改后的宪法对人权的各种具体权利列举比较齐全,与西方国家的宪法典相比无大的差别。主要包括:

1. 财产所有权及继承权。1982 年宪法的修改,将 1954 宪法中规定的财产所有权又再一次纳入了宪法,其表达与后者没有实质性差异。

2. 平等权。第 33 条规定:“中华人民共和国公民在法律面前一律平等。”

3. 自由权。包括思想自由(第 35 条)、信仰自由(第 36 条)、人身自由权(第 37 条)等。

4. 人格尊严权。第 38 条规定:“中华人民共和国公民的人格尊严不受侵犯。禁止用任何方法对公民进行侮辱和诽谤。”

5. 住宅权。第 39 条规定:“中华人民共和国公民的住宅不受侵犯。禁止非法搜查或者非法侵入公民的住宅。”

(二)1982 年修改后的宪法在人权规定方面的变化

虽然 1982 年宪法修改对人权的表述仍采用了列举方式,但与前两次修改相比,具有显著的变化:

1. 具体人权内容的列举详细。如对信仰自由的列举是“任何国家机关、社会团体和个人不得强制公民信仰宗教或者不信仰宗教,不得歧视信仰宗教的公民和不信仰宗教的公民。”

2. 扩大了人权的种类。例如增加规定了“人格尊严不受侵犯”。

3. 出现了人权救济和保护性条款。例如第 41 条第 3 款规定:“由于国家机关和国家工作人员侵犯公民权利而受到损失的人,有依照法律规定取得赔偿的权利。”第 37 条第 3 款规定:“禁止非法拘禁或者以其他方法非法剥夺或者限制公民的人身自由,禁止非法搜查公民的身体。”

二、2004 年宪法修正案中的人权规定

《中华人民共和国宪法》自 1982 年全面修改后,至今已经历了四次部分修改,即 1988 年、1993 年、1999 年和 2004 年的修改。前三次部分修改,没有改变人权的内容。2004 年第四次部分修改宪法,有两条修正案即第 22 条修

正案[17]和第24条修正案,[18]是直接针对人权规定的修改,它们往往被称为“人权修正案”。

(一)第22条修正案的内容和含义

1982年全面修改后的宪法规定:国家保护公民合法收入与合法财产的所有权。2004年第22条宪法修正案规定:国家保护公民的私有财产权。其变化是从对“财产所有权”的宪法保护发展到对“私有财产权”的宪法保护,其保护的范围有较大的扩充。因为财产权不仅仅限于所有权,还包括对财产的占有、使用、收益、分配等各种权利。这样修改无疑扩大了保护的范围和力度,也是财产自由权的扩张。

(二)第24条修正案的内容和含义

第24条修正案把“国家尊重和保障人权”加入了宪法(第33条),在中华民国共和国的宪法中第一次出现了“人权”的术语,同时将人权作为一项宪法原则(国家尊重和保护人权原则),与其他人权条款中的具体人权规范相补充,从而使中国宪法典中人权原则和人权规范并存。这种以模糊性的原则出现的人权条款,实际上就是在宪法文本中表明我们的宪法还认定和保障在宪法中未列举的人权。

“国家尊重和保障人权”的规定,是我国宪法中较为独特的人权表述方式,具有原则性和概括性的特点。它作为一个宪法原则,却具有丰富的内涵,其主要包括:

1. 明确表达国家承认人权。长期以来,我国在意识形态上反对人权概念,把它看成西方国家干涉别国主权的手段。现在把“国家尊重和保障人权”明确写入宪法,即是表明我们认可人权的存在。

2. 表明国家对人权的态度。国家尊重和保障人权,不仅表明国家对人权存在的认可,也表明国家对人权的政治倾向、主观立场和积极态度。

3. 意味着国家对人权承担着宪法上的义务。国家尊重和保障人权不仅表明国家对人权存在的积极态度,也表明国家应当对人权负担起法定的义务。这个国家义务是多重的,主要包括:一是消极的尊重义务,即国家自身对人权

---

〔17〕 修正案将宪法第13条“国家保护公民的合法的收入、储蓄、房屋和其他合法财产的所有权”与“国家依照法律规定保护公民的私有财产的继承权”修改为:“公民的合法的私有财产不受侵犯。”“国家依照法律规定保护公民的私有财产权和继承权。”“国家为了公共利益的需要,可以依照法律规定对公民的私有财产实行征收或者征用并给予补偿。”

〔18〕 修正案将宪法第33条增加一款,作为第3款:“国家尊重和保障人权。”第3款相应地改为第4款。

的宽容、理解和不得侵害。二是积极的保护义务，即禁止其他社会主体对人权加以侵害，并在人权受到侵害时，提供有效的救济渠道。三是帮助的义务，即提供充分的物质或其他条件确保人权的实现。[19]

尊重和保障人权是宪法的根本目的和最高原则，也是宪法之所以具有最高权威的主要原由，因为人们要获得有质量的人权和捍卫人权，那么我们就必须要依赖和信赖宪法。

延伸阅读

1. [美]杰克·唐纳利：《普遍人权的理论与实践》，王浦劬译，中国文献出版社2001年版。
2. [德]格奥尔格·耶里内克：《〈人权与公民权利〉——现代宪法史论》，李锦辉译，商务印书馆2013年版。
3. [美]安靖如：《人权与中国思想——一种跨文化的探索》，黄金荣、黄斌译，中国人民大学出版社2012年版。
4. [美]路易斯·亨金等编：《宪政与权利：美国宪法的域外影响》，郑戈、赵晓力等译，生活·读书、新知三联书店1996年版。

问题思考

1. 区分人权与公民权有何意义？
2. 人权有哪些基本特征？
3. 人权为何要进行宪法保护？
4. 我国宪法规定“国家尊重和保护人权”有哪些内涵？
5. 人权规定于宪法就能够获得保护吗？

---

〔19〕　有西方学者认为，国家的人权义务分为四类：一是尊重的义务，二是保护的义务，三是满足或确保的义务，四是促进的义务。对该分类，日本人权学家大沼教授作出了进一步的解释。他认为：“人权尊重的义务是指国家避免和自我克制对个人自由的侵害；保护的义务是指国家防止和阻止他人对个人权利侵害的义务；满足的义务是指国家满足个人通过努力也不能实现的个人所需、希求和愿望的义务；促进的义务是指国家为在整体上促进上述人权而应采取一定措施的义务。”[日]大沼保昭：《人权　国家与文明》，王志安译，生活·读书·新知三联书店2003年版，第220页。

第五章　中国宪法中的公民权

第一节　公民权的含义

一、公民

（一）公民的内涵

表征人的身份的概念有很多，如臣民、市民、人民、自然人等等。公民这个称谓是一个覆盖面最广，讲求平等，且与政治国家紧密联系在一起的一种人的资格和身份。公民概念普遍地适用于社会全体成员，是从资产阶级革命和资本主义国家建立时开始的。在17、18世纪西方资产阶级革命时期，一些启蒙思想家强调天赋人权、人人平等观念，又重新启用了古希腊时曾经出现的公民概念，但注入了新的内容。公民概念内涵了人人平等、独立，能与国家相抗衡，并进而享有对国家事务的参与权和监督权等深刻意义。因此卢梭曾说："我们都只不过是在成为公民之后，才真正开始变成人的。"

现代意义的公民概念在内涵上发生质的飞跃，主要体现在以下几个方面：

1. 公民概念的提出强调人与人之间的平等。公民的范围普遍扩大，几乎涵盖了具有一国国籍的所有人，而不分出身、民族、种族、财产状况、宗教信仰、受教育程度等，它已成为属于一个政治共同体的所有成员的普遍身份；

2. 公民是与国家相对应的一个概念，而且是有资格、有能力与国家直接相关的一种公共身份。公民构成国家，国家存在的意义就在于谋求全体公民之利益；

3. 公民享有对国家事务的参与权和监督权。公民不仅是指具有一个国家国籍的人，还包含对国家事务的参与和监督，原因在于国家权力来源于公民权利，没有公民的参与和监督，国家也就没有合法的公权力，那么国家的存在就受到质疑。

（二）公民与国籍

从形式上来说，公民是指具有某一国家国籍的人。公民资格的取得仅以是否获得一国国籍为标准,一般没有其他条件的限制。我国现行《宪法》第 33 条第 1 款规定:“凡具有中华人民共和国国籍的人都是中华人民共和国公民。”国籍是一个人属于某个国家的一种法律上的身份,是一个人同某一特定国家的固定的法律联系,也是国家实行外交保护的法律依据。具有某一国家的国籍,就享有该国宪法和法律规定的权利并承担其义务。因此,拥有国籍是每个人不可剥夺的权利。《世界人权宣言》第 15 条规定:“人人有权享有国籍。任何人的国籍不得任意剥夺,亦不得否认其改变国籍的权利。”

国籍的取得方式有两种:一种是基于出生而取得,称为原始国籍;另一种是根据当事人的申请或法律的规定而取得,称为继有国籍。前者是取得国籍的主要方式。出生国籍的确定方式有三种:一是血统主义,即按照父母亲的国籍来确定子女的国籍;二是出生地主义,即按照出生时所在的国家来确定国籍;三是混合主义,即兼顾血统主义和出生地主义,根据具体情况会有所偏重。

1980 年 9 月 10 日,我国通过了《国籍法》。根据该法的相关规定,我国取得国籍的方式包括出生国籍和继有国籍。

出生国籍采取混合主义原则,主要规定如下:(1)父母双方或一方为中国公民,本人出生在中国,具有中国国籍;(2)父母双方或一方为中国公民,本人出生在外国,具有中国国籍;但父母双方或一方为中国公民并定居在外国,本人出生时即具有外国国籍的,不具有中国国籍;(3)父母无国籍或国籍不明,定居在中国,本人出生在中国,具有中国国籍。

对于继有国籍,外国人或无国籍人,愿意遵守中国宪法和法律,可以经申请批准加入中国国籍,但必须符合以下三个条件:(1)中国人的近亲属;(2)定居在中国的;(3)有其他正当理由。另外,我国不承认中国公民具有双重国籍。

(三)公民与国民、人民

一般而言,“公民”与“国民”是同义语。在有些国家,如日本,就只有国民而无公民这个词汇,其国民的含义与公民等同。新中国成立初期制定的《共同纲领》中使用过“国民”一词;从 1953 年选举法开始,法律用语普遍使用“公民”一词;而国民的使用范围,只限于与经济内容相联系的场合,如“国民经济”、“国民收入”等。

在我国,“公民”与“人民”是两个不同的概念。它们的区别为:

1. 性质不同。公民是与外国人和无国籍人相对应的法律概念;人民是与敌人相对应的政治概念。人民在不同的历史时期其内容有所不同。现阶段,人民是指全体社会主义劳动者、社会主义事业的建设者、拥护社会主义的爱国者和拥护祖国统一的爱国者。

2. 范围不同。公民的范围比人民的范围广泛,公民除了包括人民,还包括了敌人。

3. 地位不同。我国宪法规定,国家的一切权力属于人民,人民是国家的主人,有权管理国家事务和社会事务;而公民中的敌人,不享有全部的权利,尤其是政治权利受到限制,也不能履行公民的某些光荣义务。

4. 公民是一个个体概念,而人民是个集合概念。

二、公民基本权利

(一)公民权

公民权利(简称公民权),是指公民根据一国宪法和法律所享有的各项权利的总称。公民权以人权作为来源和基础,是法定化了的人权体系,是人权得以保障实现的重要途径。各国根据自身的文化传统、政治背景、经济条件等来确定本国公民权的种类、内容和标准。尽管各国所确定的公民权在种类和内容上有所差异,但都趋于一致。

在公民权体系中,按照规定公民权的法律规范效力等级的不同,可将公民权分为公民基本权利和公民一般权利,公民基本权利是宪法规定的公民权,而公民一般权利是除宪法之外的其他法律规范规定的公民权。公民基本权利在公民权体系中占有极其重要的地位。

(二)公民基本权利的概念和特征

公民基本权利,是指由宪法规定的公民在国家和社会生活中享有的必不可少的权利。公民基本权利具有以下特征:

1. 公民基本权利是由宪法规定的权利。公民基本权利必须由宪法加以规定,也称为公民宪法权利。由宪法加以规定的方式,既包括宪法典的明文规定,也包括宪法修正案中的规定,还包括通过宪法解释的方式引申、扩充的公民权利;在没有宪法典的国家,主要通过议会制定的一系列宪法性法律来规定。一般而言,公民基本权利是实定法意义上的权利状态,不具有自然法意义上的权利性质,不是应然层面的概念。

2. 公民基本权利体现公民与国家之间的基本关系。公民基本权利由一国公民普遍享有,要求国家承担保障权利实现的义务。因此公民基本权利体现了公民是权利主体,国家是义务主体的性质。国家必须为公民服务,并接受公民的监督和制约。

3. 公民基本权利体现了公民在国家和社会生活中的法律地位。公民基本权利的数量的多少,内容的宽泛程度,体现了国家容许公民所能享有的自由的限度,以及承诺公民所能获得的福利的多少。一般而言,公民基本权利越多,国家对公民保障的就越充分,对国家权力的限制就越严格,国家承担的义务就越多,公民的法律地位就越高。

4. 公民基本权利具有不可缺少性。公民基本权利是宪法赋予公民的最基本、最重要的权利,该权利是公民进行政治、经济、社会和文化生活所必须的权利,因此具有不可缺少性。

（三）公民基本权利的限制

公民基本权利的限制,是指公民基本权利行使的边界,表明公民基本权利并不是绝对的和漫无边际的。为何要对公民基本权利进行限制呢? 因为公民基本权利是一个相互关联的价值体系,行使其中一个权利有可能影响到另一个权利的享有。并且,公民生活在一定的共同体中,维护共同生活需要对公共利益进行一定的维护。也就是说,由于客观上公民与他人、社会和国家之间不可分割的关系,公民行使或不行使一定行为可能会影响其他主体的利益和公共利益,因此为了给每个公民行使权利创造一个和谐的环境,合理划定公民权利行使的边界是必然的而且是必须的。

我国现行《宪法》第 51 条规定:“中华人民共和国公民在行使自由和权利的时候,不得损害国家的、社会的、集体的利益和其他公民合法的自由和权利”。由此可见,公民基本权利的界限可在两个维度上来展开,一是不得损害其他公民的合法权利;二是不得损害公共利益。公民基本权利的界限通过划定个人权利与他人权利、个人利益与公共利益的界限,以此确定个人权利行使的边界和范围。

宪法规定公民基本权利的界限可采取以下三种形式:第一,在宪法规范中直接规定具体权利的限制;第二,在宪法规范中不作具体的限制,只规定依法限制的原则;第三,在宪法规范中对某些基本权利不作具体限制,但对各种权利和自由加以总的原则性限制。我国就属于这种情况。

需要注意的是:第一,不同国家公民基本权利的限制程度可能有所不同;同一个国家在不同历史时期公民基本权利的限制内容也可能有所不同;第二,有些权利是绝对不受限制的;第三,在紧急状态下,为了公共利益以及公民生命财产安全的需要,可暂时性的对公民基本权利进行限制;第四,对公民基本权利的限制必须符合宪法规定的目的和内容,必须符合法律保留原则。

（四）公民基本权利的分类

按照公民基本权利在实现的过程中与国家权力之间的关系,分为消极权利和积极权利。消极权利是指无须国家干涉即能实现的权利,又称为“免于束缚的自由”;积极权利是指依赖于国家权力的积极作为才能实现的权利,又称为“免于匮乏的自由”。

以公民在国家中的地位为依据,分为自由权、参政权和社会权。德国学者耶利内克在《公权的体系论》一书中,把公民在国家中的地位分为被动的、消极的、积极地、能动的四个方面,依次对应公民的公义务、自由权、受益权和参政权。公民在国家中处于消极地位,表明公民对国家的排斥和拒绝,由此决定了公民的自由权;公民在国家中处于积极地位,表明公民对国家的请求关系,国家为满足公民的请求而作为,由此形成了公民的受益权;公民在国家中处于能动地位,表明公民积极参与国家的政治生活,形成了公民参政权。

按照公民基本权利在我国宪法条文中的顺序和内容的不同,分为五大类:平等权、政治权利、身心自由权、经济、社会和文化权、特定主体的权利。其中,政治权利包括选举权和被选举权,言论、出版、结社、集会、游行和示威权,批评、建议、申诉、控告、检举和获得国家赔偿的权利;身心自由权包括人身自由权、住宅权、通信权、人格尊严权、宗教信仰自由权;经济、社会和文化权包括财产权、劳动权、休息权、受教育权、文化活动权;特定主体的权利包括妇女、未成年人、老年人、残疾人、少数民族、军烈属、华侨、归侨、侨眷以及在我国境内的外国人。

本书按照公民基本权利的性质的不同分为五大类:平等权、参政权、自由权、财产权、受益权和权利救济权。平等权在权利体系中处于超越地位,本身没有具体明确的内容,体现在其他权利的行使和运行的过程中,因此单列为一类,指的是公民享有的国家给予平等保护,不受无理的区别对待的权利;参政权是指作为一国公民享有的对国家政治事务的参与权和监督权,主要包括选举权和被选举权、批评权、建议权、控告权、检举权等;自由权是指公民享有的自由选择行为方式和生活方式,不被国家干涉的权利,包括表达自由、人身自由、宗教信仰自由、住宅自由、通信自由等;财产权是指公民的私有财产不受国家侵犯的权利;受益权是指公民能从国家享受到的特定利益的权利,包括受教育权、劳动权、休息权、文化活动权、社会福利权、特定主体的权利等;权利救济权是指公民在权利受侵犯时享有的请求国家给予救济和保障的权利,包括申诉权、请求国家赔偿权等。

三、公民基本权利和公民基本义务之间的关系

公民基本义务是指宪法规定的公民对国家和社会必须履行的根本责任。

在成文宪法国家中，有将近67%的国家规定了公民基本义务，主要包括公民依法纳税的义务、公民依法服兵役的义务和公民受教育的义务。公民履行基本义务，主要是为了国家权力的存续和发展。公民通过纳税维系国家财政之运转，通过服兵役保证国家之长治久安，通过受教育提高国民素质，从而带来国家之繁荣和昌盛，所以公民基本义务是国家权力赖以存在的基础和保证。

我国宪法在公民基本义务规定方面具有浓厚的中国特色。现行宪法在第二章"公民的基本权利和义务"中遵循权利在前、义务在后的原则，集中8个条款规定了共计18种类型的义务。从性质上看，公民基本义务包括法律义务、道德义务和政策性义务；从义务对象上看，包括公民对国家、社会、家庭成员的义务；从类型上看，既有独立义务，又有复合式义务，如受教育和劳动，既是权利又是义务。现行宪法义务条款数量多、义务内容丰富，堪称公民义务规定的典型宪法。

我国宪法典中规定的公民基本义务包括：劳动的义务（第42条）；受教育的义务（第46条）；夫妻双方有实行计划生育的义务（第49条）；父母有抚养教育未成年子女的义务，成年子女有赡养扶助父母的义务（第49条）；维护国家统一的义务（第52条）；维护全国各民族团结的义务（第52条）；遵守宪法和法律的义务（第53条）；保守国家秘密的义务（第53条）；爱护公共财产的义务（第53条）；遵守劳动纪律的义务（第53条）；遵守公共秩序的义务（第53条）；尊重社会公德的义务（第53条）；维护祖国的安全的义务（第54条）；维护祖国荣誉的义务（第54条）；维护祖国利益的义务（第54条）；保卫祖国、抵抗侵略的神圣职责（第55条）；依照法律服兵役和参加民兵组织的光荣义务（第55条）；依照法律纳税的义务（第56条）。

我国宪法之所以规定公民基本义务，主要是贯彻马克思"没有无权利的义务，也没有无义务的权利"的"权利义务相一致原则"，即我国现行宪法第33条第4款规定的："任何公民享有宪法和法律规定的权利，同时必须履行宪法和法律规定的义务。"公民享有国家确认和保障的权利，同时作为对价，还应该向国家、社会和他人履行一定的责任和义务。权利和义务是紧密联系的。一方权利的享有必须以另一方义务的履行为条件。不允许只享有权利而不承担义务的特权阶层出现，也不允许只承担义务而不享有权利的不公平现象存在。正是因为义务的设定和履行，才使权利的实现成为可能，但也因为有了权利的享有和行使，才产生了丰富的义务类型，二者相辅相成，并在国家强制力的保护和约束下，预测、指引、规范人们的行为，使社会在法律的框架下协调发展。在社会主义国家，阶级社会权利和义务相分离的现象不复存在；公民享有权利的同时必须履行一定的义务;公民履行义务,并不是一种负担,是为实现权利所必须承担的责任。

第二节 公民的平等权

一、平等权的概念

宪法上所追求的平等发生了从形式平等到实质平等的转变。近代宪法上的平等主要指的是形式平等。所谓形式平等,是指不考虑每个"具体"的人天然的差异,认为每个"抽象"的人在法律上一律平等,享有相同的权利履行相同的义务,每个人具有相同的发展机会,起点相同,因此也被称为机会平等。近代宪法所确立的形式平等,基本消除了封建社会广泛存在的不平等,但却没有注意到每个人具体的差别,也无法避免自由竞争后形成的贫富差距扩大等严重的结果不平等。为了克服这一弊端,现代宪法吸收了"实质平等"的原理,形成了"以形式平等为主,以实质平等为补充"的平等观。所谓实质平等,是指因为特定的人在经济、社会、文化等各方面与其他人存在事实上的差异,而采取不同的措施,在实质上为公民提供平等发展的条件,缩小由于形式上平等造成的差距,又叫条件平等。需要注意的是,实质平等只是对形式平等的修正和补充,不能完全取代形式平等;实质上的平等不是绝对平等,不同于结果平等,不是平均主义。为追求实质平等,国家在立法时要根据公民在先天和后天各方面的不同进行"合理的差别对待",不得进行"无理的差别对待"。

综上所述,平等权是指公民要求国家同等保护,不受无理的差别对待的权利。具体而言,平等权的含义包括两个层面:一是国家立法机关在立法时要平等对待,为实现实质平等应当进行合理的差别对待;二是国家行政机关和司法机关在适用法律时要一视同仁,不得"差别对待"。

从平等权的性质上看,具有如下特征:

1. 平等权是比较中产生的权利。提到平等权的保障,必然对某一领域中不同的个体进行了比较,或者是同类个体,或者是不同类的个体,由此产生了是否平等的问题,需要通过平等权的诸多理论进行论证。

2. 平等权是置于其他一切权利之中的权利。平等权不像其他权利那样有具体明确的内容,其权利性主要体现在其他权利的行使或实现的过程之中。

3. 平等权属于保障性权利。平等权在权利体系中居于超越的地位,是其他权利得以实现的保障。

二、平等权的宪法规定

1954 年宪法第 85 条规定:“中华人民共和国公民在法律上一律平等。”由于受“左”倾错误的影响,1975 年和 1978 年宪法取消了平等权的规定。1982 年宪法又重新规定了平等权,但含义发生变化,其第 33 条第 2 款规定:“中华人民共和国公民在法律面前一律平等。”从 1954 年宪法的“法律上”平等到 1982 年宪法的“法律面前”平等,实质上反映了平等权内涵从立法平等到适用法律平等的转变。

所谓立法平等是指国家立法内容本身必须贯彻平等对待原则,不能进行无理的区别对待;适用法律的平等是指国家司法机关和行政机关在适用法律时,不得区分适用对象,在法律上一视同仁。1954 年宪法规定的“公民在法律上一律平等”,包含了适用法律的平等和立法平等的内容。1982 年宪法重新认识了平等权,规定“公民在法律面前一律平等”,仅指适用法律的平等,不包括立法平等,因为公民中有人民与敌人之分,对于人民与敌人在立法上是不可能一律平等的。从历史上看,现行宪法关于平等权的规定仅指适用法律的平等,但从理论上来说,平等权应既包括立法平等,也包括适用法律的平等。立法平等是适用法律平等的前提和基础。只有法律的内容是平等的,其适用才能够发挥平等的作用,如果法律的内容是不平等的,其适用只能是巩固不平等。我国宪法解释机关应对平等权条款作出明确的解释,从有效保障公民权出发,将平等权合理解释为包括立法平等和适用法律平等的内容。

1982 年宪法的“公民在法律面前一律平等”,除了被视为是公民享有平等权的条款外,还被认为是一项宪法原则。将平等视为公民的一项权利,注重公民个人的权利保护,公民在受到权利侵犯时可以平等权进行诉求;将平等视为一项宪法原则,注重对国家机关的权力限制,要求国家的立法、执法和司法活动,都要遵守平等原则,不得进行无理的差别对待。

三、平等权与合理差别

平等权的内涵既包括形式平等,又包括实质平等。形式平等要求一律平等,实质平等承认合理差别。所谓合理差别是指为了保障实质平等,立法时采取的具有合理依据的并且是在合理程度上的差别。不合理差别是指立法时采取的没有合理依据的差别,或者超出合理程度的差别。也就是说,某项立法在进行差别对待时,要具有合理的目的或理由,且该项立法所采取的差别手段和幅度应能达到这样的目的,否则就构成了不合理的差别。

从我国的法律实践来看,合理差别主要包括以下几种类型:

1. 根据人生理上的差异所采取的合理差别。如对妇女、儿童、老年人、残疾人等采取的特别保护性措施。

2. 根据民族差异所采取的合理差别。如对少数民族在受教育领域的高考加分政策等。

3. 根据特定职业的需要,而对任职者采取的资格限定。如对司法从业人员、医生、国家公务员等从业者的特殊要求等。

4. 根据从事职业的特殊性,而对从业人员权利进行特殊的限制或保护。如对官员等公众人物的隐私权、名誉权的限制性;对人大代表的言论免责和人身特别保护等。

第三节　公民的参政权

一、选举权和被选举权

选举权是指公民享有选举国家代议机关代表及国家公职人员的权利;被选举权是指公民有被选举为国家代议机关代表及国家公职人员的权利。

公民享有选举权和被选举权,体现了人民主权原则,是公民有序参与国家政治管理的最有效保障。由于地域的局限、效率的要求,国家和社会管理只能由少数人来进行,因此公民通过选举来参与政治是最切合实际的做法。首先,选民通过直接或间接选举的方式选出自己满意的代表和公职人员组成政府,代表民众行使权力,并对民众负责;如果不能代表民众利益,选民可以通过下次选举,变更原有的代表和公职人员。这为选民监督、控制执政者提供了有效的手段。其次,选民定期行使选举权,能够避免国家权力长期集中于某个领导人或政治集团,形成专制。再次,公民当选为国家代议机关代表和公职人员,代表国家行使权力,并接受选民监督,直接参与国家政治和社会管理,是“人民当家作主”的最有力体现。

我国1954年宪法第86条规定:“中华人民共和国年满十八岁的公民,不分民族、种族、性别、职业、社会出身、宗教信仰、教育程度、财产情况、居住期限,都有选举权和被选举权。但是有精神病的人和依照法律被剥夺选举权和被选举权的人除外。”强调了精神病人不享有选举权和被选举权。1975年宪法第27条和1978年宪法第44条规定的内容相同,表述为“年满十八岁的公民,都有选举权和被选举权。依照法律被剥夺选举权和被选举权的人除外”。

现行《宪法》第 34 条规定:“中华人民共和国年满 18 周岁的公民,不分民族、种族、性别、职业、家庭出身、宗教信仰、教育程度、财产状况、居住期限,都有选举权和被选举权;但是依照法律被剥夺政治权利的人除外。”现行宪法注重享有选举权和被选举权的非歧视原则,并强调依法被剥夺政治权利的人不享有选举权和被选举权。

根据现行宪法的规定,我国公民享有选举权和被选举权的资格只包括三点:第一,是中国公民;第二,年满 18 周岁;第三,没有被剥夺政治权利。需要注意的是:

1. 精神病患者依法享有选举权和被选举权,但在患病期间暂不行使(《选举法》第 26 条)。

2. 因犯有国家安全罪或者其他严重刑事犯罪案件而被羁押,正在受侦查、起诉、审判的,经法院或检察院决定,在被羁押期间停止行使选举权。(1983 年《全国人民代表大会常务委员会关于县级以下人民代表大会代表直接选举的若干规定》第 4 条)。

3. 对于其他犯罪嫌疑人、劳教人员、被拘留人、囚犯等,不得以任何原因剥夺其选举权和被选举权。

4. 关于剥夺政治权利的内容和条件,我国宪法没有明确规定。根据刑法的相关规定,剥夺政治权利包括剥夺选举权和被选举权,还包括言论、出版、结社、集会、游行、示威权;担任国家公职人员的权利;担任国有企业、公司、事业单位、人民团体等领导人员的权利。被剥夺政治权利的适用范围:犯破坏选举罪的可以剥夺,危害国家安全罪的应当剥夺,判处死刑和无期徒刑的应当被剥夺以及严重破坏社会秩序的犯罪分子可以剥夺。

5. 我国公民享有选举权和被选举权的主体资格是等同的,一般情况下公民享有选举权的同时也享有被选举权。但国家主席和副主席候选人的资格有特殊要求,必须年满 45 周岁。

我国主要通过《选举法》和《刑法》保障公民的选举权和被选举权。《选举法》对选举人大代表的条件和程序作了比较细致的规定,并明确了违法行为的法律责任,该法第 52 条规定,破坏选举,违反治安管理规定的,依法给予治安管理处罚;构成犯罪的,依法追究刑事责任;国家机关工作人员破坏选举的,依法给予行政处分。我国《刑法》第 256 条规定了破坏选举罪:“在选举各级人民代表大会代表和国家机关领导人员时,以暴力、威胁、欺骗、贿赂、伪造选举文件、虚报选举票数等手段破坏选举或者妨害选民和代表自由行使选举权和被选举权,情节严重的,处 3 年以下有期徒刑、拘役或者剥夺政治权利。”根据现有的法律规定,我国公民的选举权和被选举权在通过诉讼获得救济的程序方面存在一定的缺陷。

二、批评权和建议权

批评权是指公民对国家机关或国家工作人员的缺点和错误提出批评意见的权利。公民通过行使批评权,能够有力监督国家机关及其工作人员合法合理地行使国家权力,防止越权、滥权现象;增强国家机关工作人员的廉洁自律。

建议权是指公民对国家机关或国家工作人员的工作提出自己的主张和看法的权利。现代国家普遍注重政治过程的民主参与,积极寻求公民的意见和建议,以此保证国家机关决策的民主化和科学化。

我国前三部宪法都没有规定批评权和建议权。现行宪法第 27 条规定:"一切国家机关和国家工作人员必须依靠人民的支持,经常保持同人民的密切联系,倾听人民的意见和建议,接受人民的监督,努力为人民服务。"这为公民监督政府、参与国家管理提供了宪法支持。现行宪法第 41 条规定:"中华人民共和国公民对于任何国家机关和国家工作人员,有提出批评和建议的权利……"由此明确了公民批评权、建议权的宪法权利性质。国家权力来源于公民权利,国家权力应保护公民权利并接受公民的监督。公民享有对国家的批评权和建议权,是作为一国公民本应具有的资格。

我国公民行使批评权和建议权的方式多种多样,如通过新闻报刊、来信来访、座谈讨论会等。近些年来,国家拓宽了公民行使批评权和建议权的渠道,如公布国家机关主要领导人的电子邮箱,对涉及民生的重大事项召开听证会等。国家应采取有效措施保障公民批评权和建议权的实现,虚心听取公民的批评和建议,并避免对行使批评建议权的公民进行打击报复。

三、控告、检举权

控告权是指公民对国家机关或国家工作人员的违法失职行为,有提出控告,要求有关机关予以处理和制裁的权利。控告权分诉讼控告和非诉讼控告。前者指公民向司法机关控告,后者是向有关机关控告。

检举权是指公民对国家机关或国家工作人员的违法失职行为,有向有关机关揭发事实,要求依法处理的权利。

控告权与检举权存在区别:第一,控告人是受国家机关或国家工作人员违法失职行为侵害的公民;而检举人一般与事件无直接关系。第二,控告是为了保护自己的权益而要求依法处理;而检举一般出于正义感和维护公共利益的目的。控告权和检举权不但是公民对国家机关及其工作人员的监督权利,还是公民保护自身权利不受侵犯的手段。

四、关于知情权

知情权又称为了解权、信息获得权。知情权是指公民或其他组织依法享有要求对方公布一定信息的权利。作为公法层面的知情权,是指公民或其他组织有了解政府财政预决算、公共财政支出等有关公共权力行使方面的信息。知情权是公民参与国家权力监督、参与国家管理活动,以及行使其他民主权利的前提和基础,它成为国家民主管理的重要保障,是防止政府腐败的有效措施。

当前一些法治国家对公民知情权保护主要确立了以下原则:第一,公开情报原则。依法公开情报是政府的义务,政府应当定期真实的公布情报。第二,同等获取原则。政府情报属于公共资料,任何公民具有同等资格享用。第三,政府负有举证责任原则。如政府拒绝公开有关情报,必须提供相关依据。第四,司法救济原则。如公民知情权受到侵犯,可寻求法律救济。当然,考虑到政府信息公开可能与公共利益(如国家安全)、个人隐私发生冲突,因而各国也规定了免除公开情报的范围,但不得超过合理的界限。我国现行宪法中尚未规定知情权,但知情权保护应为我国立宪目的及宪法原则、宪法精神所应有之义。据此,我国立法机关,应根据社会发展尽快完善相关法律制度,如制定《政府信息公开法》、《官员财产申报法》等相关立法。

第四节　公民的自由权

一、表达自由

(一)表达自由概述

表达自由是指公民通过各种形式表达自己的思想、意见和观点而不受他人干涉的自由。表达自由的内容包罗万象,对于政治、经济、社会、文化等各个方面都可以发表自己的意见和观点。表达自由的形式多种多样,包括口头、书面、绘画、行为、影视、舞蹈、新闻媒体等。现代社会随着网络的发展,通过网络平台表达观点是一种最迅捷、传播最快的方式。

享有表达自由是公民进行日常交流的需要,也是公民参与政治、监督政府的需要。公民所表达的观点可以是正确的,也可以是错误的,国家不能以真理和谬误的标准来衡量公民的言论,从而加以限制或压制;公民所表达的政治言论可以与国家的正统思想相符,也可以相异,只要不危及国家的正常统治和管理,国家也不能绝对的予以限制或剥夺。

表达自由是公民所享有的一项重要的基本权利,但其行使也要受到一定的限制。一方面,不得损害公共利益,包括国家安全、社会秩序的稳定等;另一方面,不得侵犯其他公民的合法权益,如名誉权、隐私权等。表达自由的界限并不是一成不变的,国家往往在特殊时期对表达自由的限制严格些。表达自由在具体情况下还要考虑其行使的时间、地点、方式、主体、程度等。国家对公民表达自由的保护程度,体现了一个国家的民主发展水平。

我国前三部宪法都规定了公民有言论、出版、集会、结社、游行、示威的自由。但1975年宪法和1978年宪法还规定了公民有罢工权以及“大鸣、大放、大辩论、大字报”的权利,即“四大”,作为公民表达自由的两种特殊类型。

1975年宪法和1978年宪法将罢工权与其他自由权相并列,规定于一个条款中,如1975年宪法第28条第1款规定:“公民有言论、通信、出版、集会、结社、游行、示威、罢工的自由,有信仰宗教的自由和不信仰宗教、宣传无神论的自由。”很显然,当时所认可的罢工权是一种自由权,是公民进行革命斗争的方式,是用行为表达抗议和不满的重要途径。然而,罢工权本身却是一种社会权,具体应内含在劳动权体系中,作为劳动权能够得到实现的保障性权利。罢工权是指劳动者享有的以维持、改善劳动条件为目的的集体停止工作的权利。国家规定罢工权,不仅在于保障罢工的“自由”,而在于保障合法罢工者在罢工后能够得到民事责任豁免、复工权等合理措施和待遇。1982年宪法没有规定罢工权。在我国罢工得不到法律的保护。

1975年宪法在“总纲”第13条规定:“大鸣、大放、大辩论、大字报,是人民群众创造的社会主义革命的新形式。国家保障这种形式,造成一个又有民主又有集中,又有纪律又有自由,又有统一意志又有个人心情舒畅、生动活泼的政治局面,以利于巩固中国共产党对国家的领导,巩固无产阶级专政。”1978年宪法将“四大”作为公民的基本权利,其45条规定:“公民有言论、通信、出版、集会、结社、游行、示威、罢工的自由,有运用‘大鸣、大放、大辩论、大字报’的权利。”因为受极“左”思想的影响,“四大”是十年动乱的产物,极大地破坏了社会主义民主法制建设,破坏了国家安定团结的局面。为了充分发扬社会主义民主,健全社会主义法制,维护安定团结的政治局面,保障社会主义现代化建设的顺利进行,1980年第五届全国人民代表大会通过了删掉该项规定的修改。1982年宪法也没有规定这一特殊的公民“权利”。

现行宪法第35条规定:“中华人民共和国公民有言论、出版、集会、结社、游行、示威的自由。”该条款列举了表达自由的六种类型,我国相应地通过立法进行保障实施。

(二)言论自由

言论自由是指公民通过口头表达方式发表自己观点的自由。言论是公民表达思想、传播信息、形成集体意志的最常用方式,也是发表观点的重要方式,因此言论自由列在六种表达自由之首。从广义上来说,言论自由不仅包括口头表达方式,还包括其他表达方式,其内涵和外延与表达自由权相同,出版、结社、集会、游行、示威等自由也包含在广义的言论自由权当中。

言论自由也要受到一定的限制。与其他表达自由相比,因其行使的普遍性,因此不采取事先限制原则,实行事后惩罚制。具体而言,言论自由在行使时注意以下情况:(1)不得使用煽动性言论煽动他人实施违法行为;(2)不得侵犯他人的人格尊严,主要指名誉权和隐私权;(3)不得使用猥亵或淫秽言论等违反公序良俗;(4)不得发表虚假言论造成公共利益的损害等。

(三)出版自由

出版自由是指公民通过公开发行的出版物表达自己观点的自由。出版物主要包括书籍、杂志、报纸、音像制品、电子出版物等,通常具有一定的载体。出版自由包括两个方面的内容:一是著作自由,即公民有权在出版物上发表作品,表达自己的思想和观点的自由;二是设立出版单位的行为自由,包括报刊、期刊社、图书出版社、音像出版社的设立与管理。

出版自由是公民通过文字与影像表达思想和见解的重要方式。在现代社会,书籍、报刊、影视节目等媒介是人们消遣娱乐、获知信息的普遍方式,尤其是带有新闻内容的出版物,更是人们日常生活中必不可少的了解国家和社会信息的重要途径。出版物的发行量大,流传范围广,易于收藏,因此通过出版物来传播思想和观点影响较为深远。

出版自由也要受到一定的限制。各国都创设了一定的管理体制来保障和限制出版自由。出版管理主要包括两个方面:一是对出版单位的行为限制,包括出版单位的设立,出版物的出版、印刷或复制、发行等;二是对出版物所表达的观点限制,通常出版物的内容应符合一定的标准,不能含有国家严令禁止的内容。在出版物审查方面,主要有两种管理体制:一是预防制,即事先干预,出版管理部门要事先审查出版物的内容是否符合条件;二是追惩制,即出版物发行后,如果违反了相关法律则承担相应的法律责任,但不必通过事先的审查和许可。随着民主与法治的发展,对出版物的审查逐渐从事先审查到事后审查转变。

我国于1997年颁布了《出版管理条例》,对出版自由权的行使进行了一定的规制。该条例第5条规定:“公民在行使出版自由的权利的时候,必须遵守宪法和法律,不得反对宪法确定的基本原则,不得损害国家的、社会的、集体的利益和其他公民的合法的自由和权利。”第25条规定出版物不得含有下列内容:反对宪法确定的基本原则的;危害国家统一、主权和领土完整的;危害国家安全、荣誉和利益的;煽动民族分裂、侵害少数民族风俗习惯,破坏民族团结的;泄露国家秘密的;宣扬淫秽、迷信或渲染暴力、危害社会公德和民族优秀文化传统的;侮辱或者诽谤他人的;法律、法规规定禁止的其他内容。在管理体制上,我国采取预防制和追惩制相结合的做法。

(四)结社自由

结社自由是指公民为了一定的宗旨或目的,依法组织或参加具有持续性的社会组织的自由。结社自由内容包括两个方面:一是结社的行为自由,任何人都可以自愿组织、参加或退出某社会组织;二是结社的表达自由,社会组织可以自由表达某种宗旨、观点和思想。结社自由具有如下特征:结社具有持久性和稳定性;结社应遵守法定的程序;结社具有固定的组织机构和成员;结社具有某种宗旨和目的性。

结社自由是公民通过结成组织的方式进行政治、经济、社会和文化活动,表达某种意愿或思想的自由权。结社自由可以丰富公民的社会生活,扩大交流范围。从政治层面来说,结社自由是民主社会防止政府专制的最有力手段。公民可以通过社团的力量来抵御专制、参与国家事务的管理,这种力量高于公民个人,更具影响力。社会团体可以承担某些政府职能,协助政府负责有关经济和社会管理方面的任务,能够解决公民或组织之间的纠纷和问题,从而减少政府直接干预的必要性。社会团体是政府与公民之间沟通的桥梁和纽带,通过社会团体来了解民情,更有利于政府决策的民主化和科学化。

根据结社的性质和活动方式,通常把结社分为以营利为目的的结社和不以营利为目的的结社。前者指成立公司、企业等,由一国的民商法等法律加以调整。后者又可分为政治性结社(如组织政党等)和非政治性结社(如组织宗教、学术、文化艺术团体、基金会等)。我国宪法中的结社自由指的是非营利性结社,其中主要是指结成社会团体的自由。

结社自由的行使要受到国家的管理和限制。1998年10月国务院通过了《社会团体登记管理条例》,该条例所称的社会团体是指中国公民自愿组成,为实现会员共同意愿,按照其章程开展活动的非营利性社会组织。结社须进行事前审批，得到业务主管单位的同意，并向登记管理机关进行登记，社会团体的活动受到业务主管机关以及登记管理机关的监督。国务院有关部门和县级以上地方各级人民政府有关部门、国务院或者县级以上地方各级人民政府授权的组织，是有关行业、学科或者业务范围内社会团体的业务主管单位。国务院民政部门和县级以上地方各级人民政府民政部门是本级人民政府的社会团体登记管理机关。社会团体必须遵守宪法、法律、法规和国家政策，不得反对宪法确定的基本原则，不得危害国家的统一、安全和民族的团结，不得损害国家利益、社会公共利益以及其他组织和公民的合法权益，不得违背社会道德风尚。我国公民在结社权的行使方面很受限制，国家应更新观念，尽快建立符合中国国情的结社立法和管理体制。

（五）集会、游行、示威自由

集会自由是指公民聚集于露天公共场所发表意见、表达意愿的自由；游行自由是指公民在公共道路、露天公共场所列队行进、表达共同意愿的自由；示威自由是指公民在露天公共场所或者公共道路上以集会、游行、静坐等方式，表达要求、抗议或者支持、声援等共同意愿的自由。

集会、游行和示威自由三种表达自由权既有共同点，又有区别。共同点为表达意愿的方式比较激烈，参与的人数众多，一般有组织者负责安排和指挥。区别在于：第一，状态不同。一般而言，集会是静态的，游行和示威是动态的。第二，表达意愿的强度不同。游行和示威表达的意愿比集会更强烈一些。第三，表达方式不同。集会是聚集在公共场所表达，游行是采取列队行进的方式表达，示威则可以在行进中或以静坐、绝食等方式表达。第四，表达的内容不同。集会是公民表达对政治或社会事件的看法和意见，或者相互交流思想；游行多表达喜庆、愤怒、声援等；示威则多为反对政治决定、提出抗议或表达支持声援等。

公民充分行使集会、游行、示威自由，是现代民主政治的基本要求。公民作为政治生活的参与者和监督者，有权通过法定的方式充分表达其意愿、建议或意见，让政府了解民意，从而提高政治决策的民主化，实现对国家机关及其工作人员的监督与制约。公民通过集会、游行、示威，适时表达不满和愤怒，能够协调不同利益主体之间的矛盾，加强政府与民众之间的沟通和理解，从而有利于政治和社会的稳定，可以说，这是现代政治国家协调公民与政府之间利益冲突的有效机制。

集会、游行、示威是群体性活动，多发生在露天公共场所，参与或观看的人数较多，情绪感染性强，对社会的影响较大，因此国家一般进行必要的管理和保障,并规定了权利行使的限制。各国对集会、游行、示威自由权的实行有三种管理体制:一是申报制。在进行集会、游行、示威前必须向主管机关申报,但无需批准;二是许可制。集会、游行、示威前必须向主管机关申请,获得批准后才能进行;三是追惩制。集会、游行、示威前不受任何干预,但在行使过程中如有违法行为则要依法承担法律责任。

为了保障公民依法行使集会、游行、示威的权利,维护社会安定和公共秩序,我国于 1989 年制定了《集会游行示威法》。该法详细规定了集会游行示威自由的申请和许可、集会游行示威的举行,法律责任等内容。

公民行使集会、游行、示威自由权前,集会、游行、示威活动的负责人必须向主管机关进行申请,获得批准后才能进行。集会、游行、示威的主管机关,是集会、游行、示威举行地的市、县公安局、城市公安分局。申请书中应当载明集会、游行、示威的目的、方式、标语、口号、人数、车辆数、使用音响设备的种类与数量、起止时间、地点(包括集合地和解散地)、路线和负责人的姓名、职业、住址。对于依法举行的集会、游行、示威,主管机关应当派出人民警察维持交通秩序和社会秩序,保障集会、游行、示威的顺利进行。依法举行的集会、游行、示威,任何人不得以暴力、胁迫或者其他非法手段进行扰乱、冲击和破坏。集会、游行、示威的负责人对主管机关不许可的决定不服的,可以向同级人民政府申请复议。

公民在行使该项权利时,必须遵守宪法和法律,不得反对宪法所确定的基本原则,不得损害国家的、社会的、集体的利益和其他公民的合法的自由和权利。具体的限制为:第一,参与的人员限制。国家机关工作人员不得组织或者参加违背有关法律、法规规定的国家机关工作人员职责、义务的集会、游行、示威。第二,参与的方式限制。集会、游行、示威应当和平地进行,不得携带武器、管制刀具和爆炸物,不得使用暴力或者煽动使用暴力。第三,不得妨碍公务。集会、游行、示威在国家机关、军事机关、广播电台、电视台、外国驻华使馆领馆等单位所在地举行或者经过的,主管机关为了维护秩序,可以在附近设置临时警戒线,未经人民警察许可,不得逾越。对于一些重要的国家机关,如全国人大常委会、国务院、中央军事委员会、最高人民法院、最高人民检察院、国宾下榻处、重要军事设施、航空港等周边距离 10 米至 300 米内,不得举行集会、游行、示威。第四,不得违反治安管理处罚法规,不得进行犯罪活动或者煽动犯罪。

我国对公民行使集会、游行、示威自由权的时间、路线、人数、方式等采取了较为严格的审查制度,公民在行使这一权利时受到一定的限制。公民申请行使该项权利不被批准时,只能提起行政复议,不能向人民法院提起诉讼,实践中得不到有效的救济。我国应适时放宽权利申请的审批程序,保障宪法规定的公民集会、游行、示威权得到充分实现。

二、宗教信仰自由

宗教信仰自由是指公民依据内心的信念,自愿信仰宗教的自由。从形式上看,宗教信仰自由包括两个方面的内容:一是纯粹的精神信仰,并不外化为行为,此种信仰宗教是一种绝对的自由;二是通过一定的行为来表现宗教信仰,如参加宗教活动等,此种自由就要受到一定的限制,属于相对自由。具体来讲,宗教信仰自由包括如下内容:公民既有信仰宗教的自由,也有不信仰宗教的自由;有信仰这种宗教的自由,也有信仰那种宗教的自由;在同一宗教里,有信仰这个教派的自由,也有那个教派的自由;有过去信教而现在不信教的自由,也有过去不信教而现在信教的自由;有按照宗教信仰参加宗教仪式的自由,也有不参加宗教仪式的自由。另外,有些国家的宗教信仰自由还包括传教自由,宗教结社的自由,以及国家为了保障宗教信仰自由遵循政教分离原则,即不得设立国教的内容。

在宪法中确立宗教信仰自由,具有十分重要的意义:第一,表现了国家尊重个人的思想信仰。信不信仰宗教完全是个人选择的事情,国家应尊重和保护。虽然宗教是一种有神论的世界观,与马克思主义所宣扬的无神论相对立,但国家也没有权力强迫公民不信教。第二,反映了社会生活的实际要求,有利于社会关系的自我调整。由于历史和现实的原因,宗教的存在具有长期性、复杂性和群众性。世界上信仰宗教的人数达到了70%,我国也有20%的人信仰宗教,保障这部分人的宗教信仰自由,以及其他人不信仰的自由,是社会现实的要求。另外,宗教具有"向善"的功能,能指导人们的行为,在科学还没达到解决所有问题的时候,宗教能起到暂时的抚慰与寄托功能,因此保障宗教信仰自由有利于社会秩序的稳定和协调。第三,有利于民族问题的合理解决。在我国宗教问题与民族问题有着密切的关系。例如,我国信仰伊斯兰教的少数民族就有十个,有些少数民族基本上是全民信教,如伊斯兰教和喇嘛教。正确处理好少数民族的宗教信仰问题,有利于民族团结和稳定,有利于国家统一。

我国前三部宪法都规定了公民的宗教信仰自由。现行宪法第36条规定:"中华人民共和国公民有宗教信仰自由。任何国家机关、社会团体和个人不得强制公民信仰宗教或不信仰宗教,不得歧视信仰宗教的公民和不信仰宗教的公民。国家保护正常的宗教活动。"除了宪法的总体规定外,我国刑法、民法通则、选举法、义务教育法等法律中具体规定了宗教信仰自由的保障。2004年国务院颁布的《宗教事务条例》是现阶段保障公民信仰宗教的重要依据。在实践中,为了保障宗教信仰自由,保护民族文化,我国还为宗教团体提供物质方面的援助,如寺庙的修缮、宗教活动场所的安排等;建立了全国性和地方性的宗教组织机构,如中国佛教协会、中国道教协会等八个宗教团体;国家设立了47所宗教院校,培养宗教职业人员。

宗教信仰自由在客观上也要受到一定的限制。我国现行宪法第36条规定:"任何人不得利用宗教进行破坏社会秩序、损害公民身体健康、妨碍国家教育制度的活动。宗教团体和宗教事务不受外国势力的支配。"由此可见,宗教活动要在以下四个方面受到限制:第一,不得危害国家安全、公共安全,破坏社会秩序,侵害公共财产等;第二,不得损害公民身体健康,禁止封建迷信活动、邪教等给公民造成身体伤害;第三,宗教与国家教育制度的分离。不得利用宗教干扰教育活动,不得在学校等教育场所宣扬宗教;第四,实行宗教自治、独立办教。外国宗教组织不得利用宗教干涉中国内政,不得以任何方式支配中国的宗教团体和宗教事务,我国的宗教团体不同外国宗教团体发生领导与被领导的关系。

三、人身自由

人身自由,又称身体自由,是指公民的人身和行动受自己自由支配,不受非法侵犯和非法拘束的权利。通俗的说,人身自由表示人有选择在什么地方活动和存在,以及以什么方式活动和存在的自由。狭义的人身自由,仅仅指公民的"身体"的自由,不受非法拘禁、逮捕、搜查、奴役等;广义的人身自由还包括住宅自由、迁徙自由等其他行动自由的内容。

人身自由表达了个人的独立和自由行动的基本价值,每个人都应享有对其人身的自主权,其行动举止受自己意志自由支配。人身自由权是人们参加社会生活,享有其他权利的基础和前提,是人所应该享有的最起码、最基本的权利。人身自由是公民自由权中的核心自由之一。

我国现行宪法第37条规定:"中华人民共和国公民的人身自由不受侵犯。任何公民,非经人民检察院批准或者决定或者人民法院决定,并由公安机关执行,不受逮捕。禁止非法拘禁和以其他方法非法剥夺或者限制公民的人身自由,禁止非法搜查公民的身体。"宪法确立了公民人身自由是一项基本权利,并重点阐述了人身自由不受非法逮捕、拘禁或以其他方法剥夺或限制,公民的身体不受非法搜查。我国《刑事诉讼法》依照《宪法》的规定,具体阐述了逮捕的法定机关、法定程序和法定理由。我国《立法法》第 8 条规定了限制人身自由的强制措施和处罚只能由法律予以规定。

广义的人身自由还包括人格尊严权。人身自由的前提和基础是人格尊严。人格是人作为人所必须具有的资格。法律上公民的人格是指公民作为权利义务主体的资格。所谓人格尊严权,是指作为人所应该享有的受到尊重的权利。每个人都享有人格尊严,除了法律的明确规定,人格尊严具有不可剥夺性,始于出生,终于死亡。人格尊严是公民参加社会活动应该具有的资格,标志着人类文明的进步。宪法上的人格尊严一般表现为民法上的人格权,包括公民的名誉、荣誉、姓名、肖像、隐私等不容侵犯的权利。但人格尊严高于人格权,除了人格权的内容外,还涵盖了不受歧视、权利不受侵犯等诸多可能影响到做人的资格的内容。人格尊严是公民享有一切基本权利的来源和基础,是宪法产生和运作的逻辑地点。

我国现行宪法吸取了“十年动乱”中公民人格权受到肆意侵犯的惨痛教训,第一次明确规定了公民的人格尊严权。现行宪法第 38 条规定:“中华人民共和国公民的人格尊严不受侵犯。禁止用任何方法对公民进行侮辱、诽谤和诬告陷害。”我国民法、刑法、刑事诉讼法等相关法律对公民的人格尊严权进行具体规定和保障。刑法第 246 条规定:“以暴力或者其他方法公然侮辱他人或者捏造事实诽谤他人,情节严重的,处三年以下有期徒刑、拘役、管制或者剥夺政治权利。前款罪,告诉的才处理,但是严重危害社会秩序和国家利益的除外。”刑事诉讼法第 133 条规定:“为了查明案情,在必要的时候,经公安机关负责人批准,可以进行侦查实验。侦查实验,禁止一切足以造成危险、侮辱人格或者有伤风化的行为。”

四、住宅自由

住宅自由,是指公民居住、生活、休息的场所不受非法干涉的权利。也就是说,公民在自己的住宅内享有充分的人身自由和人身安全。住宅自由是人身自由的延伸,并包含了公民隐私权的内容。住宅自由中的“住宅”指的是公民日常居住、生活、休息的场所,通常为自己的“家”,但也包括暂时居住的旅店、宿舍等。住宅自由不受侵犯,要求任何机关、团体、组织或个人,非依法律规定不得侵入、搜查、查封或者采取其他方式限制公民的住宅使用。

我国前三部宪法都规定了公民住宅权。现行宪法第 39 条规定:“中华人民共和国公民的住宅不受侵犯。禁止非法搜查或非法侵入公民的住宅。”住宅是公民日常生活、学习、工作和休息的地方,保障住宅自由不受侵犯,有利于公民的居住安全和生活安定,有利于保护公民个人的生活空间不被任意干扰,有利于整个社会的安定和团结。

住宅自由的行使也要受到一定的限制。国家机关基于法定职权、有法定的理由,按照法定程序可以进入公民的住宅,进行搜查。依据现行法律,包括以下几种情况:第一,根据刑事诉讼法,公安机关、检察机关为了收集犯罪证据、查获犯罪人,侦查人员可以对犯罪嫌疑人的住处等进行搜查,但必须严格依照法定程序;第二,行政机关可以依职权进入公民住宅,进行行政检查;第三,紧急状态下为了保护公民的人身安全或维护公共利益,可以在事先没有办理必要手续的情况下,强行进入公民的住宅;第四,法定国家机关可以依法查封公民的住宅;第五,法定国家机关可以为了公共利益对公民住宅进行征收或者征用,也可以看作对公民住宅自由的限制。

为了保障公民的住宅自由,我国相关法律规定,侵犯住宅自由权要承担法律责任。刑法第245条规定:“非法搜查他人身体、住宅或非法侵入他人住宅的,处三年以下有期徒刑或者拘役。司法工作人员滥用职权,犯前款罪的,从重处罚。”《治安管理处罚法》第40条规定,非法限制他人人身自由、非法侵入他人住宅或者非法搜查他人身体的,要进行行政拘留或罚款。

五、通信自由

通信自由包括两层含义:一是通信的行为自由,是指公民与他人的通信行为不受非法干涉的自由;二是通信秘密权,是指公民与他人的通信内容,任何组织和个人不得窃听、偷看、传播,或以其他方法获取。通信的方式很多,包括信件、电话、传真、电子邮件、短信等。通信是公民参与社会生活,进行思想或感情交流,传播信息,表达观点的重要方式,并且通信的内容属于个人隐私,因此保障通信权,还起到保护公民隐私权的作用。

我国1954年宪法第90条仅规定了“通信秘密受法律的保护”,1975年宪法和1978年宪法规定了“通信的自由”,现行宪法则全面规定了通信自由和通信秘密。现行宪法第40条规定:“中华人民共和国公民的通信自由和通信秘密受法律的保护。除因国家安全或者追查刑事犯罪的需要,由公安机关或者检察机关依照法律规定的程序对通信进行检查外,任何组织或者个人不得以任何理由侵犯公民的通信自由和通信秘密。”公民的通信自由和通信秘密受宪法和法律保护,但也有一定的限制。基于国家安全或者追查刑事犯罪的需要,公安机关、国家安全机关或者检察机关依照法定程序,可以对通信进行检查。《刑事诉讼法》第141条进一步规定:“侦查人员认为需要扣押犯罪嫌疑人的邮件、电报的时候,经公安机关或者人民检察院批准,即可通知邮电机关将有关的邮件、电报检交扣押。不需要继续扣押的时候,应即通知邮电机关。"《国家安全法》中也有类似规定。

我国法律对公民通信自由进一步加以保障。《刑法》第252条规定:"隐匿、毁弃或者非法开拆他人信件,侵犯公民通信自由权利,情节严重的,处一年以下有期徒刑或者拘役。"第253条规定:"邮政工作人员私自开拆或者隐匿、毁弃邮件、电报的,处二年以下有期徒刑或者拘役。"

六、关于迁徙自由

迁徙自由,是指公民享有的离开原居住地到外地(国内或国外)旅游或居住的权利。狭义的迁徙自由仅指在国籍国境内自由旅行或定居;广义的迁徙自由还包括国际迁徙的权利,具体为出入本国、国际旅游和移居等。迁徙自由是人身自由的重要组成部分,是公民应该享有的一项基本人权。迁徙自由通常和工作自由紧密相连,公民选择自己的居住地通常是为了工作,因此可以说迁徙自由是一项附带经济内容的权利。我国1954年宪法第90条第2款规定:"中华人民共和国公民有居住和迁徙的自由",但1975年宪法、1978年宪法和1982年宪法都没有规定该项权利。究其原因,我国在20世纪50年代开始实行的计划经济体制以及城乡二元户籍管理制度,对公民迁徙自由造成了极大的限制。现今,由于市场经济的推动,劳动力在全国范围内的流动造成了表象的"迁徙自由",实际上由于严格的户籍管理制度,农村与城市之间,城市与城市之间的户口转变很难,挂靠在户口上的社会保障、受教育、就业等权利就无法实现,从而影响了实质的"迁徙自由"。我国应当尽快将迁徙自由写入宪法,并完善相关的户籍管理制度,适应社会发展的客观需要。

第五节　公民的财产权

在现代民主法治国家中,财产权与生命权、自由权一起构成公民基本权利体系。作为宪法上的财产权,包括财产自由与财产主张两个层面的权利内容。财产自由,以财产权方式,确认公民的合法财产受宪法保障,目的在于保障公民合法私有财产免受国家公权力的恣意侵犯;财产主张,是国家对公民财产来源及所有的一种制度保障,需国家通过制度安排来保障,如确立财产所有制制度。

我国几部宪法对财产权均有规定。1954 年宪法第 11 条规定:“国家保护公民的合法收入、储蓄、房屋和各种生活资料的所有权。”宪法第 12 条规定:“国家依照法律保护公民的私有财产的继承权。”1975 年宪法和 1978 年宪法基本保持了原有的表述。现行宪法在 2004 年修改之前也有类似规定,即第 13 条规定:“国家保护公民的合法的收入、储蓄、房屋和其他合法财产的所有权”。无疑,上述规定对公民财产权的保障范围过于狭窄,伴随我国市场经济的发展以及公民权利保护意识的加强,公民对合法私有财产权保障提出了更高的期待。

2004 年宪法修正案修改并增设了公民的私有财产权的保障内容,宪法修正案第 22 条规定:“公民的合法的私有财产不受侵犯。国家依照法律规定保护公民的私有财产权和继承权。国家为了公共利益的需要,可以依照法律规定对公民的私有财产实行征收或者征用,并给予补偿。”据此,现行宪法对公民的财产权保障可作下述理解:

1. 宪法文本进一步拓宽了公民的财产权的保障内容。根据宪法修正案的规定,公民的合法的私有财产,不仅包括合法收入、储蓄、房屋等生活资料所有权,还包括公民用于生产资料的所有权,如公民的股权、土地承包权、专利等,公民的合法的生活资料和生产资料都应受到宪法及法律的保护。

2. 首次在宪法文本中确认了公民的“私有财产权”。在 2004 年宪法修改以前,宪法仅规定:“国家保护公民的合法的收入、储蓄、房屋和其他合法财产的所有权。”并未使用“财产权”概念,而是使用“所有权”表述,修正案以“私有的财产权”代替“所有权”的做法,是我国宪法首次明确对公民私有财产权进行保护,体现了根本法对公民财产权的全面保护。

3. 继承权作为公民的财产权的一部分受宪法保护。我国宪法认可了公民可以通过继承来获得财产,根据最高法的规定,立法机关应制定完善继承的法律制度以保障公民的财产权。

4. 公民的私有财产权保护受“公共利益”的限制。基于公共利益的考虑,对公民财产权适度限制是世界上大多数国家的普遍做法,体现了公民财产权的社会性义务。因此,修正案第 22 条规定了基于公共利益可对公民私有财产进行征收或征用。此外,宪法修正案第 20 条还规定:“国家为了公共利益的需要,可以依照法律规定对土地实行征收或者征用并给予补偿。”这些规定体现了我国宪法在公共利益与私有财产权之间寻求平衡。为了避免国家机关滥用“公共利益”条款侵犯公民财产权,应对公民财产权征收征用的实体条件、程序规则以及补偿标准作细化规定。

第六节　公民的受益权

一、公民受益权的含义

公民有从国家享受到特定利益的权利，称为受益权，内容上包括公民从国家享有或保护的特定社会经济等方面的权益。受益权与传统的自由权不同，前者系以公民能够享有利益为目的，要求国家作为的积极权利，而后者主要针对国家不能够侵犯而要求其不作为的消极权利。

广义上的受益权内涵体现在：一是宪法所确定的特定权益，如国家保障公民享有基本教育权利；二是国家负有积极主动采取保护措施为实现权利提供更多可能性，如国家提供更多的就业机会；三是在宪法中设置有效的权利保障机制，为公民在权利受到侵害时有权请求提供救济渠道，如诉讼权利。我国近代宪政学者张知本先生对此已有相关论述。[1] 张知本先生对受益权的理解是广义上受益权。本节所称的受益权是狭义的，仅指经济、文化在内的社会生活所涉及的一系列权利总称，故又称之为“经济、社会和文化权利”，包括劳动权、休息权、受教育权、文化活动权等权利，狭义上的受益权具有以下几方面特点：

1. 以社会性权利为主要内容。社会性权利是一项集合权利，是经济、文化在内的社会生活所涉及的一系列权利总称，故又称为“经济、社会和文化权利”，具体包括劳动权、休息权、受教育权、文化活动权等，联合国还专门通过《经济、社会、文化权利国际公约》规定这方面权利。社会权作为宪法的一项基本内容，创始于 1919 年的德国魏玛宪法，魏玛宪法明确了国家对社会经济生活干预的合理性和必要性，促进了社会权发展。二战以后，伴随世界人权的

---

〔1〕 张知本先生在其《宪法论》一书中指出，受益权包括以下四种：司法上的受益权，这是人民通过民事或者刑事诉讼程序可以从国家享受特定利益的权利，也称诉讼权；行政上的受益权，这是人民按照诉愿、请愿或行政诉讼的程序可以从国家享受特定利益的权利，涵盖诉愿权、请愿权以及行政诉讼权；教育上的受益权，即国家负有教育上的保障义务；以及经济上的受益权，即人民在生计保障方面，人民有从国家享受利益的权利，包括劳动权、生存保障等方面内容［参见李毓民：《宪法要论》，北平法律函授学校讲义（1934）］。台湾地区学者林纪东认为，受益权即为人民为其一己之利益，请求国家为某种行为之权利。受益权分为消极性之受益权和积极性之受益权。救济权即为消极性之受益权。积极性之受益权，亦有多种，如生存权、工作权、受教育权等。参见林纪东：《比较宪法》，台湾五南图书出版公司，第 247～251 页。

发展,各国宪法也相应体现了社会性权利的保护内容。

2. 属于积极权利。从国家权力是否作为的角度看,理论上一般将基本权利分为消极权利和积极权利,受益权是以国家权力的积极而适度的作为来实现,故属于积极权利。在经济、社会和文化权利这个集合权利里面,无论是劳动权还是受教育权,均需国家的积极作为,即由国家创造更多的就业机会、改善劳动条件,国家开办学校、提供师资等创造权利实现的可能性。当然,宪法文本往往对受益权规范仅作概括性规定,仍需国家通过立法以及行政权结合社会现状制定更合理的立法或者行政措施,来进一步落实。

3. 以促进社会公平正义为目的。宪法对受益权的保障,旨在保障公民的社会福利,促进社会公平正义,维护公民的基本尊严,由国家对社会资源进行适度的再分配,维系公民人性尊严的基本生活要求,促进社会正义,矫正社会不公平现象,维护社会整体秩序安全。

二、劳动权

现行宪法第 42 条规定:"中华人民共和国公民有劳动的权利和义务。"明确提出劳动既是公民的权利,又是公民的义务,这在我国几部宪法系首次,在国外宪法中也极为罕见。作为宪法权利,劳动权体现的是国家对公民劳动权的保障义务,具有受益权之性质。作为宪法义务,劳动义务应从社会主流价值观来理解。

(一)劳动的权利

劳动权是每个有劳动能力的公民有平等获得劳动机会以及凭其能力自由选择和接受工作,并在劳动中获得劳动报酬及福利待遇的权利。劳动权作为公民的一项受益权,并不意味国家有义务为每个有劳动能力的公民提供工作。公民劳动权的实现,受制于政府能力、市场选择以及劳动者能力等多种因素影响,政府并没有义务保证每一个劳动者得到一份工作。但是,国家有义务采取积极的措施来推进公民的劳动就业,为公民提供更多的劳动就业机会。根据现行宪法第 42 条规定,国家保障劳动权的义务,即国家通过各种途径,创造劳动就业条件,加强劳动保护,改善劳动条件,并在发展生产的基础上,提高劳动报酬和福利待遇,对就业前的公民进行必要的劳动就业训练,等等。

(二)劳动的义务

宪法将劳动规定为一项义务,那么这种义务为怎样的义务?对此,我们是作以下理解的:

一方面,劳动义务具有道德层面的意义。宪法保障公民的基本自由,国家固然不可能强迫劳动者劳动。1919年德国宪法承认了此义务，但也仅认为是道义上的义务，而非法律的义务。[2] 我国对劳动义务规定主要是提倡及鼓励公民从事劳动。现行宪法第42条规定，劳动是一切有劳动能力的公民的光荣职责。国营企业和城乡集体经济组织的劳动者都应当以国家主人翁的态度对待自己的劳动。国家提倡社会主义劳动竞赛，奖励劳动模范和先进工作者。

另一方面，劳动作为宪法的义务的理解是考虑到，劳动不仅是个人维持生存的基本手段，也是社会得以延续发展的重要途径以及社会主流价值观的反映。从个人角度而言，公民进行必要的、适当的劳动，可以为个人提供更加丰富的物质条件；从社会角度而言，公民参加劳动有利于促进整个国家和社会的进步。每一位健康的公民都有义务进行与其身体和智力状况相符合的适度、必要劳动。而作为社会主义国家的公民，应以主人翁的角色参与到国家和社会财富积累过程中来，为社会创造更多的丰富的物质财富，为国家的繁荣、民族的富强、人类文明的进步作出每个公民应有的贡献。

三、休息权

休息权是指劳动者为了享受幸福的生活，保护身体健康，提高劳动效率，在法律和制度规定的工作时间外，享有的休息权利。休息权是为了保障劳动者的身心健康，提高劳动效率，维护劳动者作为人的价值与尊严。

现行宪法第43条规定："中华人民共和国劳动者有休息的权利。"根据现行宪法规定，休息权保障主要表现在，国家发展休息和休养的设施、规定职工的工作时间和休假制度。作为根本法的宪法，不宜对具体内容写得太细，立法机关可以根据宪法制定《劳动法》等一系列法律制度来保障。

四、受教育权

受教育权提出始于1919年德国魏玛宪法，为现代各国宪法普遍保障的权利。受教育权是公民在文化教育领域的重要权利。我国现行宪法第46条规定，中华人民共和国公民有受教育的权利和义务。保障公民受教育权的意义主要体现在以下方面：

首先，受教育权是公民平等参与经济、政治、社会生活的基础。保障公民的受教育权，可以在更大程度上保障公民平等地获取社会发展的机会。因而，在一定程度上讲，受教育权是公民实现其他社会权利的前提条件。

---

〔2〕 王世杰、钱端升：《比较宪法》，中国政法大学出版社1997年版，第131页。

其次,公民受教育是实现社会发展的基本条件。任何社会的发展,都是以人的素质的提高为前提,而人的素质又是通过教育来实现的。所以说,社会的发展必须以教育事业为基础。从这个意义上说,接受教育不仅是个人的事,同时也是公民应尽的义务。

最后,受教育权可以满足公民自我完善、提高物质精神生活的需要。在现代社会中,每个公民不但有物质的需要,还有精神层面的需要。每个公民只有不断地接受教育,才能自我发展和自我完善,实现自身的社会价值。

(一)受教育的权利

受教育的权利,是指公民有从国家获得接受教育的机会以及获得接受教育的物质帮助的权利。其内涵包括一是受教育权是公民追求幸福生活和完善人格的权利不应被剥夺。它的实现固然需要靠自身的努力,但现代社会要求国家根据提供条件来推进受教育权的实现。二是政府在公民受教育权保障中应体现平等原则。政府根据经济发展水平,为每个公民提供义务教育,使每个公民都能有机会享受到教育。政府为每个公民提供公平选择接受教育的机会,包括公平选择义务教育的条件和公平选择受高等教育和其他教育的机会。我国公民受教育权的内容包括,学龄前儿童有接受学前教育的机会;适龄儿童有接受初等教育的权利;公民有接受中等教育、职业教育和高等教育的权利和机会;成年人有接受成人教育的权利;公民有从集体经济组织、国家企业事业组织和其他社会力量举办的教育机构接受教育的机会;就业前的公民有接受必要的劳动就业训练的权利。为了保证公民受教育权的实现,我国立法机关先后制定了《教育法》(1985 年)、《义务教育法》(1986 年)、《高等教育法》(1998 年)、《职业教育法》(1996 年)、《教育法》(1994 年)、《民办教育促进法》(2002 年),来保障公民受教育的实现。

(二)受教育的义务

受教育的义务,主要是指在法律规定的公民义务教育阶段内,适龄子女应主动自觉完成义务教育,家长或监护人应保证适龄子女或被监护人完成义务教育。按照《义务教育法》的规定,国家实行九年义务教育。凡年满 6 周岁的儿童,不论性别、民族、种族,都应当接受规定年限的义务教育。条件不具备的地区,可以推迟到 7 周岁入学。在义务教育期间,政府应免费为公民提供教育设施和免除一切教育费用。

五、文化活动权

文化活动权是指公民有参加有关文化活动的自由以及要求国家保障其正

当的文化活动的权利。文化活动权是文化权利的重要内容,对国家的文化建设、民族的文化水平的提高都有重要的意义。现行宪法第 47 条规定:“中华人民共和国公民有进行科学研究、文学艺术创作和其他文化活动的自由。”依此,在我国,公民文化活动权主要包括科学研究、文艺创作以及其他文化活动的自由。

科学研究自由主要是指,公民有权自由地对科学领域问题进行探讨,任何组织和个人不得非法干涉;公民有权通过各种形式发表研究成果,国家有义务提供必要的物质条件和设施;以及国家积极创造条件,鼓励和奖励科研人员,保护研究成果。我国先后颁布了《中华人民共和国著作权法》、《中华人民共和国学位条例》、《自然科学奖励条例》等法律法规,从法律上保护公民这项自由的实现。文艺创作自由主要是指,公民依法可以自主地选择文艺创作的内容和形式,从事文艺创作活动并发表成果。其他文化活动自由主要是指,公民有权按照自己的意愿和兴趣观赏艺术珍品、欣赏文艺作品以及利用图书馆、博物馆、文化宫、游艺厅等场所进行各种健康的文化娱乐活动。

现行宪法第 47 条规定,国家对于从事教育、科学、技术、文学、艺术和其他文化事业的公民的有益于人民的创造性工作,给予鼓励和帮助。首先,国家保护公民文化活动的权利,仅仅是针对人民有益的合法文化活动。对于不利于人类的创造性工作,严重损害公共利益的文化活动,国家不但不保护而且要通过法律加以限制。任何人不得利用自己的科研成果危害他人利益、国家安全或社会公共利益。其次,国家和社会有义务对在教育、科学、技术、文学、艺术和其他文化领域中作出的贡献的公民和组织给予物质上和精神上的鼓励。同时,国家和社会为在教育、科学、技术、文学、艺术和其他文化活动中作出贡献的公民和组织创造条件、提供帮助,主要是解决经费、设备,建立机构,为吸引和保证优秀人才提供各种机会。为了落实鼓励和帮助措施,我国已经相继制定了《科学技术进步法》、《科学技术进步奖励条例》等多部法律法规,也在知识产权领域制定相关的法律制度,用以鼓励促进科学等文化事业的繁荣发展。

六、物质帮助权

我国现行宪法第 45 条规定公民在特定情况下获得的物质帮助权,具体包括(1)老年人的物质帮助权;(2)患疾病公民的物质帮助权;(3)丧失劳动能力公民的物质帮助权。这些物质帮助常常视为生存权内容。作为公民基本权利的生存权,是为保障公民生存的基本需要,有向国家请求给予生活保障、物质帮助的权利。

此外,我国宪法还提出了建立社会保障制度的目标要求。宪法修正案第23条规定,国家建立健全同经济发展水平相适应的社会保障制度。公民社会保障制度,是为公民个体因年老、疾病、伤残、失业、生育、家人死亡、灾害等事故或风险造成了生活陷入困境或生活质量降低,为保障生存安全或保持一定质量的生活水平和不断提高生活水平的需要,由国家向其提供一定物质帮助为内容的制度架构。

七、特定主体的权益

近现代权利理论是建立在对人的共同性及多样性被普遍认同基础上,这种理论有一个前提,就是对权利主体先验地、平等地预设。这种先验预设并不能完全反映社会的客观实际状况,因为某些权利主体在所处的社会关系对比中或其自身生理等方面的条件限制,相对会处于弱势地位,因而需要有专门的规范对他们的权利进行保护。综观世界各国宪法,一般皆设定了保障弱势者权利的条款。我国宪法对此也作了相关规定,一般称之为"特定主体"的权利。从我国宪法规定来看,特定主体的范围包括妇女、未成年人、老年人、残疾人、少数民族、军烈属、华侨、归侨、侨眷以及在我国境内的外国人。

我国宪法对特定主体权益保护的范围大多为社会性权利,但也不限于这方面的权利内容。以妇女权利保障为例,现行宪法第48条规定:"中华人民共和国妇女在政治的、经济的、文化的、社会的和家庭的生活等各方面享有同男子平等的权利。"其他特定主体的保护条款分别是,现行宪法第44条规定,"退休人员的生活受到国家和社会的保障。"现行宪法第45条规定,"中华人民共和国在年老……的情况下,有从国家和社会获得物质帮助的权利";现行宪法第46条规定,"国家培养青年、少年、儿童在品德、智力、体质等方面的全面发展。"第49条规定,"……儿童受国家的保护……父母有抚养教育未成年子女的义务……禁止虐待儿童……";现行宪法第45条规定,"公民在年老、疾病或者丧失劳动能力的情况下,有从国家和社会获得物质帮助的权利;国家和社会保障残疾军人的生活;国家和社会帮助安排盲、聋、哑和其他有残疾的公民的劳动、生活和教育";现行宪法第45条第2款规定,"国家和社会保障残疾军人的生活,抚恤烈士家属,优待军人家属。"现行宪法第50条规定,"中华人民共和国保护华侨的正当权利和利益,保护归侨和侨眷的合法权利和利益";现行宪法总纲第4条规定,"中华人民共和国各民族一律平等。国家保障各少数民族的合法的权利和利益,维护和发展各民族的平等、团结、互助关系。禁止对任何民族的歧视和压迫,禁止破坏民族团结和制造民族分裂的行为。”“国家根据各少数民族的特点和需要，帮助各少数民族地区加速经济和文化发展”等等。

第七节　公民权利的救济权

公民权利的救济权，是指公民为实现宪法上所保障的各种实体性权利，有向立法、行政或司法机关请求救济的程序性权利。根据大多数国家制度安排，公民有向司法机关裁判请求的诉讼权或向宪法审查机关提起宪法诉讼的救济制度。从我国现行的制度设计看，救济权包括了以下方面内容：

一、司法请求权

我国现行宪法第123、126条规定，人民法院为我国的审判机关，人民法院依照法律独立行使审判权，不受行政机关、社会团体和个人的干涉，人民法院应公开审判且被告人有权为自己的审判获得辩护。结合这一规定，我国立法机关又制定了民事、刑事、行政三大诉讼法律体系，已形成较为完整的权利救济机制，为公民获得司法机关的保护提供制度保障。

二、申诉权

申诉权是指公民认为国家机关或国家工作人员的违法失职行为侵犯了自己的权利后，对有关部门处理结果不服有向有关机关申明理由要求重新处理的权利。申诉分为两种：一是非诉讼申诉，公民对有关机关的处理意见不服而向该机关或其上级机关提出的申诉；二是诉讼申诉，案件的当事人、法定代理人及其他近亲属等公民对法院的判决、裁定不服的，有权向法院或检察院提出申诉，这类申诉权是以客观事实为依据，对司法权利救济存在问题予以纠正的途径。

三、获得国家赔偿权

获得国家赔偿权是指公民的合法权益受到国家机关及其工作人员违法行使职权的行为侵犯并受到实际损害后，有权依法要求国家予以公平赔偿的权利。现行宪法第41条规定，“由于国家机关和国家工作人员侵犯公民权利而受到损失的人，有依照法律规定取得赔偿的权利。”

我国于1994年制定了《国家赔偿法》，对公民取得赔偿的范围、程序、赔偿方式和计算标准等内容作了规定。2010年全国人大常委会通过《国家赔偿法修正案》,对原有立法作了较为全面的修改,主要体现包括扩大了赔偿范围、畅通了求偿渠道、完善了赔偿程序、提高了赔偿标准(包括增设精神抚慰金内容)、改进了经费保障等几个方面。

按照《国家赔偿法》规定,公民取得赔偿分为两种情况:行政赔偿和刑事赔偿。行政赔偿是指行政机关及其工作人员在行使行政职权时侵犯公民人身权和财产权的,受害者有权取得赔偿。刑事赔偿是指行使侦查、检察、审判、监狱管理职权的机关及其工作人员在行使职权时侵犯公民的人身权和财产权的,受害者有权取得赔偿。

延伸阅读

1. 韩大元、王建学编著:《基本权利与宪法判例》,中国人民大学出版社 2013 年版。
2. [日]阿部照哉、池田政章、初宿正典、户松秀典编著:《宪法——基本人权篇》(下册),中国政法大学出版社 2006 年版。
3. [英]约翰·密尔:《论自由》,商务印书馆 2012 年版。
4. [美]保罗·布莱斯特、桑福·列文森、杰克·巴尔金、阿基尔·阿玛:《宪法决策的过程:案例与材料》,中国政法大学出版社 2002 年版。
5. [美]凯斯·桑斯坦等:《权利的成本——为什么自由依赖于税》,毕竟悦译,北京大学出版社 2004 年版。
6. [日]大贺须明:《生存权论》,林浩译,法律出版社 2001 年版。

问题思考

1. 如何理解公民基本权利的确立标准?如何理解宪法中未列举的公民权利?
2. 宪法中的公民基本权利与其他部门法规定的公民权利,在保障效果上有何异同?
3. 消极权利和积极权利的分类标准渐趋模糊,这一分类的根本意义何在?
4. 我国宪法保障公民合法私有财产权,是否表明公民私有财产权是神圣不可侵犯?
5. 我国宪法规定公民的劳动权,公民在失业时,可否要求国家请求提供工作?
6. 辨析"权利救济权"与美国宪法"正当程序"的异同。

第六章 中国宪法中的国家权力

第一节 立 法 权

一、立法权的含义

人类的立法活动由来已久,不同国家的学者对立法的概念却有不同的理解。在我国,立法是指由特定的国家机关,根据一定的职权和程序,制定、认可、修改、补充、废止、解释和监督法的活动。立法活动有多种形式和方式,而"制定法"是其中最基本的一种方式即产生出一个新的规范性文件。目前,在我国这些活动主要表现为:制定、修改和废止法律、法规、规章。

学界对立法权的具体含义进行了不同的界定,主要有广义和狭义两种。广义的立法权,是指一切有权立法的主体行使创制、认可、修改或废止规范性法律文件的权力。狭义的立法权,则指立法机关(议会或者代表机关)行使创制、认可、修改或废止法规范的权力。本章的立法权是指狭义的立法权。立法权在我国的国家权力体系中具有非常重要的地位。

与行政权和司法权等国家权力相比,立法权有自己的特征:

1. 立法权具有排他性或称为独立性。立法权由一国主权者所独立拥有,具有排他性。主权是一个国家所拥有的独立自主地处理其内外事务的最高权力。对内,主权是最高权力,是一切国家权力的来源;对外,主权是独立的权力,具有排他性,在任何情况下不能分割或转让。而立法权作为国家对内主权的重要组成部分和体现,同样也具有独立性、排他性和不可分割、转让的特性。

2. 立法权具有多元性。在一国政权内部,立法权可以由不同的特定主体分别行使,从而具有多元化的特征。近代以来,一国的立法权通常由不同主体分别行使,至于立法权究竟由何特定主体来行使,则因时代和国情的差异而有所不同。也正因如此,才会存在不同类型的立法体制。

3. 立法权具有综合性。立法权与其他国家权力一样是由一系列的实体性子权力和程序性子权力所构成的权力综合体。前者包含了制定权、修改权、废止权、解释权、批准权、认可权、变更权、撤销权、裁定权、否决权等子权力;后者以议会立法为例,至少包含了立法提案权、审议权、表决权和公布权四种程序性子权力。

立法权是有等级层次的权力体系。立法主体地位的高低决定了其所立的法的等级层次的不同,我国是单一制国家,有统一的宪法和最高权力机关;在中央与地方的关系上,地方接受中央的统一领导和监督,其权力来自中央的授予。因而在我国,中央立法权和地方立法权是高低有别的两种立法权。中央国家机关立法的效力高于相对应的地方国家机关立法的效力,上级国家机关立法的效力高于相应下级国家机关立法的效力。

明确各立法主体的立法权力范围,划清其具体界限是值得研究和解决的一个重要问题。立法权限是指立法主体行使立法权的限度和内容范围。主要涉及三个方面的内容:一是在一国政权中行使立法权的立法主体有哪些?二是这些不同的立法主体的地位和所行使的立法权力之间的相互关系如何?三是立法主体各自制定的规范性法律文件的效力等级等。这些具体内容通常由一国宪法或宪法性法律予以规定。《立法法》确立了我国现行的立法权限,规定了中央立法机关以及地方立法机关各自的立法权边界。

现行宪法第3条规定:"中央和地方的国家机构职权的划分,遵循在中央的统一领导下,充分发挥地方的主动性、积极性的原则。"这是中央和地方国家机构职权划分的原则,也是中央与地方立法权关系应遵循的基本原则。具体包括以下两个方面的内容:第一,中央与地方立法权关系中的"不相抵触"原则。特指中央立法权高于地方立法权,地方立法权的行使不得与中央立法权相抵触,二者在法制统一原则的归束下保持和谐。我国是单一制国家,中央对国家实行统一领导,表现在法制上,就是国家维护法制的统一和尊严,一切法律、行政法规和地方性法规都不得同宪法相抵触;行政法规不得同法律相抵触;地方性法规不得同法律、行政法规相抵触。同时,在中央的统一领导下,须发挥地方的主动性和积极性,要赋予地方适当的自主权,表现在立法上,即允许地方拥有一定的立法权限,允许地方根据本地的具体情况和特点,制定相应的规范,对本地的政治、经济、文化实行有效管理。第二,中央与地方立法权关系中的法律保留原则。特指某项立法事项因其影响范围和重要程度,只能由全国人大及其常委会以法律形式制定,即中央保留专有立法事项,地方立法权不得染指。我国《立法法》第8条、第9条即是关于法律保留的规定。修订后的《立法法》将第8条所列举只能制定法律的十个方面事项扩充到十一个方面,增设国有财产的征用事项,把税收作为独立一项,明确"税种的设立、税率的确定和税收征收管理等税收基本制度”只能制定法律。第 9 条规定了相对保留和绝对保留两种情形。

二、中央立法权

(一)中央立法主体

我国中央立法主体(狭义)即中央立法机关是指全国人民代表大会及其常务委员会。现行宪法第 58 条规定:“全国人民代表大会和全国人民代表大会常务委员会行使国家立法权。”可见,中央立法机关的立法权在我国也称为国家立法权。

1. 全国人民代表大会

现行宪法第 57 条规定:“中华人民共和国全国人民代表大会是最高国家权力机关。它的常设机关是全国人民代表大会常务委员会。”我国是人民民主专政的社会主义国家。人民代表大会制度是我国的根本政治制度。人民代表大会由民主选举产生,对人民负责,受人民监督。全国人大是我国的最高国家权力机关,是全国人民的代表机关,是行使国家立法权的机关,是全国人民行使国家权力的最高机关。国家权力属于人民决定了全国人大在我国所有的国家机关中处于最高地位,其他国家机关则处于从属地位。全国人大常委会、国家主席、国务院、国家中央军委、最高人民法院和最高人民检察院均由全国人大产生,对它负责,受它监督。

全国人民代表大会由省、自治区、直辖市、军队和特别行政区选出的代表组成。全国人大每届任期 5 年。

2. 全国人民代表大会常务委员会

全国人民代表大会常务委员会是全国人大的常设机关,是经常行使国家权力的国家权力机关,是中华人民共和国最高国家权力机关的组成部分。全国人大常委会的组成人员由全国人大从代表中选举产生,接受全国人大的监督,对全国人大负责并报告工作。全国人大常委会的地位从属于全国人大,但又高于其他国家机关。

全国人大常委会由委员长、副委员长若干人、秘书长、委员若干人组成。全国人大常委会的组成人员不得担任国家行政机关、审判机关和检察机关的职务。全国人大常委会的每届任期与全国人大的每届任期相同,即 5 年。

委员长、副委员长连续任职不得超过两届。

(二)中央立法权限

现行宪法及《全国人大组织法》、《立法法》等法律明确规定了全国人大及其常委会各自的立法权限。

1. 全国人大行使的立法权

现行宪法第 62 条第 3 项、《立法法》第 7 条第 2 款规定:全国人大有权“制定和修改刑事、民事、国家机构的和其他的基本法律”。

刑事制度方面的刑法和刑事诉讼法、民事方面的民法和民事诉讼法是现代国家的两大法律部门,属于国家的基本法律。它们规定了诉讼活动的基本准则,对保护公民的权利,维护社会秩序和保障国家建设的顺利进行具有十分重要的意义。因此,宪法规定刑事和民事立法权属于全国人民代表大会。

国家机构方面的法律,一般指各种组织法。它们规定国家权力机关、行政机关、审判机关和检察机关的组成、地位、任期及活动原则,属于国家的基本法律。这些法律在国家政治生活中占有重要地位,因此,也必须由全国人大来制定和修改。

“其他的基本法律”从文字上看,是一个比较宽泛的概念,而现行宪法和《立法法》也未对其作出具体规定。结合我国的立法实践,除了前两种基本法律以外,“其他的基本法律”包括:选举法;国籍法;婚姻法;教育法;代表法;工会法;兵役法;民族区域自治法;香港、澳门特别行政区基本法以及一些重要的经济法。这些法律虽然只规定了社会生活中某一个方面的活动原则,但在国家政治生活中却起着重要作用,因此,也应该由全国人大来制定和修改。

2. 全国人大常委会行使的立法权

全国人大常委会是全国人民代表大会的常设机关,根据现行宪法和《立法法》的规定,由全国人大常委会行使的立法权主要有:

(1)制定和修改除应当由全国人大制定的法律以外的其他法律。现行宪法第 67 条第 2 项、《立法法》第 7 条第 3 款规定:全国人大常委会“制定和修改除应当由全国人民代表大会制定的法律以外的其他法律”。这一规定的范围很广,但有一个限制,即除应由全国人大制定的法律以外,其他法律都可以由全国人大常委会制定和修改。

(2)对基本法律进行部分补充和修改。现行宪法第 67 条第 3 项、《立法法》第 7 条第 3 款规定:“在全国人民代表大会闭会期间,对全国人民代表大会制定的法律进行部分补充和修改,但是不得同该法律的基本原则相抵触。”该权力的对象是全国人大制定的基本法律。现行宪法和《立法法》对该权力行使的时间和程度都进行了限制,即必须在全国人大“闭会期间”;只能进行“部分”修改和补充并且还不得与基本法律的基本原则相抵触。如果基本法律需要作全面的较大的修改,应由全国人民代表大会自己来进行。

(3)解释法律。现行宪法第 67 条第 4 项规定,全国人大常委会有权“解释法律”。这里的解释法律既包括对全国人大制定的基本法律的解释,也包括对全国人大常委会自己所制定的其他法律的解释。根据《立法法》第 45 条之规定,法律有以下情况之一的,由全国人大常委会解释:①法律的规定需要进一步明确具体含义的;②法律制定后出现新的情况,需要明确适用法律依据的。全国人大常委会的法律解释同法律具有同等效力。

(4)决定同外国缔结的条约和重要协定的批准和废除。根据现行宪法第 67 条第 14 项规定,全国人大常委会有权决定同外国缔结的条约和重要协定的批准和废除,如 2009 年 4 月 24 日第十一届全国人大常委会第八次会议通过关于批准《中华人民共和国和澳大利亚关于移管被判刑人的条约》的决定。

虽然我国现行宪法与《立法法》对全国人大及其常委会的立法权限都分别作了规定,但这些规定尚不十分具体明确,导致二者的立法权限划分不尽清晰。从实际情况看,存在以下两个问题:第一,“基本法律”和“其他法律”的含义和范围不明确,导致全国人大和全国人大常委会行使立法权的边界不清。第二,“部分”补充和修改基本法律,其中的“部分”的含义不明确,导致全国人大常委会对该项立法权力的行使几乎没有边际。

(三)立法程序

中央立法机关的立法程序是指全国人民代表大会及其常务委员会在制定、认可、修改和废止法律上的工作程序、步骤。现行宪法、《全国人民代表大会组织法》、《立法法》、《全国人民代表大会议事规则》和《全国人民代表大会常务委员会议事规则》对中央立法机关的立法程序作了较为明确的规定。

我国中央立法机关的立法程序大体分为提出法律议案、审议法律草案、通过法律草案、公布法律四个阶段。

1. 提出法律议案

提出法律议案,是指有立法提案权的机关、组织或个人依照法定程序向有立法权的机关提出的有关制定、认可、修改、补充或废止法律的提案。

在我国,有权向全国人民代表大会提出法律议案的是:全国人民代表大会主席团、全国人民代表大会常务委员会、全国人民代表大会各专门委员会、国务院、中央军事委员会、最高人民法院、最高人民检察院、全国人民代表大会的一个代表团、30 名以上的全国人民代表大会的代表联名。向全国人大提出的法律议案是否列入会议议程,如果该法律议案是由主席团、全国人大常委会、全国人大专门委员会、国务院、中央军事委员会、最高人民法院或者最高人民检察院提出的,由主席团决定列入会议议程;如果是由全国人大代表团或者

30名以上代表联名提出的法律议案是否列入会议议程,一是主席团直接决定;二是主席团先将法律草案送交有关专门委员会审议,由专门委员会提出是否列入会议议程的意见再作出决定。

有权向全国人大常委会提出法律议案的是:全国人大常委会委员长会议;国务院;中央军事委员会;最高人民法院;最高人民检察院;全国人大各专门委员会;全国人大常委会组成人员10人以上联名。向全国人大常委会提出的法律议案的处理,与向全国人大提出的法律议案的处理大体相仿。

此外,全国人民代表大会常务委员会以及五分之一以上的全国人民代表大会代表有权向全国人大提出宪法修正案。

2. 审议法律草案

一项法律议案能否通过,成为正式法律要根据审议结果来定,因而这一阶段,是立法程序中最重要的一个步骤。

全国人大审议法律草案的程序大体可分为以下五个步骤:

(1)准备阶段。在法律草案审议前一个月,全国人大常委会办公厅应将正式法律草案送达全国人大的各位代表,并向有关人士询问意见,为审议做准备。

(2)听取关于法律草案的说明。在全国人大审议该项法律议案的第一次全体会议上,提案人须向大会作法律草案的说明,内容包括:立法理由,起草法律草案的简要经过,法律草案的主要内容等。

(3)各代表团和有关专门委员会审议。各代表团和有关专门委员会对法律草案的有关内容进行讨论,发表赞成、反对或修改的意见,再由法律委员会汇总并统一审议。

(4)法律委员会提出审议结果的报告和法律草案修改稿。法律委员会在统一审议后,向大会主席团提出审议结果的报告和法律草案修改稿。

(5)通过审议结果的报告和法律草案修改稿。大会主席团在法律委员会提出审议结果的报告和法律草案修改稿后,要进行认真的审议,决定是否同意这个报告和法律草案修改稿,或进一步提出修改意见,由法律委员会再作修改。大会主席团审议通过后,由大会秘书处将法律草案修改稿、法律委员会审议结果的报告和有关专门委员会的审议意见一并印发与会代表。该法律草案的审议即告结束。

全国人大审议法律草案,通常是一次会议完成。出现特殊情况,可根据《全国人大议事规则》第28条的规定,授权全国人大常委会审议决定,并报全国人大下次会议备案或者提请全国人大下次会议审议。

全国人大常委会审议法律草案的程序也包括五个步骤即准备阶段；听取提案主体的代表对法律草案的说明报告；常务委员会分组会议和有关专门委员会会议初步审议；法律委员会进行统一审议；法律委员会作审议结果的报告。

全国人大常委会审议法律草案，一般要经过两次会议审议，但也有个别法律草案要经过三次甚至四次会议审议。

3. 通过法律草案

通过法律草案是立法的关键步骤，因为它是决定一项法律草案能否成为正式法律的最后阶段。在我国，全国人大及其常委会通过法律都是采用表决通过的方式。根据宪法、法律规定，宪法的修改，要以全国人大全体代表的2/3以上的绝对多数赞成才得以通过。其他法律草案以全体代表或者常务委员会组成人员的过半数赞成通过。根据《全国人大组织法》第 18 条规定，全国人大会议进行选举和通过议案，由主席团决定采用无记名投票方式或者举手表决方式或者其他方式。在立法实践中，以往我国人大及其常委会表决法律草案通常采用举手表决方式，从 1986 年六届全国人大常委会第十五次会议及 1990 年 3 月七届全国人大第三次会议开始，一般采用无记名电子表决器的方式。

4. 公布法律

现行宪法第 80 条规定：中华人民共和国主席根据全国人民代表大会的决定和全国人民代表大会常务委员会的决定，公布法律。

我国法律对国家主席应在法律草案通过后多长时间内公布法律未作具体规定，由于我国国家主席公布法律只是履行一种程序，无实质上的否决权，因此，全国人大或者全国人大常委会通过的法律，一般在通过的当天就由国家主席予以公布。

我国宪法和有关法律对法律公布后何时生效，没有作专门规定，一般都在所公布的法律中规定自身的生效时间。从我国的立法实践来看，法律的生效时间一般有三种方式：第一，自公布之日起生效。第二，在公布的法律上规定一个迟于公布日期的具体生效日期。第三，在公布的法律上规定以一定的条件为该法生效的日期。

我国国家主席公布法律的方式是以“中华人民共和国主席令”的形式公布在《全国人大常委会公报》和中国人大网以及在全国公开发行的报纸上刊载，并以全国人大常委会公报上刊登的法律文本为标准文本。

三、地方立法权

地方立法权是指特定的地方国家机关依法制定的,其效力不超出本行政区域的规范性法律文件的权力。

根据现行宪法、《地方组织法》、《香港特别行政区基本法》、《澳门特别行政区基本法》和《立法法》等宪法性法律以及全国人大及常委会的授权决定,我国现行地方立法包括两类:一是一般地方立法,即省、自治区、直辖市的人大及常委会、设区的市、自治州的人大及其常委会有权制定地方性法规。二是特殊地方立法,包括自治区、自治州和自治县的人大制定自治条例和单行条例;经济特区所在地的省、市的人大及其常委会根据授权进行立法;香港、澳门特别行政区立法会行使高度自治权而制定法律。一般地方立法权与特殊地方立法权的区别,主要是前者在不和宪法、法律、行政法规相抵触的情况下,进行地方立法;后者则是可以根据宪法、法律、行政法规的基本原则进行地方立法,即所谓的变通立法权。

鉴于特殊地方立法在本书的后面章节要作详细的介绍,因此,这里只对我国一般地方立法进行介绍。

地方立法要体现地方特色,必须综合考虑本地区人口数量、地域面积、经济社会发展情况以及立法需求、立法能力等因素,反映本地区的特殊性,有很强的针对性,能够解决本地区实际问题。因此,地方立法与中央立法相比较,有两个重要特征:一是地方立法需要处理的关系比中央立法更复杂、更具体。把握好这一特征,有助于找准地方立法的位置,以符合法制要求、适宜本地情况的立法来解决本地区的具体情况;二是地方立法具有从属与自主两重性。把握好这一特征,有助于在地方立法中防止两种片面性,即既不要照抄照搬上位法,也不要把超越立法权限擅自突破当作地方特色。

我国的立法体制进行了多次改革,逐渐恢复并扩大了地方国家机关的立法权。中央和地方国家机构职权的划分,首先是从立法方面的职权开始的。在中华人民共和国成立以后最初的几年,曾实行中央和地方相结合的立法体制。从1954年宪法颁布以后,由于宪法明确规定,全国人民代表大会是最高国家权力机关,是行使国家立法权的唯一机关,这时中国开始把立法权集中在中央。但这种体制在国家进入新的历史时期以后,又有所改变。1979年第五届全国人大二次会议通过的《地方各级人民代表大会和地方各级人民政府组织法》第6条规定:“省、自治区、直辖市的人民代表大会根据本行政区域的具体情况和实际需要,在和国家宪法、法律、政策、法令不抵触的前提下,可以制定和颁布地方性法规,并报全国人民代表大会常务委员会和国务院备案。"该规定从法律上确认了地方立法权。现行宪法再次肯定了省、自治区、直辖市的人大和它们的常设委员会有制定地方性法规的权力。修订后的《地方组织法》还规定省、自治区人民政府所在地的市和经国务院批准的较大市的人大及其常委会可以制定地方性法规。《立法法》不仅全面确认了以上地方立法权力,而且还进一步规定,经济特区所在地的市的人大及其常委会可以制定地方性法规。2015 年第十二届全国人民代表大会第三次会议通过的《关于修改〈中华人民共和国立法法〉的决定》在前述基础上,赋予设区的市以及自治州的人大及其常委会制定地方性法规的权力,进一步扩大了地方立法的主体范围。现行宪法和上述法律的规定,确立了目前我国的地方立法权限。

(一)地方立法主体

地方立法主体是指依法享有地方立法权的地方国家机关的总称。根据现行宪法和有关法律的规定,一般地方立法的主体包括:省、自治区、直辖市和设区的市、自治州的人大及其常委会。

现行宪法第 96 条规定:"地方各级人民代表大会是地方国家权力机关",包括省、自治区、直辖市、自治州、县、市、市辖区、乡、民族乡、镇的人民代表大会。本级人民政府、人民法院和人民检察院均由它产生,对它负责,受它监督。

地方各级人民代表大会由本行政区域人民选举产生的代表组成。省、自治区、直辖市、自治州、设区的市的人民代表大会由下级人民代表大会选出的代表组成,每届任期 5 年。县、不设区的市、市辖区、乡、民族乡、镇的人民代表大会由选民直接选举的代表组成,每届任期 5 年。

县级以上的地方各级人民代表大会设立常务委员会。县级以上的地方各级人大常委会是本级人民代表大会的常设机关,是在本级人民代表大会闭会期间经常行使地方国家权力的机关,是本级国家权力机关的组成部分,对本级人民代表大会负责并报告工作。县级以上地方各级人大常委会由主任、副主任若干人和秘书长组成,其组成人员均由本级人民代表大会每届第一次会议从代表中选举产生。县级以上的地方各级人大常委会的组成人员不得担任国家行政机关、审判机关和检察机关的职务。常务委员会的任期和本级人民代表大会的每届任期相同,即 5 年。

(二)地方立法权限

地方立法权限是指地方立法主体根据宪法及相关法律的规定,在不与宪法、法律、行政法规相抵触的前提下,制定地方性法规等规范性文件的权力限度和范围。

一般地方的立法权限包括：

1. 省级人大及其常委会的立法权。根据现行宪法、《地方组织法》和《立法法》的规定，省、自治区、直辖市的人民代表大会及其常务委员会，在不同宪法、法律、行政法规相抵触的前提下，可以制定地方性法规，报全国人大常委会和国务院备案。

2. 设区的市、自治州的人大及其常委会的立法权。设区的市、自治州的人民代表大会及其常务委员会根据本地方的具体情况和实际需要，在不同宪法、法律、行政法规和本省、自治区的地方性法规相抵触的前提下，可以对城乡建设与管理、环境保护、历史文化保护等方面的事项制定地方性法规，报省、自治区的人大常委会批准后施行，并由省、自治区人大常委会报全国人大常委会和国务院备案。

《立法法》修订前，市一级地方性法规仅指较大市的地方性法规，较大市包括省、自治区的人民政府所在地的市；经国务院批准的较大市；经济特区所在地的市。修订后的《立法法》删除了关于较大的市的规定，赋予所有设区的市、自治州在特定范围内制定地方性法规的权力，使具有地方立法权的市实现扩围。

地方性法规涉及的范围是很广泛的。根据《立法法》的权限划分，只要不属于中央专属立法事项范围(《立法法》第 8 条规定了 11 项专属立法)，地方性法规都可以涉及。《立法法》规定了地方立法三个方面的内容：一是执行性的，即为执行法律、行政法规的规定，需要根据本行政区域的实际情况作具体规定的事项；二是属于地方性事务的事项，即为统筹推进本行政区域内基本公共服务均等化事务以及其他属于地方性服务的事项，对这类事项中央不可能专门为某个地方立法，只能由地方自己立法；三是中央专属立法权事项之外国家尚未制定法律、行政法规的事项，根据本地方的具体情况和实际需要，可以制定地方性法规。这些事项主要是指宪法和地方组织法规定的县级以上地方各级人大行使的所有职权都可以立法(地方组织法第 8 条规定了 15 个方面)；县级以上地方各级人大常委会行使的所有职权也都可以立法(地方组织法第 44 条规定了 14 个方面)。此外，设区的市、自治州根据以上内容制定地方性法规时，立法事项范围仅限于城乡建设与管理、环境保护、历史文化保护等方面。

在国家制定的法律或者行政法规生效以后，地方性法规同法律或者行政法规相抵触的规定无效，制定机关应当及时予以修改或废止。

根据《地方组织法》和《立法法》的规定，我国地方立法机关的立法程序与中央立法机关的立法程序大体相同，包括地方性法规案的提出、地方性法规案的审议、地方性法规案的表决和批报、地方性法规的公布和备案等阶段。

第二节　行　政　权

一、行政权的概念及特征

关于行政权的概念有执行权说、管理权说等多种观点。通说认为，行政权是指由国家或其他行政主体担当的执行法律对行政事务主动、直接、连续、具体管理的权力，是国家权力的组成部分。

现代行政权相对于传统行政权，最大的不同，就是服务功能的确立，即现代行政管理主要是提供一种服务，是对社会公众的服务，以谋求社会成员共同利益为目的，进行服务式管理，而不是纯粹的管制。其实，现代行政的服务理念在启蒙思想家以及社会主义经典著作当中多有体现。在洛克看来，"国家是由人们组成的一个社会，人们组成这个社会仅仅是为了谋求维护和增进公民们自己的利益"，官长们的职责是"公正无私地行使平等的法律，总体上保护所有的人并具体地保护每一个公民属于今生的对这些东西（生命、自由、健康和疾病以及对诸如金钱、生命、房屋、家具等外在物）的所有权"。[1] 国家为其公民谋求和维护利益，很明显就是一种行政服务。马克思主义认为："人民政府是真正代表人民利益的政府，是为人民服务的政府。"[2]

与立法权和司法权等国家权力相比，行政权有自己的特征。

1. 从属法律性。"行政权的责任承担者不能根据独自的判断进行，而必须根据由代表国民的议会所制定的一般性的规则（法律）进行。"[3] 从属法律性是行政权的最基本特征。它具体表现为以下方面：行政权源于法律、行政权必须依法行使和行政权违法有责。也就是说，法律与行政权力的关系只能是法律高于行政权力，法律支配和控制行政权力。此处的法律，也应该包括宪法，因为宪法本身是法律的一种，美国一位大法官宣称："我们受治于宪法，而所谓宪法不过是法官奉为宪法的法律。"[4]

---

[1] [英]洛克：《论宗教宽容》，吴云贵译，商务印书馆1982年版，第5页。

[2] 《毛泽东文集》（第七卷），人民出版社1999年版，第205页。

[3] [日]藤田宙靖："关于日本的依法行政"，载《法学》1998年第12期，第42页。

[4] 龚祥瑞：《比较宪法与行政法》，法律出版社1985年版，第119页。

2. 公益性。行政权的公益性主要表现在两个方面:一是行政权的产生源自公共利益的需要,即行政权是为了调控人们之间的利益差别和冲突的需要而产生的。主权者的职责取决于人民赋予主权时所要达到的目的,即须为人民求得安全。这种安全不单纯是个体安全,还要保护整体安全与利益。二是行政权的行使必须维护和促进公共利益。行政权的产生是因为公共利益的需要,因此,行政权的行使就必须以公共利益为依归,而不能谋取行政主体或行政人自己的私利。否则,人们就感觉不到幸福,从而失去人们组建国家以最大程度追求幸福的根本目的。

3. 主动性。与立法权的民主性与司法权的被动性不同,行政权的主动性色彩明显。行政事务的扩张以及行政职能的职权化,使得行政权对职责范围内事务的处理更显主动化。

4. 职能扩展及多元性。行政权的扩展主要是指行政权所管辖的事务更加宽泛。如国家对经济的干预是在19世纪末20世纪初开始的,在这以前,西方国家实行自由经济政策。再如,环境保护、社会保障等事务也是在20世纪中叶以后才成为政府的管理对象。随着"福利国家"时代的到来,公众日益要求政府提供社会福利、社会保障、建筑桥梁、维修道路、建造住房等。"今天,除维持治安和确保税收这样一些传统的权力作用外,与人民福利紧密相连的非权力性的管理作用在行政活动领域越来越占了更大的地位。"〔5〕"福利国家、保护国家、助长行政、给付行政等新颖之国家目的观及行政作用论渐渐被接受,行政机能遂呈几何级数之增繁多涉。"〔6〕

5. 强制性。行政权包含了直接使用和指挥军队、警察的权力,带有极强的强制色彩。这种强制性是立法权和司法权所不具备的。当然,强制性本身并不是目的,而是行政权提供公共服务的一种手段,而且不是唯一的手段。另外,这种强制是一种法定的强制,并不是纯粹的暴力。

近代以来行政权概念的提出,伴随着立法权和司法权等两项权力,所以,应该在行政权与立法权、司法权的比较中,界定行政权。与立法权的民主性、司法权的中立性不同,行政权是三权之中最具强制性和扩张性的权力。

宪法是规范国家权力和保障公民权利的根本大法,因此,包括行政权在内的国家权力需要在宪法的框架内行使。宪法对行政权的规制功能,主要表现

---

〔5〕［日］西冈、久·松本、昌悦、川上宏二郎:《现代行政法概论》,康树华译,甘肃人民出版社1990年版,第9页。

〔6〕诚仲模:《行政法之基本理论》,三民书局,第5页。

在两点，即确认越权无效和禁止行政懈怠。所谓越权无效，是指行政权只能在宪法及法律规定的权限范围内行使。与人权的自然法属性不同，行政权来源于实证法律的设定，法无规定皆无权。所谓禁止行政懈怠是指，行政权由宪法及法律设定产生之后，必须依法、充分行使。行政越权是对法定权力的超越，属于非法权力，行政懈怠是对法定权力的懈怠行使，也是不依法行使权力。

二、我国的行政制度及中央国家行政机构的设置

行政制度是指国家为了有效地执行宪法和法律，实现国家的行政职能而依法规定的有关国家行政权限、行政机构、行政领导体制、行政活动和行政监督等方面的规范的总和。广义的行政制度包括总统共和制下的国家元首制度，以及政府制度和公务员制度。

西方国家根据分权学说和政治制度发展的历史，认为总统共和制下的元首权其主要也是执行宪法和法律的一种权力，国家元首在事实上是行政机构的最高领导，所以行政机构一般包括国家元首和政府。

我国人民代表大会制下的国家主席作为国家元首也有明确的权力，且主要也是执行宪法和法律的一种权力，所以我国的行政制度也包括国家主席制度，以及政府制度和公务员制度；我国的行政机构也包括国家主席和政府。

（一）国家主席

根据现行宪法第 80 条和第 81 条规定，我国国家主席被认为是我国的国家元首。国家元首是国家机构的重要组成部分，是国家对内对外的最高代表。世界各国都有国家元首的设置。

我国国家主席是我国国家机构的重要组成部分，由全国人大选举产生，对外代表国家并根据全国人大及其常委会的决定行使其职权。国家主席是一个独立的国家机关，我国人民代表大会制下的国家主席的地位不能超越全国人大，也不能与全国人大平行。

国家主席和副主席都由全国人大选举产生。国家主席和副主席候选人的法定资格是：第一，必须是中华人民共和国公民；第二，必须享有选举权和被选举权；第三，必须年满 45 周岁。

国家主席和副主席的任期同全国人大每届任期相同，即 5 年，连续任职不得超过两届。宪法限制国家主席和副主席的任期，旨在保证国家领导成员的正常交替和更新，消除国家领导人职务终身制。宪法规定，当国家主席缺位时，由副主席继任主席职位。当副主席缺位时，由全国人大补选。当国家主席和副主席都缺位时，应由全国人大补选，补选之前，由全国人大常委会委员长暂时代理主席职位。

国家主席根据宪法的规定,行使以下职权:

1. 公布法律权。全国人大及其常委会通过的法律,必须由国家主席以命令的形式予以颁布实施。这是一个重要的立法程序,法律只有经过主席签署和公布后才能产生效力。由于国家主席只能根据全国人大及其常委会的决定行使职权,其地位从属于全国人大,因此国家主席对全国人大及其常委会通过的法律无否决权,也不得将法案退回要求重新审议。

2. 公布命令权。国家主席根据全国人大及其常委会的决定,有权发布特赦令,宣布进入紧急状态,宣布战争状态,发布动员令。

3. 提名权和任免权。国家主席有权向全国人大提出国务院总理人选;根据全国人大及其常委会的决定,任免总理、副总理、国务委员、各部部长、各委员会主任、审计长、秘书长。

4. 外交权。国家主席代表国家,进行国事活动,接受外国使节;根据全国人大常委会的决定,派遣和召回驻外全权代表,批准和废除同外国缔结的条约和重要协定。

5. 荣典权。国家主席根据全国人大及其常委会的决定,授予国家的勋章和荣誉称号。

宪法虽然没有具体规定国家副主席的职权,但规定副主席协助主席工作并受主席委托可以代行主席的部分职权。从法律上讲,副主席受主席委托处理的国家事务或者进行的国家行为,具有与国家主席同等的法律效力。

(二)中央军事委员会

中央军事委员会是我国武装力量的领导机关。从性质上看,军事权并不简单属于行政权的范畴。但是,中央军委的组成与权力的行使和行政机关相似,因此,本书将中央军委的介绍放置在此部分。

现行宪法第93条规定:“中华人民共和国中央军事委员会领导全国武装力量。”宪法同时规定,中央军事委员会由主席1人、副主席若干人、委员若干人组成。中央军事委员会主席由全国人大选举产生。根据中央军事委员会主席的提名,全国人大决定中央军事委员会其他组成人员的人选;在全国人大闭会期间,根据中央军委主席的提名,由全国人大常委会决定中央军事委员会其他组成人员的人选。中央军事委员会每届任期同全国人大每届任期相同,即5年。但宪法对中央军事委员会主席和副主席的连任未作规定。

宪法规定,中央军事委员会实行主席负责制。具体表现为:第一,中央军事委员会副主席及其他组成人员的人选是根据中央军事委员会主席的提名由全国人大或全国人大常委会决定。第二,由中央军事委员会主席对全国人大及其常委会负责,而非中央军事委员会集体向全国人大及其常委会负责。第三,有关重大问题在经过中央军事委员会集体讨论后,由中央军事委员会主席作出决定;中央军事委员会其他组成人员必须接受中央军事委员会主席的领导;中央军事委员会发布的军令和其他命令必须由中央军事委员会主席签署才具有法律效力。

中央军事委员会具体行使军事指挥权、对军队官员的人事任命权、军事立法权等,但我国宪法却没有明确规定,仅作了概括性规定。

(三)国务院

现行宪法第85条规定:"中华人民共和国国务院,即中央人民政府,是最高国家权力机关的执行机关,是最高国家行政机关。"

现行宪法第86条规定,国务院由总理1人、副总理若干人、国务委员若干人、各部部长、各委员会主任、审计长和秘书长组成。同时宪法规定,国务院总理由国家主席提名,全国人大决定,国家主席任命;国务院副总理、国务委员、各部部长、各委员会主任、审计长和秘书长由国务院总理提名,全国人大决定,国家主席任命。在全国人大闭会期间,根据国务院总理提名,全国人大常委会决定部长、委员会主任、审计长和秘书长的人选,由国家主席任命。

国务院的任期与全国人大每届任期相同,即5年。总理、副总理、国务委员连续任职不得超过两届。

现行宪法第86条规定:"国务院实行总理负责制。各部、各委员会实行部长、主任负责制。"国务院实行总理负责制的具体表现:第一,国务院其他组成人员的人选由总理提名,经全国人大或全国人大常委会决定;在必要时,总理有权向全国人大或全国人大常委会提出免除他们职务的请求。第二,国务院总理领导国务院工作,副总理、国务委员协助总理工作,各部部长、各委员会主任负责某一方面的专门工作,他们都必须向总理负责。第三,总理主持和召集国务院全体会议或常务会议讨论重大问题,议题由总理确定,会议在讨论问题时不进行表决,而是在集体讨论的基础上由总理最后决定,并形成国务院的决定。第四,国务院制定的行政法规,发布的决定、命令,向全国人大或全国人大常委会提出的议案及国务院任免人员的决定,必须由总理签署。总理负责制是与国务院集体的作用结合在一起的,总理的决定是建立在国务院全体会议或常务会议充分讨论的基础之上的,所以这种领导体制是民主集中制原则在行政机关中的具体运用。

根据现行宪法第89条规定,国务院享有以下职权:

1. 行政立法权。国务院有权制定行政法规。行政法规是指国务院为了执行宪法和法律而制定和颁布的有关行政机关的活动准则、行政权限、行政工作制度和行政管理制度等方面的规范性文件。国务院在行政管理工作中认为必要时,或者为了执行法律和全国人大及其常委会的决定,有权规定行政措施,发布决定和命令。国务院的行政立法权只是行使行政权的一个重要方面,不能等同于全国人大及其常委会的立法权。所以,国务院制定的行政法规和规章的法律效力低于宪法和法律,其内容不得与宪法和法律相抵触。国务院的行政立法权还包括授权立法在内。国务院制定行政法规和规章的权力来自宪法的规定,它只能在自己的职权范围内行使。但是国务院经过国家权力机关的特别授权,可以就本应由权力机关管辖的事务制定行政法规。授权的范围只限于经济体制改革和对外开放方面且制定法律的条件尚不完善的事务。一旦条件成熟便由全国人大或全国人大常委会制定法律。因此,国务院制定的这些行政法规具有暂时性,并且必须符合法律和全国人大及其常委会有关决定的基本原则。

2. 提出议案权。国务院有权向全国人大及其常委会提出议案:第一,国民经济和社会发展计划以及计划执行情况;第二,国家预算以及预算执行情况;第三,必须由全国人大常委会批准和废除的同外国缔结的条约和重要协议;第四,国务院组成人员中必须由全国人大或者全国人大常委会决定任免的人选;第五,在国务院职权范围内的其他必须由全国人大或者全国人大常委会审议和决定的事项。

3. 行政领导和管理权。国务院有权规定各部委的任务和职责,统一领导各部委的工作;国务院有权统一领导全国地方各级国家行政机关的工作,规定中央、省、自治区、直辖市的国家行政机关职权的具体划分。国务院有权管理全国性的行政工作,包括编制和执行国民经济和社会发展计划以及国家预算;领导和管理经济工作和城乡建设;领导和管理教育、科学、文化、卫生、体育和计划生育工作;领导和管理民政、公安、司法行政和监察等工作;管理对外事务,同外国缔结条约和协定;领导和管理国防建设事业;领导和管理民族事务;保障少数民族的平等权利和民族自治地方的自治权;保护华侨的正当权利和利益,保护归侨和侨眷的合法权利和利益;批准省、自治区、直辖市的区域划分,批准自治州、县、自治县、市的建置和区域划分;决定省、自治区、直辖市范围内部分地区进入紧急状态。

4. 行政监督权。第一,国务院有权改变或者撤销各部委发布的不适当的命令、指示和规章;有权改变或者撤销地方各级国家行政机关的不适当的决定和命令。第二,对各部委、地方各级行政机关及其工作人员是否履行法定职责进行监督;对各级行政机关及其工作人员的违法失职行为进行处理;依照法律规定任免、培训、考核和奖惩行政人员。国务院设立监察机关对国务院各部门及国家公务员、国务院及国务院各部门任命的其他人员、省、自治区、直辖市人民政府及其领导人进行监察,并统一领导全国的监察工作。第三,国务院设立审计署,对国务院各部门和地方各级政府的财政收支,对国家的财政金融机构和企事业组织的财务收支进行审计监督。审计机关根据其审计的情况,有权作出审计结论,对违反国家财政法规和财政纪律的机关和个人作出处理决定。

三、地方国家行政机关及其职权

地方国家行政机关主要是指地方各级人民政府。地方各级人民政府依行政区域设立。根据宪法和地方组织法的规定,地方人民政府一般为四级:省(自治区、直辖市)人民政府、市(自治州)人民政府、县(自治县、县级市、市辖区)人民政府、乡(民族乡、镇)人民政府。现行宪法第105条规定:“地方各级人民政府是地方各级国家权力机关的执行机关,是地方各级国家行政机关。”

根据《地方组织法》的规定,省、自治区、直辖市、自治州、设区的市的人民政府分别由省长、副省长,自治区主席、副主席,市长、副市长,州长、副州长以及秘书长、厅长、局长、委员会主任组成。县、自治县、不设区的市、市辖区的人民政府分别由县长、副县长,市长、副市长,区长、副区长及局长、科长组成。乡、民族乡、镇的人民政府由乡长、副乡长,镇长、副镇长组成。省长、副省长,自治区主席、副主席,市长、副市长,州长、副州长,县长、副县长,区长、副区长,乡长、副乡长,镇长、副镇长分别由本级人大选举产生;秘书长、厅长、局长、主任、科长的人选,分别由本级人大常委会决定。

地方各级人民政府每届任期5年。

省、自治区人民政府在必要时,经国务院批准,可以设立若干派出机构,称行政公署。它不是一级政权机关,而是代表省、自治区人民政府督促、检查、领导所属县、市、自治县人民政府的工作,办理上级人民政府主管部门交办的事项。县、自治县人民政府在必要时,经省、自治区、直辖市人民政府的批准,可以设立若干区公所,作为它的派出机构,主要任务是执行上级国家机关的决议,办理县、自治县人民政府交办的事项。市辖区、不设区的市的人民政府,经上级人民政府批准,可以设立若干街道办事处,作为它的派出机构,指导居民委员会的工作。

地方各级人民政府实行首长负责制。现行宪法第105条规定,地方各级人民政府实行省长、市长、县长、区长、乡长、镇长负责制。他们对上级人民政府和本级人大及其常委会承担行政领导责任,分别主持地方各级人民政府的工作。

依据现行宪法及法律,地方各级人民政府的行政职权包括:

1. 制定规章。根据《地方组织法》的规定,县级以上地方人民政府可以制定行政措施,发布决定和命令。《立法法》第82条规定:"省、自治区、直辖市和设区的市、自治州的人民政府,可以根据法律、行政法规和本省、自治区、直辖市的地方性法规,制定规章。地方政府规章可以就下列事项作出规定:(一)为执行法律、行政法规、地方性法规的规定需要制定规章的事项;(二)属于本行政区域的具体行政管理事项。设区的市、自治州的人民政府根据本条第一款、第二款制定地方政府规章,限于城乡建设与管理、环境保护、历史文化保护等方面的事项。已经制定的地方政府规章,涉及上述事项范围以外的,继续有效。除省、自治区的人民政府所在地的市,经济特区所在地的市和国务院已经批准的较大的市以外,其他设区的市、自治州的人民政府开始制定规章的时间,与本省、自治区人民代表大会常务委员会确定的本市、自治州开始制定地方性法规的时间同步。应当制定地方性法规但条件尚不成熟的,因行政管理迫切需要,可以先制定地方政府规章。规章实施满两年需要继续实施规章所规定的行政措施的,应当提请本级人民代表大会或者其常务委员会制定地方性法规。"

2. 执行决议。执行本级人大及其常委会的决议,执行上级国家行政机关的决定和命令,执行本行政区域内的国民经济和社会发展计划以及国家预算。

3. 管理各项行政工作。管理本行政区域内的经济、教育、科学、文化、卫生、体育事业、环境和资源保护、城乡建设事业和财政、民政、公安、民族事务、司法行政等行政工作;依照法律的规定,任免、培训、考核和奖惩国家行政机关工作人员;办理上级国家行政机关交办的其他事项;县级以上各级人民政府领导所属各工作部门和下级人民政府的工作。

4. 地方行政监督权。县级以上地方各级人民政府有权改变或者撤销所属各工作部门的不适当的命令、指示和下级人民政府的不适当的决定和命令;依照法律规定,设立监察机关,对本级人民政府各部门及国家公务员、本级人民政府和本级人民政府各部门任命的其他人员、下级人民政府及其领导人实施行政监察;依照法律规定设立审计机关,对本级人民政府和政府各部门、本行政区域内的国家金融机构和企事业组织的财政收支进行监督。

5. 依法保障各方面权利。在本行政区域内,保护社会主义全民所有的财产和劳动群众集体所有的财产，保护公民私人所有的财产；维护社会秩序，保障公民的人身权利、民主权利和其他权利；保护各种经济组织的合法权益；保障少数民族的权利，尊重少数民族的风俗习惯，帮助本行政区域内各少数民族在聚居的地方依照宪法和法律规定实行区域自治，帮助各少数民族发展政治、经济、文化事业；保障宪法和法律赋予妇女的男女平等、同工同酬和婚姻自由等各项权利。

第三节　司　法　权

一、司法权的含义

早在古希腊时代，亚里士多德在《政治学》一书中就有将城邦的职能划分为议事、行政和审判三种职能的论述。即便如此，在整个封建社会，君主拥有一切权力，集立法、行政和司法三权于一身，司法权仅为君主权力的一部分。直到17、18世纪资产阶级革命时期，资产阶级启蒙思想家洛克在《政府论》中，将国家权力划分为立法权，执行权和对外权三种。洛克的分权学说实际上是把国家权力分成两个部分，即制定法律和执行法律，因为对外权实际上包含在执行权中。由于他对司法权没有足够的认识，没有提出司法权的分立。所以洛克提出的三权实际上只有两权。法国的思想家孟德斯鸠在洛克的基础上，进一步将分权理论完善。他在《论法的精神》一书中认为：国家权力分为立法、行政和司法三部分，分别由三个不同的机关独立行使；三个机关在行使权力的同时必须相互制约保持平衡；国家权力只有在既分立又制衡的状态下，才能防止权力滥用，保障公民的自由。此后，西方法学家普遍认为立法、行政、司法三权的性质不同，只有权力分立，以权制权，才能防止专断，保证公民的权利和自由不受侵犯。英国在1679年《人身保护法》和1701年《王位继承法》中确立了司法独立原则，司法权由法院独立行使，法院的地位独立，促成了近现代司法制度的萌芽。美国1787年联邦宪法也确认了司法权属于法院，由此可见，近现代意义的司法权是独立于立法权、行政权以外的一种国家权力。

关于司法权的含义人们在认识和理解上存在差异。早期的司法权仅指民事、刑事案件的审判；随着时代的变迁，法国将行政案件的裁判纳入司法权中，使司法权的范围有所扩大；进入20世纪以后，随着美国违宪审查制度的确立，对违宪立法的审查权多由司法机关掌握，因此司法权的范围进一步扩大，司法权还包括违宪审查权。从司法权的历史观察，司法权的含义有由狭义向广义发展的趋势。从司法权的起源看,民事诉讼和刑事诉讼的审判,是司法权最基本的内容,行政诉讼审判、公务员的惩戒、违宪立法的审查等,为其后列入司法权的内容。[7]

司法权有狭义与广义两种解释。狭义的司法权指的是审判权,即审判机关通过诉讼案件的审讯、判决以执行法律权;广义的司法权则除审判权之外,还包括仲裁、调解、公证、对公务员的惩戒以及对法官和律师的培训与任用等多方面的权力,有的国家还把法律的违宪审查权置于司法权之内,称之为司法审查。[8]

从西方国家宪法对司法权的规定看,司法权是法院所行使的权力,解释法律、适用法律、审判诉讼和裁判案件是司法机关最重要的权力。司法权的范围在各国的表现并非一致,在普通法系国家如英国、美国等,司法权仅指审判权,检察权属于行政权范围;而在大陆法系国家如法国、葡萄牙等,司法权包括审判权和检察权两个方面。但是无论是普通法系国家还是大陆法系国家,审判权均为司法权的核心。我国是社会主义国家,不实行三权分立,但国家机关实行分工与合作的原则,故而将人民法院和人民检察院行使的权力称为司法权,以区别于全国人民代表大会的立法权和国务院的行政权。

同立法权、行政权相比较,司法权具有以下特点:

1. 司法权的被动性。即法院不能主动地提起诉讼,而是采用"不告不理"的原则,被动地行使职权。

2. 司法权的独立性。即法官既不受立法机关、行政机关、党派和个人的干涉,也不受上级法院的影响,只服从立法机关制定的具有普遍约束力的规范或法院自己创造的判例,依良心独立行使职权。

3. 司法权的特定性。立法机关或行政机关在行使职权时,可以针对普遍的情况,一般的人作出具有普遍约束力的决定。而司法机关只能针对具体的案件,具体的人作出具体的判决,不得对"政治问题"或抽象问题进行干涉。

4. 司法权的多级性。为了保证法院公正地裁判,各国法院往往设有多级,对下级法院的裁判不服或有异议时,可以依法逐级上诉,从而构成了一套与行政、立法程序不同的多级性的审判程序。

---

〔7〕 韩大元主编:《比较宪法学》,高等教育出版社2003年版,第343页。

〔8〕 何华辉:《比较宪法学》,武汉大学出版社1988年版,第306页。

二、司法原则

司法原则即司法权行使的原则，是指贯穿于司法权运作过程中的准则和基本精神。它是实现法治国家所追求的自由、平等、人权等目标的必然要求，也是民主政治在司法活动中的具体体现。司法原则包括：

(一)司法独立原则

从近代民主宪政的角度而言，司法独立包括以下内容：

1. 司法独立是指司法权的独立。即司法权是独立于立法权和行政权以外的一种国家权力。司法机关独立行使司法权，不受其他任何机关和个人的干预。在立法、行政、司法三权中司法权处于相对弱势地位以及司法权的被动性特点，只有使其独立，才能与行政权、立法权形成制约和抗衡，以免受其他两权的侵犯。故而应当强调司法权与立法权、行政权的独立。

2. 司法独立是司法机关职能的独立。具体来说，司法机关职能独立，一方面是指司法机关外部独立于行政机关和立法机关，即司法权只能由司法机关独立行使，其他国家机关不能行使应当由司法机关行使的权力，也不得控制和干涉司法机关行使职权；另一方面是指司法机关内部独立，即司法机关在进行司法活动时，只服从国家的宪法和法律，不受同级司法机关或上级司法机关干涉。

3. 司法独立是法官的独立。司法机关主要通过法官的工作来行使司法权。要保证司法机关客观公正地进行审判，除要求司法机关的工作不受其他机关的干涉外，还要求法官的意志不受其他因素的干扰，为保证法官秉公执法，对法官的任期和薪俸进行规定就显得非常必要。最早确立法官任期终身和领受高薪的是英国。英国1701年王位继承法规定，法官只要行为端正，得终身任职，法官非依国会奏请弹劾不得免职。英国大法官的年薪同首相一样。美国1787年联邦宪法规定，最高法院和低级法院的法官如忠于职守，得终身任职，在其任职期间得领受酬金，其金额在连续任职期间不得减少。美国联邦最高法院的首席大法官的年薪与副总统持平。

我国是社会主义国家，不实行三权分立，只实行国家机关职能分工。我国的司法机关独立行使审判权和检察权，不受其他机关和个人干涉，是司法机关职能独立的表现。我国国家权力统一由人民代表大会行使，司法机关由人大产生，向它负责，受它监督，司法机关的地位低于国家权力机关。因此，我国的司法机关有自己的特点，不能用外国的司法独立来解释我国的司法权和司法机关。

(二)平等保护原则

诉讼双方当事人地位平等,并受同一法院管辖,双方当事人平等享有同样的法律程序,平等适用同样的法定手续,不能因双方的民族、种族、宗教信仰、受教育程度、财产状况、社会地位的不同,而给予差别对待,它是实现"公平审判"的前提。

(三)公平正义原则

公平正义对司法机关而言是指法律适用上的公平正义,意指现行法所设定的内容被司法机关准确地在裁判中加以贯彻实施。公平正义原则就法院而言至少包括以下几方面内容:

1. 法院的公正,法院和法官被视为正义的化身而受到人们的尊敬和信赖,但是唯有依据国家宪法和法律设置的其活动符合宪法和法律要求的法院才有可能实现公平正义地进行审判,以保护公民的合法权利。

2. 诉讼程序的公正。诉讼程序是法律规定的法院在审判案件时应遵守的程序。诉讼程序的公正即诉讼程序对任何人都同样适用,不得因出身、信仰、性别、语言、种族、职业等差别而受到差别对待,也就是要给每个人平等的机会。

3. 处罚的公正,指法院作出的裁判责令公民承担的法律责任应同其在法律上的过错及产生的不良后果的程度相适应,就刑事审判而言,即是罪刑相当。无论何人犯了同样的罪,就应处以同种的刑罚,正如《人权宣言》第6条规定:"法律对于所有的人,无论是施行保护或处罚都是一样的。"

三、人民法院

(一)人民法院的性质和任务

现行宪法第123条规定,中华人民共和国人民法院是国家的审判机关,这表明,人民法院是我国唯一享有审判权的国家机关,人民法院依照法律独立对刑事案件、民事案件、行政案件以及其他案件进行审理并作出判决。审判权是国家权力的重要组成部分,人民法院依法独立行使审判权,是国家权力在国家机构中的职能分工,人民法院以外的其他任何国家机关,社会团体和个人都无权进行审判。中华人民共和国的任何公民和组织都有不受人民法院以外的任何机关的非法审判的权利。

根据《人民法院组织法》的规定,人民法院的任务是通过审判活动,惩办一切犯罪分子,解决各类纠纷,以保卫人民民主专政制度,维护社会主义法制和社会秩序,保卫社会主义全民所有制财产、劳动群众集体所有制财产,保护公民私人所有的合法财产，保护公民的人身权利、民主权利和其他权利，保障国家的社会主义建设事业顺利进行。人民法院还要通过自己的审判活动对公民进行法制教育和忠于社会主义祖国的教育。

（二）人民法院的组织系统和职权

我国人民法院以行政区域为基础，以便于审判工作的顺利进行和方便公民参加诉讼为原则而设置。根据宪法和《人民法院组织法》的规定，我国的人民法院组织系统由最高人民法院、地方各级人民法院和专门人民法院组成，实行四级两审终审制。

1. 最高人民法院

最高人民法院是国家最高审判机关，由院长、副院长、审判委员会委员、庭长、副庭长和审判员组成，向全国人民代表大会和全国人民代表大会常务委员会负责。最高人民法院院长由全国人民代表大会选举和罢免，副院长、审判委员会委员等其他组成人员由院长提请全国人大常委会任免。

最高人民法院同地方各级人民法院和专门人民法院之间的关系是监督与被监督、指导与被指导的关系，它通过自己的审判活动依法监督和指导地方各级人民法院与专门人民法院的审判工作。

根据现行宪法和法律的规定，最高人民法院的职权包括：(1)对全国性的重大刑事案件和在全国有重大影响的经济、民事和行政案件以及它认为应当由它自己审理的案件有一审管辖权。(2)对不服高级人民法院的一审判决和裁定的案件有上诉管辖权，此外，它还审判最高人民检察院依审判监督程序提出的抗诉案件。(3)对地方各人民法院已经发生法律效力的判决和裁定，如果发现确有错误，有权提审或指令下级人民法院再审。(4)核准死刑。(5)对于在审判过程中如何具体应用法律的问题进行司法解释。(6)负责管理全国各级人民法院的设置、人员编制等司法行政工作。

2. 地方各级人民法院

我国的地方各级人民法院分为高级人民法院、中级人民法院和基层人民法院三级。

高级人民法院设在省、自治区、直辖市内，由院长、副院长、审判委员会委员、庭长、副庭长和审判员组成，向同级人民代表大会及其常务委员会负责并报告工作。院长由本级人民代表大会选举和罢免，其他组成人员由院长提请本级人大常委会任免。高级人民法院的职权包括：(1)对全省（自治区、直辖市）性的重大刑事案件或在本辖区内有重大影响的民事案件和行政案件有一审管辖权。(2)对不服中级人民法院和海事法院的一审判决和裁定的案件有上诉管辖权。此外,它还要审理人民检察院按照审判监督程序提出的抗诉案件。(3)对下级人民法院已经发生法律效力的判决和裁定,如果发现确有错误,有权提审或者指令下级人民法院再审。(4)复核由中级人民法院判决的死刑案件。

中级人民法院包括省、自治区内按地区设立和直辖市内设立的中级人民法院以及设区的市、自治区内设立的中级人民法院。它的组成人员同高级人民法院相同,省、自治区内按地区设立和直辖市内设立的中级人民法院向省、自治区和直辖市人民代表大会及其常务委员会负责,院长由省、自治区或直辖市人大常委会根据主任会议的提名决定任免。其他组成人员由高级人民法院院长提请本级人大常委会任免。市、自治州内设立的中级人民法院对本级人民代表大会及其常务委员会负责并报告工作,院长由本级人大选举和罢免,其他组成人员由院长提请本级人大常委会任免。中级人民法院的职权包括:(1)对下列案件有一审管辖权:危害国家安全案件;可能判处无期徒刑、死刑的普通刑事案件;外国人犯罪的刑事案件;本辖区内重大的涉外民事案件;本辖区内有重大影响的民事案件;最高人民法院确定由中级人民法院管辖的民事案件;确认发明专利权的案件;海关处理的案件;对国务院各部委或者省、自治区、直辖市人民政府所作的具体行政行为提起诉讼的案件,本辖区内重大、复杂的行政案件。(2)对不服基层人民法院一审判决和裁定的案件有上诉管辖权,对人民检察院提出的抗诉的案件进行审理。(3)对基层人民法院已经发生法律效力的判决和裁定,如果认为确有错误有权提审或者指令基层人民法院再审。

基层人民法院是设在县、自治县、不设区的市和市辖区内的人民法院,为了方便公民进行诉讼和迅速处理案件,它可以视具体情况,在本辖区内设立若干人民法庭作为派出机构,人民法庭的判决和裁定就是基层人民法院的判决和裁定。基层人民法院向同级人民代表大会及其常务委员会负责并报告工作,其组成人员与中级人民法院相同,院长由同级人民代表大会任免,其他组成人员由院长提请同级人民代表大会常务委员会任免。基层人民法院的职权包括:(1)对刑事、民事、行政案件有一审管辖权,但法律规定由最高人民法院、高级人民法院和中级人民法院管理的一审案件除外;(2)处理不需要开庭审判的民事纠纷和轻微的刑事案件;(3)指导本辖区内人民调解委员会的工作。

3. 专门人民法院

专门人民法院是在特定部门设立的对特定案件进行审判的人民法院,它不是按照行政区域设立的,受理与设立部门工作有关的特定案件,不受理一般的,普通的刑事、民事、行政案件。目前,我国的专门人民法院包括军事法院、海事法院和森林法院。根据人民法院组织法的规定,专门法院和各级人民法院共同行使国家审判权,其组织和职权由全国人民代表大会常务委员会另行规定。

(三)人民法院的审判工作原则和制度

1. 法院在适用法律上一律平等

《人民法院组织法》规定:"人民法院审判案件,对于一切公民,不分民族、种族、性别、职业、社会出身、宗教信仰、教育程度、财产状况、居住期限,在适用法律上一律平等,不允许有任何特权。"这是宪法规定公民在法律面前一律平等在法院审判工作中的体现,即人民法院在审判工作中,对公民的合法权益要依法平等保护,对于公民的违法行为要依法予以追究。在适用法律上既不允许有特权,也不允许有歧视,以实现司法公正。

2. 依法独立审判

现行宪法和《人民法院组织法》均规定:人民法院依照法律规定独立行使审判权,不受行政机关、社会团体和个人的干涉。这一原则要求人民法院在审理案件时,必须以事实为依据,以法律为准绳,依法独立地进行审判活动,只服从法律。任何行政机关、社会团体和个人均无权干涉人民法院的审判活动,以保证国家审判权的统一行使,保证审判工作的正常进行,保障人民法院审判活动的严肃性和公正性。

人民法院独立行使审判权并不意味着法院不受任何机关的领导和监督。人民法院的审判工作依照宪法和法律的规定应受人民代表大会及其常务委员会的监督,同时,人民法院的审判工作还应受人民检察院的监督。但这种监督是对人民法院的审判工作是否合法、是否公正和客观进行监督,而不是对人民法院独立行使审判权的干涉,其目的在于确保人民法院秉公执法,不断提高审判人员的思想和业务水平。

3. 公开审判

现行宪法和《人民法院组织法》规定:人民法院审理案件,除涉及国家机密、个人隐私和未成年人犯罪案件外,一律公开进行。公开审判原则指对当事人和其他诉讼参与人公开,向社会公开。允许群众旁听,允许新闻记者采访和报道。贯彻这一原则有助于公民直接参与监督人民法院的审判活动,有助于增强审判人员的责任感,通过人民法院的审判活动也有利于对公民进行法制宣传和法制教育,提高公民的法律意识和素质。

4. 被告人有权获得辩护

被告人在诉讼中有权获得辩护,是法治国家普遍赋予被告人的一项基本诉讼权利,也是我国宪法所确认的一项诉讼原则。现行宪法规定:"被告人有权获得辩护。"《人民法院组织法》规定:"被告人除自己进行辩护外,有权委托律师为他辩护,可以由人民团体或者被告人所在单位推荐的或者经人民法院许可的公民为他辩护,可以由被告人的近亲属、监护人为他辩护。人民法院认为必要的时候,可以指定辩护人为他辩护。"这一原则的贯彻有利于切实保障被告人的辩护权,有利于人民法院全面地弄清案情,正确地认定事实,准确地适用法律和公正地作出判决。

5. 使用本民族语言文字进行诉讼

我国是一个统一的多民族国家,为体现民族平等和民族团结,现行宪法规定,各民族公民都有用本民族语言进行诉讼的权利。人民法院和人民检察院对于不通晓当地通用的语言文字的诉讼参加人,应当为他们翻译。在少数民族聚居或者多民族杂居的地区,人民法院应当用当地通用的语言文字进行审理,起诉书、判决书、布告及其他有关司法文书应当根据当地实际需要使用当地通用的一种或几种文字。这一原则有利于维护民族平等和加强民族团结,有利于各民族公民了解法院审理案件的情况,有利于当事人行使法定的诉讼权利,便于人民法院查清案情并作出正确的判决。

6. 回避制度

回避制度是指审判人员与他们经办的案件或者案件的当事人有某种利害的关系,可能影响审判的公正,因而不能参加审理该案件的制度。根据法律的规定,当事人如果认为审判人员与本案有利害关系或者有其他关系不能公正审判,有权请求审判人员回避。审判人员是否应当回避,由本院院长决定。另外,审判人员如果认为自己与本案有利害关系或者其他关系,需要回避时,应当报告本院院长决定。实行回避制度,可以防止审判人员徇私舞弊,偏袒一方,保证案件公正审判。

7. 合议制

人民法院审理案件时采取的组织形式有两种:一是独任制,即由审判员一人审理。二是合议制,即由审判员或者审判员与人民陪审员组成合议庭审理。合议制是人民法院审理案件的基本组织形式。按照《人民法院组织法》规定:"人民法院审判第一审案件,由审判员组成合议庭或者审判员与人民陪审员组成合议庭进行;简单的民事案件、轻微的刑事案件和法律另有规定的案件,可以由审判员一人独任审判。"此外,人民法院审理上诉案件和抗诉案件,必须由审判员组成合议庭进行。合议庭由院长或者庭长指定审判员 1 人担任审判长,合议庭成员享有平等的权利。案件的处理由合议庭全体成员研究决定,并实行少数服从多数的原则,这样可以防止个人主观片面,保证办案质量。

8. 两审终审制

两审终审制是指一个案件经过两级人民法院的审判即告终结的制度。我国人民法院的审判制度实行“四级两审终审制”。除最高人民法院作为第一审对案件作出的判决和裁定为终审判决和裁定外,一般案件经过地方人民法院的一审判决和裁定后,当事人可以按照法律程序向上一级人民法院上诉,人民检察院可以按照法律程序向上一级人民法院抗诉。经上一级人民法院第二审作出的判决和裁定,除法律规定应当由最高人民法院核准的死刑案件外,都是终审判决和裁定,即发生法律效力的判决和裁定。两审终审制是对我国人民法院审判实践经验的总结,对纠正错案,保护公民权利有重要作用。

9. 审判监督程序

为了保证案件的正确处理,纠正已经发生法律效力的错误判决和裁定,我国还规定了审判监督程序。审判监督程序的具体内容包括:各级人民法院院长对本院已经发生法律效力的判决和裁定,如果发现在认定事实或适用法律上确有错误,必须提交审判委员会处理;最高人民法院对各级人民法院、上级人民法院对下级人民法院已经发生法律效力的判决和裁定,如果发现确有错误,有权提审或者指令下级人民法院再审;最高人民检察院对各级人民法院以及上级人民检察院对下级人民法院已经发生法律效力的判决和裁定,如果发现确有错误,有权按照审判监督程序提出抗诉。

(四)法官

根据《法官法》规定,法官是依法行使国家审判权的审判人员,包括最高人民法院,地方各级人民法院、专门人民法院的院长、副院长、审判委员会委员、庭长、副庭长、审判员和助理审判员。除助理审判员由本院院长任免外,其他法官由各级人大或常委会任免。法官不得兼任人大常委会的组成人员,不得兼任行政机关、检察机关以及企业、事业单位的职务,不得兼任律师。

根据《法官法》的规定,担任法官必须具备下列条件:(1)具有中华人民共和国国籍。(2)年满 23 周岁。(3)拥护中华人民共和国宪法。(4)有良好的政治、业务素质和良好的品行。(5)身体健康。(6)高等院校法律专业本科毕业或者高等院校非法律专业本科毕业具有法律专业知识,从事法律工作满 2 年,其中担任高级人民法院、最高人民法院法官,应当从事法律工作满 3 年;获得法律专业硕士学位、博士学位或者非法律专业硕士学位、博士学位具有法律专业知识,从事法律工作满1年,其中担任高级人民法院、最高人民法院法官,应当从事法律工作满2年。凡因犯罪受过刑事处罚的或曾被开除公职的人员不得担任法官。

初任法官采用严格考核的办法,按照德才兼备的标准,从通过国家统一司法考试取得资格、并且具备法官条件的人员中择优提出人选。人民法院院长、副院长应当从法官或者其他具备法官条件的人员中择优提出人选。

法官的级别为12级。最高人民法院院长为首席大法官,2—12级法官分为大法官、高级法官、法官。法官等级的确定,以法官所任职务,德才表现、业务水平、审判工作实绩和工作年限为依据。对法官的考核由所在人民法院组织实施,法院设法官考评委员会,由5—9人组成,院长担任委员会主任,负责指导法官的培训、考核和评议工作。

法官享有以下宪法和法律赋予的权利:为履行职责应当具有的职权和工作条件;依法审判案件时不受行政机关、社会团体和个人的干涉;非因法定事由并经法定程序不被免职、降职、辞退或者处分;在任职期间定期增资并享受保险和其他福利待遇等;人身、财产和住所安全受法律保护;参加培训;提出申诉或者控告;辞职。

法官必须履行以下义务;严格遵守宪法和法律;审判案件必须以事实为根据,以法律为准绳,秉公办案,不得徇私枉法;依法保障诉讼参与人的诉讼权利;维护国家利益,公共利益,维护自然人、法人和其他组织的合法权益;清正廉明,忠于职守,遵守纪律,恪守职业道德;保守国家秘密和审判工作秘密;接受法律监督和人民群众监督。

四、人民检察院

(一)人民检察院的性质和任务

根据现行宪法和《人民检察院组织法》规定,人民检察院是国家的法律监督机关。法律监督是国家维护宪法和法律统一实施的一种权力,通称检察权。人民检察院通过行使检察权,对各级国家机关及其工作人员、公民是否遵守宪法和法律实行监督。

检察机关的法律监督不同于国家权力机关的监督,二者主要有以下区别:

1. 监督的性质和范围不同。人民检察院行使的监督权在性质上属于司法权,监督的范围主要针对执行司法职能的国家机关及其工作人员。国家权力机关的监督是立法机关的监督,由于其地位居于国家机构体系的核心,决定了它监督的范围包括国家行政机关,审判机关,检察机关及其工作人员。

2. 监督的内容和方式不同。监督机关监督的内容主要是对国家机关工作人员和公民违法犯罪需要追究刑事责任的案件进行侦查或提起公诉,对执行司法职能的国家机关的工作是否合法进行监督。监督方式有:受理单位、公民的检举和控告;对刑事案件提出公诉,出庭支持公诉;对有关国家机关的违法活动进行纠正;对案件按照上诉程序和审判监督程序提出抗诉。国家权力机关监督的内容主要是对宪法和法律的实施进行监督。监督方式有:撤销不符合宪法和法律的行政法规、地方性法规、规章及具有约束力的决定和命令;罢免不称职的国家机关负责人。

3. 监督的法律效力不同。检察机关在行使监督权时,要受国家权力机关的制约。国家权力机关的监督具有最高法律效力,其他国家机关必须执行。

人民检察院的任务是通过行使检察权,镇压一切叛国的活动、分裂国家的活动和其他危害国家安全的活动,打击危害国家安全的犯罪分子和其他犯罪分子,维护国家的统一,维护人民民主专政制度,维护社会主义法制,维护社会秩序、生产秩序、工作秩序、数学科研秩序和人民群众生活秩序,保护社会主义全民所有的财产和劳动群众集体所有的财产,保护公民私人所有的合法财产,保护公民的人身权利、民主权利和其他权利,保卫社会主义现代化建设的顺利进行。人民检察院通过检察活动,教育公民忠于社会主义祖国,自觉遵守宪法和法律,并积极同违法行为作斗争。

(二)人民检察院的组织系统和领导体制

1. 组织系统

根据现行宪法和《人民检察院组织法》的规定,我国设立最高人民检察院、地方各级人民检察院和军事检察院等专门人民检察院。

最高人民检察院是我国的最高检察机关。由检察长1人、副检察长和检察员若干人组成。检察长由全国人大任免,任期与全国人大每届任期相同,连续任职不得超过两届。副检察长、检察委员会委员、检察员由检察长提请全国人大常委会任免。

地方各级人民检察院分为:省、自治区、直辖市人民检察院;省、自治区、直辖市人民检察分院,自治州和省辖市人民检察院;县、市、自治县和市辖区人民检察院。省、县一级人民检察院,根据工作需要,经本级人民代表大会常务委员会批准,可以在工矿区、农垦区、林区等区域设置人民检察院,作为派出机构。

地方各级人民检察院由检察长1人、副检察长和检察员若干人组成。省、自治区、直辖市人民检察院检察长由同级人大任免,副检察长、检察委员会委员、检察员以及人民检察分院检察长、副检察长、检察委员会委员、检察员由省、自治区、直辖市人民检察院检察长提请本级人大常委会任免;自治州、省辖市,县、市、市辖区人民检察院检察长由本级人大任免。副检察长、检察委员会委员和检察员由检察长提请本级人大常委会任免。地方各级人民检察院检察长的任免,须报上一级人民检察院检察长提请该级人大常委会批准。省和县一级人民检察院在工矿区、农垦区、林区设置的人民检察院检察长、副检察长、检察委员会委员和检察员,均由派出它的人民检察院检察长提请本级人大常委会任免。地方各级人民检察院的任期与本级人大每届任期相同。

专门人民检察院包括军事检察院、水上运输检察院和其他专门检察院。专门人民检察院的设置、组织和职权由全国人大常委会另行规定。

2. 领导体制

现行宪法和《人民检察院组织法》规定,我国人民检察院实行双重领导体制:第一,各级人民检察院受本级人大及其常委会的领导,即最高人民检察院对全国人民代表大会和全国人民代表大会常务委员会负责并报告工作;地方各级人民检察院对本级人民代表大会和本级人民代表大会常务委员会负责并报告工作。第二,最高人民检察院领导地方各级人民检察院和专门人民检察院的工作;上级人民检察院领导下级人民检察院的工作。检察机关上下级之间是领导与被领导的关系。

人民检察院实行双重领导体制,有利于国家权力机关对检察机关的监督,也有利于人民检察院有效地行使检察权。特别是当下级人民检察院在办理一些案情复杂或具有较大政治影响的案件时,检察机关这种领导体制使上级人民检察院不但能对它进行业务指导,而且能支持它独立行使职权。

(三)人民检察院的职权和工作原则

1. 人民检察院的职权

根据法律规定,人民检察院行使以下职权:

(1)法纪监督。人民检察院对于叛国案件、分裂国家案件以及严重破坏国家政策、法律、政令统一实施的重大犯罪案件,行使检察权;对于法律规定属于其直接受理的刑事案件(贪污贿赂犯罪、渎职犯罪、国家机关工作人员利用职权实施的侵犯公民人身权和民主权利的犯罪)行使侦查权;对于国家机关工作人员利用职权实施的其他重大犯罪案件,需要由人民检察院直接受理的,经省级以上人民检察院决定,可以由人民检察院立案侦查。

(2)侦查监督。人民检察院对公安机关侦查的案件进行审查,决定是否逮捕、起诉;对公安机关侦查活动是否合法进行监督。对公安机关工作人员在侦查活动中是否有违法乱纪、刑讯逼供情况进行监督。如发现公安机关的侦查活动有违法行为，应当通知公安机关予以纠正，对公安机关工作人员滥用权力，情节严重，构成犯罪的，应当依法追究刑事责任。

(3)支持公诉和审判监督。人民检察院对需要提起公诉的案件进行审查决定，如认为犯罪事实已经查清，证据确实、充分，依法应当追究刑事责任的，应当作出起诉决定，并按照法律规定向人民法院提出公诉。由于公诉是人民检察院代表国家向人民法院提起追究被告人刑事责任的控诉，因此，法律规定，人民法院审判公诉案件，人民检察院应当派员出庭支持公诉，但适用简易程序的案件除外。另外，对人民法院在庭审中是否遵守诉讼程序实行监督；对本级人民法院确有错误的第一审判决和裁定向上级人民法院提出抗诉；上级人民检察院对下级人民法院已经发生法律效力的判决和裁定，最高人民检察院对各级人民法院已经发生法律效力的判决和裁定，依审判监督程序向人民法院提出抗诉。

(4)监所监督。人民检察院对刑事判决和裁定的执行情况进行监督；对监狱、看守所，劳动改造机关执行刑罚的活动是否合法进行监督，如果有违法行为，应当通知执行机关或者主管机关予以纠正，对情节严重构成犯罪的监所工作人员应当依法追究其刑事责任。

2. 人民检察院的工作原则

(1)适用法律一律平等。《人民检察院组织法》规定，各级人民检察院行使检察权，对于任何公民在适用法律上一律平等，不允许有任何特权。特权是平等的对立物，特权思想是封建社会的产物。人民检察院作为国家的法律监督机关，为了维护法制的统一和尊严，必须坚决反对特权。人民检察院对于任何公民的合法权益都必须给予法律保护，对于任何公民的违法犯罪行为都必须予以追究。

(2)依法独立行使检察权。根据现行宪法和《人民检察院组织法》的规定，人民检察院依法独立行使检察权，不受其他行政机关、社会团体和个人的干涉。检察权只能由检察机关行使，检察机关行使检察权时，必须以事实为根据，以法律为准绳，依法独立进行，不受任何干扰。这一原则是检察机关正确行使检察权的重要保证，也是维护法制统一的条件。当然，人民检察院依法独立行使检察权并非独立于一切监督之外，它还要对本级国家权力机关负责，受其监督，并受上一级人民检察院的领导。同时，人民检察依法独立行使检察权，还要接受党的领导。坚持党对人民检察院的领导，是实现依法独立行使检察权的重要保证。

(3)实事求是,群众路线,重证据不轻信口供的原则。根据《人民检察院组织法》的规定,人民检察院在工作中必须坚持实事求是,调查研究,重证据不轻信口供的原则,严禁刑讯逼供。各级人民检察院的工作人员在行使职权时,必须忠实于事实真相,忠实于法律,保证办案质量,防止错案的发生。

(4)使用本民族语言文字进行诉讼。人民检察院在办案过程中,对于不通晓当地通用语言文字的诉讼参与人,应当为他们提供翻译。各民族公民都有用本民族语言文字进行诉讼的权利。在少数民族聚居或者多民族杂居的地区,人民检察院应当用当地通用的语言文字进行讯问,起诉书、布告和其他司法文件也应当使用当地通用的语言。

3. 检察官

根据《检察官法》的规定,检察官是依法行使国家检察权的检察人员。包括各级人民检察院和专门人民检察院的检察长、副检察长、检察委员会委员、检察员和助理检察员。除人民检察院的助理检察员由本院检察长任免外,其他检察官由各级人大或常委会任免,检察官不得兼任人大常委会的组成人员,不得兼任行政机关、审判机关以及企业、事业单位的职务,不得兼任律师。

担任检察官必须符合下列条件:(1)具有中华人民共和国国籍;(2)年满23周岁;(3)拥护中华人民共和国宪法;(4)有良好的政治、业务素质和良好的品行;(5)身体健康;(6)高等院校法律专业本科毕业或者高等院校非法律专业本科毕业具有法律专业知识,从事法律工作满2年,其中担任省、自治区、直辖市人民检察院、最高人民检察院检察官,应当从事法律工作满3年;获得法律专业硕士学位、博士学位或者非法律专业硕士学位、博士学位具有法律专业知识,从事法律工作满1年,其中担任省、自治区、直辖市人民检察院、最高人民检察院检察官,应当从事法律工作满2年。凡因犯罪受过刑事处罚的或曾被开除公职的人员不得担任检察官。

初任检察官采用严格考核的办法,按照德才兼备的标准,从通过国家统一司法考试取得资格,并且具备检察官条件的人员中择优提出人选。人民检察院的检察长、副检察长应当从检察官或者其他具备检察官条件的人员中择优提出人选。

检察官的级别分为12级。最高人民检察院检察长为首席大检察官,2—12级检察官分为大检察官、高级检察官、检察官。检察官等级的确定,以检察官所任职务、德才表现、业务水平、检察工作实绩和工作年限为依据。各级人民检察院组织对本院检察官的考核,人民检察院设检察官考评委员会,由5—9人组成,本院检察长担任委员会主任,负责指导对检察官的培训、考核和评议工作。

检察官为了履行宪法和法律赋予的职责根据检察官法规定，我国检察官依法享有以下权利：为履行职责应当具有的职权和工作条件；依法行使职权不受行政机关、社会团体和个人的干涉，非因法定程序不被免职、降职、辞退或者处分；有权获得劳动报酬，享受保险和福利待遇等。在享有权利的同时，还必须履行一定的义务：严格遵守宪法和法律；不得徇私枉法；维护国家、公民和其他组织的合法权益；清正廉明，忠于职守，遵守纪律，恪守职业道德；保守国家秘密和检察工作秘密；接受法律监督和人民群众监督。

第四节　监　督　权

一、监督权的概念

从字面意义上看，监督权包括监督权利和监督权力，前者属于公民的一项基本权利，后者属于国家权力的范畴。公民的监督权是一项具有特定民主功能的基本权利，但是此处探讨的是作为国家权力的监督权，所以不包括公民监督权。一般而言，国家权力主要包括立法权、行政权和司法权，实际上，作为国家权力的构成要素，监督权具有特定的民主功能。从价值层面看，监督权比执行权有着更为鲜明的民主气质和价值蕴含。监督权是权力运行过程中不可或缺的保障性机制，可以对权力可能出现的偏差和背离进行预防、控制和纠正。监督权也是民主政治的一项重要内容，就我国而言，建构社会主义和谐社会，促进社会公平，必须发展社会主义民主，完善社会主义法治，加强对公共权力的制约和监督。从监督对象看，监督权主要对政府机关及其官员的监督。现代政府规模庞大、职能扩张、机构膨胀、成员众多、工作任务错综复杂、技术含量越来越高，这些增加了监督的任务，加大了监督的难度，使得难以对政府机构实施全面、系统的审查，甚至无法对政府机关及其官员进行很好的系统抽样。所以有人断言，“它（政府）除了受到偶然性的监督外，对其实行任何实质性监督都不过是不切实际的期望而已”。[9] 因此，为了建立真正有效的监督权制度，有必要完善监督权行使的制度环境，增强监督权的独立性，增强监督能力包括提高监督者的思想素质和业务能力，提高监督的技巧和办案的能力等。

---

〔9〕 威廉·F. 韦斯特：《控制官僚：制度制约的理论与实践》，张定淮译，重庆出版社 2001 年版，第 152 页。

作为国家权力的监督权实际上包括议会行使的监督权,法律监督机关即检察机关行使的监督权,审判机关即法院的审判监督权以及行政机关的行政监督权等。由于检察监督和审判监督更大程度上属于司法权的范畴,而行政机关的行政监督更多具有行政权的属性,因此,此处的监督权主要是指议会的监督权。

实施监督是现代西方国家议会职能的重要方面。归纳起来主要包括议会对政府行为的审查批准、人事监督、质询、对政府的活动调查、请愿的受理等。

1. 对政府行为的审查批准是议会的一项重要监督手段。这主要涉及对行政立法、政府外交活动尤其是缔结条约活动、对国家进入紧急状态的政府决定等的审查和批准。议会不可能完全取代政府做出决策,而只能针对一部分特别重要的事项行使批准权。

2. 议会还拥有人事监督职能,即议会有权就国家高级公务人员的任命进行提名、批准,并有权弹劾或者罢免某些高级官员,包括对国家元首、政府官员和某些特殊机构人员的选举、任命、认定、弹劾、罢免等。

3. 质询机制也是西方国家议会监督的重要手段。质询是议会议员就政府的施政纲领、行政措施等向政府总理、各部部长等提问,要求其予以解释、说明、答复,并据此进一步采取措施。质询的内容主要涉及公共政策、重大的社会事件以及官员的行为等。质询一般是由议员以书面形式向议长提出。议长接到质询案后,应当转送相关机关,要求其在一定时间之内进行口头或者书面答复。政府可以以国家利益和安全为由拒绝回答质询,或者以质询较为复杂为由拖延答复,实际上必然使质询的作用大打折扣。但是,这毕竟是议会了解有关政府施政方针、政府意向等的重要手段,是议员据以转达选民意愿以及其所关注问题的重要渠道。

4. 西方国家还可以通过受理请愿的方式实施监督。议会通过处理公民的请愿,可以有效地了解民情、民意,并可以发现政府工作中存在的问题。议院议长接到请愿后,应将请愿书交付相应的委员会审议、处理。请愿经审查和讨论后,在有的国家,议会可以将其转交政府,督促其进行处理。

5. 西方国家的议会对有关国家机关的活动还拥有调查权。包括对行政机关法律执行情况、有关制度的缺失等的调查,以及对政府官员贪污渎职、工作无效率或浪费等问题的揭发调查等。在各国议会中,对有关问题进行调查是各种常设委员会的职能之一,是其正常工作的必要前提。但是,各国议会也都会为调查特定问题而设立各种临时特设委员会或者调查委员会,调查一旦结束,其使命便告终结。有关委员会为了实施调查,可以召开听证会、调查会,或者采取准司法性的程序。对国家机关的活动进行调查的结果与追究有关机关的政治责任密不可分,议会根据调查的结果进行讨论,作出决议,表明自身的态度,或者是采取弹劾、不信任决议、制定或者修改法律等进一步的措施。即便议会并不采取进一步的措施,而仅是将调查的结果公布,也足以起到增强政府管理透明度,督促有关机关慎重行事的作用。

事实上,宪法监督当然也是监督权的重要范畴,但是,宪法监督作为一项技术性强的监督行为,属于违宪审查制度的有机组成部分,本书有一章专门论述违宪审查等相关制度,因此,此处的论述也不包括宪法监督的内容。

二、全国人大和地方各级人大及其常委会的监督权

从理论上看,宪法规定的人大职权无外乎两个部分:一是授权,即将人民授予的由人大集中行使的抽象政治权力转换为具体的政府权力,如行政权、司法权、军事权等;二是监督,即保障上述具体政府权力和司法权力的行使符合授权目的。所以理论上讲,监督权应占人大权力总量的50%。监督权占人大权力总量的50%,它要强调的是,对人大来讲,监督权来自它作为权力机关的责任,来自在法律意义上它要向人民负立法、行政、司法的责任。在人大职责的履行中,监督权绝不是可以不作为的。

根据我国宪法及相关法律的规定,结合监督权的相关理论,全国人大和地方各级人大及其常委会的监督权主要包括以下几个方面:

1. 听取和审议人民政府、人民法院和人民检察院的工作报告。听取和审议人民政府、人民法院和人民检察院的工作报告是人大依法监督“一府两院”的最有效和最基本的途径。人大审议政府及法院、检察院的工作报告,实际上是对“一府两院”一年来的工作进行评价及审查批准下一年的工作计划安排,更是监督其依法行使法定职权的表现形式。代表审议“一府两院”的工作报告,需要明确其工作报告应当如何构成。首先要了解本级人民政府、人民法院及人民检察院的法定职权,才能为讨论审议“一府两院”的工作报告打下良好的思想基础。其次要熟悉相关法律,才能为审议提供法律依据和法律保障。最后依法行使代表职权,针对政府、法院、检察院的法定职权和职责进行认真审议,才能掌握讨论发表意见的主动权,对“一府两院”的工作作出比较客观公正的评价,取得较好的审议效果。

根据《中华人民共和国各级人民代表大会常务委员会监督法》(以下简称《监督法》)的相关规定,各级人大常委会每年选择若干关系改革发展稳定大局和群众切身利益、社会普遍关注的重大问题,有计划地安排听取和审议本级

人民政府、人民法院和人民检察院的专项工作报告。

各级人大常委会组成人员对专项工作报告的审议意见交由本级人民政府、人民法院或者人民检察院研究处理。人民政府、人民法院或者人民检察院应当将研究处理情况由其办事机构送交本级人大有关专门委员会或者常委会有关工作机构征求意见后,向常委会提出书面报告。

各级人大常委会认为必要时,可以对专项工作报告作出决议;本级人民政府、人民法院或者人民检察院应当在决议规定的期限内,将执行决议的情况向常委会报告。常委会听取的专项工作报告及审议意见,人民政府、人民法院或者人民检察院对审议意见研究处理情况或者执行决议情况的报告,向本级人大代表通报并向社会公布。

2. 审查和批准预算,听取和审议国民经济和社会发展计划、预算的执行情况报告,听取和审议审计工作报告。根据《监督法》的相关规定,各级人大常委会对决算草案和预算执行情况报告,重点审查下列内容:(1)预算收支平衡情况;(2)重点支出的安排和资金到位情况;(3)预算超收收入的安排和使用情况;(4)部门预算制度建立和执行情况;(5)向下级财政转移支付情况;(6)本级人民代表大会关于批准预算的决议的执行情况。

各级人大常委会每年审查和批准预算的同时,听取和审议本级人民政府提出的审计机关关于上一年度预算执行和其他财政收支的审计工作报告。

各级人大常委会组成人员对国民经济和社会发展计划执行情况报告、预算执行情况报告和审计工作报告的审议意见交由本级人民政府研究处理。人民政府应当将研究处理情况向常委会提出书面报告。常委会认为必要时,可以对审计工作报告作出决议;本级人民政府应当在决议规定的期限内,将执行决议的情况向常委会报告。

各级人大常委会听取的国民经济和社会发展计划执行情况报告、预算执行情况报告和审计工作报告及审议意见,人民政府对审议意见研究处理情况或者执行决议情况的报告,向本级人大代表通报并向社会公布。

3. 法律法规实施情况的检查。根据《监督法》的相关规定,各级人大常委会每年选择若干关系改革发展稳定大局和群众切身利益、社会普遍关注的重大问题,有计划地对有关法律、法规实施情况组织执法检查。

执法检查报告包括下列内容:(1)对所检查的法律、法规实施情况进行评价,提出执法中存在的问题和改进执法工作的建议;(2)对有关法律、法规提出修改完善的建议。

各级人大常委会组成人员对执法检查报告的审议意见连同执法检查报

告，一并交由本级人民政府、人民法院或者人民检察院研究处理。人民政府、人民法院或者人民检察院应当将研究处理情况由其办事机构送交本级人大有关专门委员会或者常委会有关工作机构征求意见后，向常委会提出报告。必要时，由委员长会议或者主任会议决定提请常委会审议，或者由常委会组织跟踪检查；常委会也可以委托本级人大有关专门委员会或者常委会有关工作机构组织跟踪检查。

各级人大常委会的执法检查报告及审议意见，人民政府、人民法院或者人民检察院对其研究处理情况的报告，向本级人大代表通报并向社会公布。

4. 规范性文件的备案审查。根据《监督法》的相关规定，县级以上地方各级人大常委会对下一级人大及其常委会作出的决议、决定和本级人民政府发布的决定、命令，经审查，认为有下列不适当情形之一的，有权予以撤销：(1)超越法定权限，限制或者剥夺公民、法人和其他组织的合法权利，或者增加公民、法人和其他组织的义务的；(2)同法律、法规规定相抵触的；(3)有其他不适当的情形，应当予以撤销的。

国务院、中央军事委员会和省、自治区、直辖市的人大常委会认为最高人民法院、最高人民检察院作出的具体应用法律的解释同法律规定相抵触的，最高人民法院、最高人民检察院之间认为对方作出的具体应用法律的解释同法律规定相抵触的，可以向全国人大常委会书面提出进行审查的要求，由常委会工作机构送有关专门委员会进行审查、提出意见。

其他国家机关和社会团体、企业事业组织以及公民认为最高人民法院、最高人民检察院作出的具体应用法律的解释同法律规定相抵触的，可以向全国人大常委会书面提出进行审查的建议，由常委会工作机构进行研究，必要时，送有关专门委员会进行审查、提出意见。

全国人大法律委员会和有关专门委员会经审查认为最高人民法院或者最高人民检察院作出的具体应用法律的解释同法律规定相抵触，而最高人民法院或者最高人民检察院不予修改或者废止的，可以提出要求最高人民法院或者最高人民检察院予以修改、废止的议案，或者提出由全国人大常委会作出法律解释的议案，由委员长会议决定提请常委会审议。

5. 提出询问和质询。"质询"发源于英国，既是英国议会的发明创造，也是英国议员监督政府的一种方式。从理论上看，质询权的宪政基础是人民主权思想。

在我国，质询和询问是《地方组织法》和《监督法》赋予人大及其常委会对同级"一府两院"实行监督的两种主要形式。质询是各级人大代表或人大常委会组成人员，按照法律规定的程序，对本级国家行政机关、司法机关提出质问的议事原案,是国家权力机关行使的一种带有法律强制性的监督措施,被质询的机关必须在法定的时间内,以法定的形式作出答复。询问是各级人大代表或人大常委会组成人员,在人代会或人大常委会会议上审议工作报告或议案时,向有关国家机关打听了解有关情况。

询问和质询不同。如在英国,"询问为发问的议员与被问的国务员间之事,以问答相终始,不能成为辩论的出发点;但质问必附有辩论,辩论终毕,议会对于内阁全体,或某某特别国务员,往往可有信任与不信任的表示。所以询问的性质不严重,亦不会引起政潮;而质问则往往可以引起政潮"。[10] 在我国,询问和质询的主要区别有:(1)性质不同。质询必须以质询案的形式提出,属于议案的一种,一般是针对国家行政、审判、检察机关工作中比较重大的问题并要求作出答复,带有批评性和强制性。而询问只具有介绍、说明的性质,帮助人大代表或常委会组成人员了解有关报告或议案的情况,以便于审议和表决,不具有议案的性质。(2)提出的法定条件不同。在全国人大开会期间,一个代表团或30名以上代表联名;在全国人大常委会开会期间,常委会组成人员10人以上联名;在地方各级人大举行会议的时候,代表10人以上联名;在地方各级人大常委会会议期间,省、自治区、直辖市、自治州、设区的市的人大常委会组成人员5人以上联名,县级人大常委会组成人员3人以上联名,可以提出对"一府两院"的质询案。质询案必须以书面形式提出,必须写明质询的对象、问题和内容,即必须写明质询是针对政府或者政府的哪个部门、法院或者检察院提出的;必须写明质询什么事情和为什么质询。而提出询问则没有人数方面的规定,也没有要求必须以书面形式提出。(3)处理程序不同。质询案的处理程序比较复杂。它要由主席团、委员长会议或主任会议决定,是由受质询机关书面答复,或在有关的会议上口头答复。如因提出质询的问题比较复杂,确实难以在本次会议期间作出答复的,主席团、委员长会议或者主任会议征求提出质询案的代表同意,也可以决定由被质询机关在人大闭会期间提出书面答复或者在有关的会议上答复。在人民代表大会期间,在主席团会议或者专门委员会会议上答复的,提质询案的代表团团长或者提质询案的代表可以列席会议,发表意见。在常委会会议期间,在专门委员会会议上答复的,提质询案的常委会组成人员有权列席会议,发表意见。提出质询案的代表半数以上对答复不满意的,可以要求受质询机关再作答复。同时,受质询机关的口头答复人须是受质询机关的领导人。以书面形式答复的,应由受质询机

---

〔10〕 王世杰、钱端升:《比较宪法》,商务印书馆1999年版,第250页。

关的负责人签署。而询问的运作程序则较之简便、灵活,没有规定要经大会主席团或者委员长会议或者主任会议决定询问与否。一般采取随问随答的方式,没有严格的程序规定。代表个人即可以提出询问。对回答询问的人也没有严格要求,一般由有关机关派负责人或者负责人员回答询问即可。

相对于询问,质询是一项程序化和规范化要求较高的监督权力,从宪法和法律对质询的规定来看,我国质询权的功能主要表现在:(1)获知“一府两院”的工作情况和其他有关情况,保障人大代表和常委会组成人员的知情权。(2)通过提出问题,对“一府两院”的工作提出批评和改进意见,促使“一府两院”更好地了解自己工作所存在的缺点和错误,明确改进工作的方向和措施,提高工作效率和工作水平。(3)在根本目标一致的前提下,通过质询和答复的互动,加深人大代表、常委会组成人员与“一府两院”的相互沟通和理解,共同围绕党和国家的工作大局做好工作。(4)质询权的有效、正确行使,可以成为解决某些重大的、尖锐的社会问题或者矛盾的途径之一,有利于科学发展和和谐社会的建设。

6. 特定问题调查。议会对政府的调查起源于英国,区别于行政或司法部门所进行的一般调查。在我国,特定问题调查是各级人大及其常委会按照法定程序和法定条件,对本级人民政府及其工作部门、人民法院、人民检察院工作中的重大违宪、违法事件或其他方面的重大问题实施监督的法定方式,是宪法和法律赋予国家权力机关的一项重要职权。

现行宪法第 71 条规定:“全国人民代表大会和全国人民代表大会常务委员会认为必要的时候,可以组织关于特定问题的调查委员会,并根据调查委员会的报告,作出相应的决议。调查委员会进行调查的时候,一切有关的国家机关、社会团体和公民都有义务向它提供必要的材料。”《地方组织法》第 31 条规定:“县级以上的地方各级人民代表大会可以组织关于特定问题的调查委员会。主席团或者十分之一以上代表书面联名,可以向本级人民代表大会提议组织关于特定问题的调查委员会,由主席团提请全体会议决定。调查委员会由主任委员、副主任委员和委员组成,由主席团在代表中提名,提请全体会议通过。调查委员会应当向本级人民代表大会提出调查报告。人民代表大会根据调查委员会的报告,可以作出相应的决议。人民代表大会可以授权它的常务委员会听取调查委员会的调查报告,常务委员会可以作出相应的决议,报人民代表大会下次会议备案。”《监督法》则用专章共计 5 条规定了人大常委会的特定问题调查权,包括调查的对象、提议组成调查委员会的主体、调查委员会成员、材料要求、报告对象等。

7. 罢免。罢免权是目前我国人大法定监督职权中最为严厉的手段之一，既是人大监督权具有强制力的表现,也是人大监督权得以落实的保障。

“罢免权”主要指各级人大及其常委会依据宪法和法律解除由其选举、任命产生人员的职务的权力。实践中,可对因犯罪、严重违法违纪、渎职失职、不称职或者其他原因认为不适合担任现职的人员依法提出罢免案。

需要说明的是,罢免不是处分,罢免决定经多数代表通过后不存在需要撤销的问题,事后如果发现提出罢免的理由经证明有不符合事实的情况,代表大会可以予以澄清,但罢免决定不能撤销,事后无法补救。所以罢免理由一定要充分、完全符合事实。

延伸阅读

1. 全国人大常委会法制工作委员会国家法室主编:《中华人民共和国立法法解读》,中国法制出版社 2015 年版。
2. 中国立法学研究会编:《地方立法的理论与实践》,法律出版社 2013 年版。
3. 潘伟杰:《当代中国立法制度研究》,上海人民出版社 2013 年版。
4. 蔡定剑:《中国人民代表大会制度》(第四版),法律出版社 2003 年版。
5. 胡建淼:《公权力研究:立法权、行政权、司法权》,浙江大学出版社 2005 年版。
6. 汪习根主编:《司法权论——当代中国司法权运行的目标模式、方法与技巧》,武汉大学出版社 2006 年版,第一至六章。
7. 张泽涛:《司法权专业化研究》,法律出版社 2009 年版,第一章。
8. 程春明:《司法权及其配置:理论语境、中英法式样及国际趋势》,中国法制出版社 2009 年版,第一至六章。

问题思考

1. 赋予设区的市地方立法权有何意义?
2. 2015 年修订的《立法法》在深入推进科学、民主立法方面有什么制度设计?
3. 如何看待“税收法定”原则?
4. 结合行政权的概念及特点,谈谈如何做到“简政放权”?
5. 结合《立法法》等法律的修改,谈谈如何完善全国人民代表大会及其常务委员会的监督权?
6. 马克思曾言:“法官是法律世界的国王,除了法律就没有别的上司。”如何理解这句名言?
7. 我国推行司法独立制度遭遇哪些障碍,以及如何克服?

第七章 中国宪法中的地方自治权

地方是相对于中央而言的。地方自治,[1]是解决整体与局部、中央与地方权力关系的一种政治制度。我国的地方自治,是指地方自治机关根据宪法和法律制定地方自治条例,选举产生地方自治机关,管理地方事务的制度。地方自治权是地方自治机关代表本地居民行使的公权力。本章主要讨论现行宪法规定的两种地方自治权:民族区域自治权、特别行政区的自治权。居民自治权和村民自治权,是一种特殊的自治权,不能将其与民族区域自治权和特别行政区自治权混为一谈。有关的宪法性法律对民族区域自治、特别行政区自治和基层群众性自治有详细的规定。

第一节 民族区域自治权

一、民族区域自治释义

(一)民族区域自治的含义

民族区域自治是指在国家的统一领导下,各少数民族聚居的地方推行自治制度,设立自治机关,行使自治权。

中华人民共和国建立后,在充分考虑到少数民族成分复杂,各自发展不平衡,各个民族都有自己独特的文化、宗教、民族和经济等特点之后,决定采取民族区域自治,来处理民族问题和解决民族区域的发展问题。新中国成立时制

---

〔1〕 地方自治,是指一国行政区域内的公民,依据法律和国家授权,选举自治职员,组成自治组织,在中央政府的监督之下自行决定和处理本地公共事务的一种政治制度。它的基本含义包括:(1)中央与地方政府实行分权,地方治权归地方行使,中央政府只有行使其监督权;(2)与官治相对应,即一定区域的事务由本地居民自主决定和处理,不受官吏意志的支配;(3)其治理的形式是由本地居民选举人员组织自治机关或团体,制定法律或章程,议决地方事务,举办地方公共事业。参见汪太贤:《从治民到民治——清末地方自治思潮的萌生与变迁》,法律出版社2009年版,第7~8页。

定的《共同纲领》和之后的四部宪法,都规定了民族区域自治制度。现行宪法在总纲里规定,各少数民族聚居的地方实行区域自治,设立自治机关,行使自治权。现行宪法第三章第五节规定,自治区、自治州、自治县设立自治机关。1984 年 5 月第六届全国人大第二次会议通过了《中华人民共和国民族区域自治法》(以下简称《民族区域自治法》)对宪法规定的民族区域自治制度作了更加具体的规定。2001 年 2 月,第九届全国人大常委会对该法进行了较大的修改和完善。

(二)民族区域自治的特点

1. 民族区域自治是民族自治和区域自治的结合。实行民族区域自治必须以一定地区聚居的少数民族为基础,这表明,并不是每个民族都可以实行自治,也不是每个能够实行自治的民族在任何地方都可以实行自治,而且,同一个民族可以在几个地方实行区域自治。

2. 民族区域自治是单一制国家结构形式下的自治形式。民族自治地方是中华人民共和国的行政区域,是中华人民共和国不可分离的部分;在民族自治地方设立的自治机关是中央政府统一领导下的一级地方政权;民族自治地方的自治权是中央授予的,自治权不包含任何分裂民族,分裂国家和自行独立的权力。

3. 民族区域自治以遵守宪法和法律的原则为界限。民族自治地方享有广泛的自治权,这是一般地方行政区域所不能享有的,但民族自治机关在行使自治权时必须在既定的法律框架下进行。

(三)民族自治地方的设立与分类

民族自治地方是指根据宪法和法律的规定,在少数民族聚居区建立的,实行民族区域自治的法定行政区域。

《中华人民共和国民族区域自治法》第 12 条规定了设立民族自治地方应当遵循的原则:“少数民族聚居的地方,根据当地民族关系、经济发展等条件,并参酌历史情况,可以建立以一个或者几个少数民族聚居区为基础的自治地方。民族自治地方内其他少数民族聚居的地方,建立相应的自治地方或者民族乡。民族自治地方依据本地方的实际情况,可以包括一部分汉族或者其他民族的居民区和城镇。”根据这一原则,结合我国民族区域自治的实践,可以对我国的民族自治地方进行以下分类:

1. 以行政区划为基础,我国的民族自治地方可分为自治区、自治州、自治县。其中,自治区的建制由全国人大批准;自治州、自治县的建制由国务院批准。

2. 以民族构成为依据,大致可分为三种类型:第一种是以一个少数民族聚居区为基础建立的自治地方,如西藏自治区;第二种是以一个人口较多的少数民族聚居区为基础,并包括若干人口较少的其他少数民族聚居区建立的自治地方,如新疆维吾尔自治区内包括五个自治州和六个自治县;第三种是以两个或两个以上少数民族聚居区为基础而建立的自治地方,如青海省海西蒙古族藏族自治州。

二、民族区域自治权

民族区域自治权,指民族自治地方的自治机关依照宪法和相关法律的规定,结合当地民族的政治、经济和文化的特点,管理本地方、本民族内部事务的权力。

(一)民族区域自治权的来源

现行宪法第 115 条规定:"自治区、自治州、自治县的自治机关行使宪法第三章第五节规定的地方国家机关的职权,同时依照宪法、民族区域自治法和其他法律规定的权限行使自治权。"《民族区域自治法》第 4 条规定,民族自治地方的自治机关行使宪法第三章第五节规定的地方国家机关的职权,同时依照宪法和本法以及其他法律规定的权限行使自治权。《民族区域自治法》第三章专门规定"自治机关的自治权"。《中华人民共和国地方各级人民代表大会和地方各级人民政府组织法》第 3 条规定:"自治区、自治州、自治县的自治机关除行使本法规定的职权外,同时依照宪法、民族区域自治法和其他法律规定的权限行使自治权。"所以,民族区域自治权,来源于宪法、民族区域自治法和地方组织法等相关法律的规定。因此,民族自治机关必须在法律规定的权限范围内行使权力。

民族区域自治权,由民族自治机关依法行使。

(二)民族自治机关

民族自治地方的自治机关是指在民族自治地方设立的,依法行使同级地方国家机关职权并同时行使自治权的一级地方政权机关。包括自治区、自治州、自治县的人民代表大会和人民政府。

1. 民族自治地方的人民代表大会

自治区、自治州、自治县的人民代表大会及其常务委员会是我国民族自治地方的国家权力机关,是民族自治地方行使自治权的最重要的组织形式。根据民族区域自治法的规定,民族自治地方的人民代表大会中,除实行区域自治的民族的代表外,其他居住在本行政区内的民族也应当有适当名额的代表。

实行区域自治的民族和其他少数民族代表的名额和比例,根据法律规定的原则,由省、自治区的人大常委会决定,并报全国人大常委会备案。

民族自治地方的人大常委会,法律没有规定其为自治机关,但由于它是本级人大的常设机关,地方组织法有其职权的规定(地方组织法第 44 条规定了县级以上地方各级人大常委会 14 个方面的职权),因此,民族自治地方的人大常委会也应属于自治机关。民族区域自治法规定,民族自治地方的人大常委会中应当有实行区域自治的民族的公民担任主任或副主任。

2. 民族自治地方的人民政府

民族自治地方的人民政府是本级人大的执行机关,对本级人大和上一级国家行政机关负责并报告工作,在本级人大闭会期间,对本级人大常委会负责并报告工作。各民族自治地方的人民政府都是国务院统一领导下的国家行政机关,都服从国务院。

根据地方组织法的规定,自治区、自治州的人民政府分别由自治区主席、副主席、州长、副州长和秘书长、厅长、局长、委员会主任等组成。自治县的人民政府由县长、副县长和局长、科长等组成。民族区域自治法还规定,自治区主席、自治州州长、自治县县长由实行区域自治的民族的公民担任。自治区、自治州、自治县的人民政府的其他组成人员,应当合理配备实行区域自治的民族和其他少数民族的人员。

民族自治地方的自治机关是国家的一级地方政权机关,与一般地方政权机关实行同样的组织原则,都实行民主集中制原则。它的产生、任期和职权与同级一般地方国家机关一致。

(三)民族区域自治权的内容

现行宪法第 116—121 条对民族区域自治权作了规定,民族区域自治法第三章"自治机关的自治权"作了进一步的具体规定。这些自治权主要包括:

1. 立法方面的自治权

民族自治地方立法方面的自治权作为自治权的重要组成部分,是首要的基本的自治权,对其他自治权的行使有重要意义。与一般地方的立法权相比,民族自治地方立法方面的自治权有以下特点:一是享有立法方面自治权的民族自治地方较一般地方多,包括自治区、自治州和自治县;二是在不违背法律或行政法规的基本原则下,自治机关有权采取特殊政策和灵活措施;三是上级国家机关的决议、决定、命令和指示,如有不适合民族自治地方实际情况的,自治机关可以报经该上级国家机关批准,变通执行或者停止执行。

根据宪法和相关法律的规定,民族自治地方立法方面的自治权的内容主

要包括两个方面:

(1)制定自治条例和单行条例的自治权。这是少数民族实现民族区域自治在立法上的主要体现。自治条例是调整民族自治地方基本社会关系的地方性自治法规。单行条例是调整民族自治地方内某一方面的社会关系的地方性自治法规。现行宪法第115条规定,民族自治地方“根据本地方实际情况贯彻执行国家的法律、政策”,这是民族自治地方制定自治条例、单行条例的原则依据。现行宪法、民族区域自治法、立法法均规定民族自治地方的人大有权依照当地民族的政治、经济和文化特点,制定自治条例和单行条例。自治区的自治条例和单行条例,报全国人大常委会批准后生效;自治州、自治县的自治条例和单行条例,报省或者自治区的人大常委会批准后生效,并报全国人大常委会备案。

立法法还规定,自治条例和单行条例可以依照当地民族的特点,对法律和行政法规的规定作出变通规定,但不得违背法律或者行政法规的基本原则。这表明,民族自治地方的人大有变通规定的制定权。变通法律、行政法规、地方性法规只能由民族自治地方的人大实施;变通规定必须报法定机关批准和备案。就变通法律而言,这种变通权力在具体部门法中有特别规定,并且只有部分部门法有这种特别的规定。据统计,到目前为止,我国有刑法、婚姻法等12部法律明确授予民族自治地方变通法律。主要涉及婚姻、继承、计划生育、资源开发、未成年人保护、社会治安、环境保护以及土地、森林、草原管理等方面。

(2)变通执行或者停止执行上级国家机关的决议、决定、命令和指示的自治权。民族区域自治法规定,上级国家机关的决议、决定、命令和指示,如有不适合民族自治地方实际情况,自治机关可以报经该上级国家机关批准,变通执行或者停止执行。

2. 财政税收方面的自治权

现行宪法第117条规定:“民族自治地方的自治机关有管理地方财政的自治权。凡是依照国家财政体制属于民族自治地方的财政收入,都应当由民族自治地方的自治机关自主地安排使用。”

民族区域自治法第32条、第33条、第34条对民族自治地方的财政自主权作了具体规定。这些权力包括:凡是依照国家财政体制属于民族自治地方的财政收入,都应当由民族自治地方的自治机关自主地安排使用;在国家转移支付中,享受上级财政照顾;财政机动预备费在预算中高于一般地区;对国家关于地方开支的标准、定员、定额,可以制定补充规定和具体办法;在执行国家税收法时,除应由国家统一审批的减免税收项目以外,对属于地方财政收入的某些需要从税收上加以照顾和鼓励的,可以实行减税和免税。自治州、自治县决定减税或者免税,需报省或自治区人民政府批准。

管理民族自治地方的财政,是自治机关重要的自治权之一。只有财政上真正做到自主,才能保证其他权力的实现。在我国,由于实行中央集权体制,虽然在税收上实行分税制,但是,国家财政还是统一的,即使是地方财政收入,也常常上调中央财政,再由中央财政转移支付。宪法和民族区域自治法的规定说明,民族自治地方的财政收入由自治机关自主地安排使用,在执行国家税收法时,不上调中央财政。

3. 经济管理方面的自治权

现行宪法第 118 条规定:“民族自治地方的自治机关在国家计划的指导下,自主地安排和管理地方性的经济建设事业。国家在民族自治地方开发资源、建设企业的时候,应当照顾民族自治地方的利益。”

民族区域自治法对民族自治地方的经济管理方面的自治权作了具体规定:根据本地方的特点和需要,制定经济建设的方针、政策和计划;根据本地方的财力、物力和其他具体条件自主地安排地方基本建设项目;自主地管理隶属于本地方的企业、事业;自主地安排利用完成国家计划收购、上调任务以外的工农业产品和其他土特产品。

民族区域自治法规定,民族自治地方的自治机关根据法律的规定和本地方经济发展的特点,合理调整生产关系,改革经济管理体制;确定本地方的自然资源,优先合理开发利用;依照国家的规定,可以开展对外经济贸易活动,经国务院批准,可以开辟对外贸易口岸,与外国接壤的自治地方经国务院批准,开展对外边境贸易,在对外贸易活动中,享受国家的优惠政策。

4. 人事管理方面的自治权

民族区域自治法规定,民族自治地方的自治机关采取各种措施从当地民族中大量培育各级干部,各种科学技术、经营管理等专业人才和技术工人,并在少数民族妇女中培养各级干部和各种专业技术人才;自治机关可以采取特殊措施,优待、鼓励各种专业人员参加自治地方的各项建设工作;自治地方的企事业单位在招收人员时,要优先招收少数民族人员,并且可以从农村和牧区少数民族人口中招收。

5. 教育、科学、文化、卫生及体育方面的自治权

现行宪法第 119 条规定:“民族自治地方的自治机关自主地管理本地方的教育、科学、文化、卫生、体育事业,保护和整理民族的文化遗产,发展和繁荣

民族文化。”

民族区域自治法作了具体规定：按照国家的法律规定和国家的教育方针，决定本地方的教育规划，各级各类学校的设置、学制、办学形式、教学内容、教学用语和招生办法。自主发展民族教育，举办各种民族专业学校，培养少数民族专业人才；自主地决定本地方的科技发展规划，普及科技知识，采取措施鼓励科技创造发明；自主发展具有民族形式和民族特点的文学、艺术、新闻、出版、广播、电视、电影等民族文化事业；自主决定本地方医疗卫生事业的发展规划，发展现代医学和民族传统医学；自主地发展体育事业，开展民族传统体育活动；自治机关组织、支持有关单位和部门收集、整理、翻译和出版民族书籍，保护民族的名胜古迹、珍贵文化和其他重要历史文化遗产。

6. 其他自治权

组织地方公安部队。现行宪法第 120 条规定：“民族自治地方的自治机关依照国家的军事制度和当地的实际需要，经国务院批准，可以组织本地方维护社会治安的公安部队。”

现行宪法第 121 条规定：“民族自治地方的自治机关在执行职务的时候，依照本民族自治地方自治条例的规定，使用当地通用的一种或者几种语言文字。”

民族区域自治法规定，民族自治地方的自治机关制定管理人口办法和制定实行计划生育的办法。

民族自治地方的自治机关保护和改善生活环境和生态环境，防止污染和其他公害。

第二节　特别行政区的自治权

一、特别行政区自治概述

（一）特别行政区

特别行政区是指在中华人民共和国领域内，根据宪法和法律的规定，专门设立特别的行政区域，实行特殊的社会、经济和政治制度的地方行政区域。

特别行政区是“一国两制”构想的具体化。以“一国两制”的形式解决香港、澳门和台湾问题是中国的一项基本国策，必须有宪法的依据。现行宪法第 31 条规定：“国家在必要时得设立特别行政区。在特别行政区内实行的制度按照具体情况由全国人民代表大会以法律规定。”根据现行宪法的规定，全国人大分别于1990年、1993年通过了《中华人民共和国香港特别行政区基本法》(简称香港特别行政区基本法)和《中华人民共和国澳门特别行政区基本法》(简称澳门特别行政区基本法)。两部基本法的核心内容是"一国两制"、"港人治港"、"澳人治澳"、"高度自治",其中大部分条款都涉及高度自治权。这些条款共同构成了理解特别行政区高度自治权的内容。

(二)特别行政区的特点

1. 以"一国两制"为思想基础

"一国两制"即"一个国家、两种制度",指在中华人民共和国内,内地实行社会主义制度,港、澳、台等地区实行资本主义制度。

香港、澳门特别行政区基本法一致规定:"特别行政区的制度和政策,包括社会、经济制度、有关保障居民的基本权利和自由的制度、行政管理、立法和司法方面的制度以及有关政策,均以本法的规定为依据。"因此,香港、澳门特别行政区在其实行的政治、经济、社会及法律等制度上,都与我国的其他行政区域有根本的不同,其"特别"之处主要表现在以下几个方面:

(1)社会制度不同。在内地的地方行政区域,不论是普通行政区域还是民族自治地方,都实行社会主义制度。而香港、澳门特别行政区不实行社会主义制度和政策,保持原有的资本主义制度和生活方式50年不变。

(2)政治制度不同。特别行政区政治体制的最大特点是以行政为主导的政治体制,其中最重要的就是行政长官在特别行政区政权机关的设置和运作中处于主导地位。两部基本法均明确规定行政长官既是特别行政区的首长,又是特别行政区政府的首长,不仅要对特别行政区负责,还要对中央负责。对特别行政区以行政为主导的政治体制,两部基本法作了一系列的规定,在行政、立法和司法三者关系中,基本模式是行政机关和立法机关相互配合相互制衡,司法独立。这说明内地实行的人民代表大会制度这一国家的根本政治制度,在特别行政区不实行。内地的人民代表大会既是立法机关,又是权力机关,各级人民政府及其他政权机关均由同级人大选举产生,向它负责、受它监督,这是社会主义制度的主要表现。而特别行政区的行政机关、立法机关和司法机关的组织、地位、职权及其相互关系,既不采纳内地的人民代表大会制度,也不采用资本主义国家的政权组织形式。

(3)法律制度不同。特别行政区有自己独立的法律体系,由特别行政区基本法、当地原有的法律和特别行政区立法机关制定的法律组成,全国性的法律除了少量的(已列入基本法附件三)在特别行政区实施外,其他全国性法律和行政法规在特别行政区不实施。

2. 高度自治

香港、澳门特别行政区基本法一致规定,全国人大授权香港、澳门特别行政区依基本法的规定“实行高度自治,享有行政管理权、立法权、独立的司法权和终审权”。两部基本法还规定中央人民政府所属各部门,各省、自治区、直辖市均不得干预特别行政区根据本法自己管理的事务。因此,这种高度自治表现在自治的范围广、程度高,中央与特别行政区的关系是一种特殊的中央与地方的关系。

3.“港人治港”、“澳人治澳”

两部基本法均没有“港人治港”、“澳人治澳”的表述。两部基本法只在第3条规定,特别行政区的行政机关和立法机关由特别行政区永久性居民组成,俗称“港人治港”、“澳人治澳”。另外,根据香港特别行政区基本法的规定,特别行政区行政长官、行政会议成员、立法会主席、政府主要官员、终审法院和高等法院首席法官以及基本法委员会中的香港委员,必须由在外国无居留权的香港特别行政区永久性居民中的中国公民担任。根据澳门特别行政区基本法的规定,特别行政区行政长官、行政会议成员、政府主要官员、立法会主席和副主席、终审法院院长、检察长必须由澳门特别行政区永久性居民中的中国公民担任,澳门基本法未对外国居留权问题作出限制,但规定行政长官“在任职期间不得具有外国居留权”。特别行政区机关的主要官员由当地永久性居民中的中国公民担任,说明中央人民政府不派遣非特别行政区居民在特别行政区国家机关担任公职。

二、特别行政区的自治权

特别行政区自治权是指特别行政区自治机关依法管理本地区内部事务和地方事务的权力。特别行政区的自治权由特别行政区的自治机关行使。根据特别行政区基本法和相关法律的规定,特别行政区的自治机关包括行政长官、行政机关、立法机关、司法机关等。

(一)特别行政区自治权的来源

现行宪法第31条规定,特别行政区内实行的制度由全国人大以法律规定。全国人大制定的两部基本法均在第2条规定香港、澳门特别行政区实行高度自治,享有行政管理权、立法权、独立的司法权和终审权。两部基本法均在第12条规定,特别行政区是中华人民共和国的一个享有高度自治权的地方行政区域。因此,香港、澳门特别行政区的自治权来自于全国人大的授权。根据现行宪法和特别行政区基本法的有关条文,特别行政区自治权有以下两方面的特点:一是特别行政区自治权本质上属于地方自治权。特别行政区的自治权由全国人大授权,授权多少就是多少,没有明确规定的,两部基本法在第20条均规定,中央还可以授予。故特别行政区不存在"剩余权力"问题。二是特别行政区自治权的范围广、程度高,被称为"高度自治权"。

两部基本法在规定特别行政区的权力的同时,均在基本法第二章第12—23条(中央与特别行政区的关系)对特别行政区的权力进行了限制。这种限制表现在基本法明确规定了中央对特别行政区行使的权力,如中央人民政府负责管理与特别行政区有关的外交事务;中央负责管理特别行政区的防务;中央人民政府任命行政长官和主要官员;全国人大常委会决定特别行政区进入紧急状态;特别行政区法院对国防、外交等国家行为无管辖权;全国人大修改特别行政区基本法等。以上权力由中央行使,特别行政区不享有这些权力。

(二)特别行政区自治权的内容

1.立法方面的自治权

特别行政区的立法权是指特别行政区立法机关制定、修改和废除属于特别行政区自治范围内法律的权力。

两部基本法均明确规定,特别行政区的立法会是特别行政区的立法机关。香港特别行政区立法会的所有议席均由选举产生,而澳门特别行政区基本法保留了立法会中的部分委任议席且赋予澳门行政长官对部分立法会议员的委任权。香港特别行政区立法会由在外国无居留权的香港特别行政区永久性居民中的中国公民组成,但非中国籍的香港特别行政区永久性居民和在外国有居留权的香港特别行政区永久性居民也可以当选为立法会议员,但所占比例不得超过全体议员的20%。澳门特别行政区立法会议员由澳门特别行政区永久性居民担任。特别行政区立法会每届任期4年。特别行政区立法会如经行政长官依法解散,须于三个月内依法重新选举产生。

特别行政区立法会设主席一职,由立法会议员互选产生。香港特别行政区立法会主席由年满40周岁,在香港通常居住连续满20年并在外国无居留权的香港特别行政区永久性居民中的中国公民担任。澳门特别行政区立法会设主席、副主席各一人,由在澳门通常居住连续满15年的澳门特别行政区永久性居民中的中国公民担任。

特别行政区立法方面的自治权主要表现在以下几个方面:(1)特别行政区的立法会有权就特别行政区自治范围内的一切事务立法,但有关国防、外交和其他按特别行政区基本法规定不属于特别行政区自治范围的法律除外;(2)特别行政区立法机关制定的法律只须报全国人大常委会备案。备案不影响该法律的生效;(3)全国人大常委会在征询其所属的特别行政区基本法委员会后,如认为特别行政区立法机关制定的任何法律不符合基本法,也只是由全国人大常委会将有关法律发回,但不作修改;(4)经全国人大常委会发回的法律立即失效。该法律的失效,除特别行政区的法律另有规定外,无溯及力。

2. 行政管理方面的自治权

两部基本法均规定,特别行政区享有行政管理权,依照基本法的有关规定自行处理特别行政区的行政事务。

特别行政区政府是特别行政区的行政机关,通过其行政长官向中央人民政府负责,并向特别行政区立法会负责。

特别行政区政府的首长是特别行政区行政长官。行政长官由年满40周岁在香港(澳门)通常居住连续满20年,并且在外国无居留权(澳门基本法没有此项规定)的特别行政区永久性居民中的中国公民担任。《中华人民共和国澳门特别行政区基本法》第49条规定:“澳门特别行政区行政长官在任职期内不得具有外国居留权。”行政长官在当地通过选举或协商产生,由中央人民政府任命。香港特别行政区基本法还规定,行政长官的产生办法根据香港的实际情况和循序渐进的原则,最终达至普选产生的目标。行政长官任期5年,可连任一次。

香港特别行政区政府设政务司、财政司、律政司和各局、处、署;澳门特别行政区政府设司、局、厅、处。香港和澳门特别行政区均设立廉政公署、审计署,独立工作,对行政长官负责。特别行政区的主要官员由通常居住在特别行政区连续满15年并在外国无居留权(澳门基本法没有在外国无居留权的规定)的特别行政区永久性居民中的中国公民担任。主要官员均由行政长官提名并报请中央人民政府任命。

特别行政区在行政管理方面的自治权,两部基本法在第五章、第六章都作了规定,除有权自行处理特别行政区的行政事务之外,自治权还涉及财政、税收、金融、贸易和工商业、土地、航运、民用航空方面的权力;教育、科技、医疗、文化、体育、宗教、劳工、社会服务和社会治安等领域。其中突出的是:(1)在税收方面,特别行政区保持财政独立,预算报中央备案,中央人民政府不在特别行政区征税;(2)在金融方面,特别行政区政府自行制定货币金融政策,发行货币;保持自由港和单独的关税区,资金进出自由,不实行外汇管制政策等。

3. 独立的司法权和终审权

独立的司法权是指特别行政区法院独立进行审判,不受任何干涉。终审权是指特别行政区的诉讼案件,以特别行政区终审法院为最高审级,终审法院的判决为最终判决。两部基本法均规定,全国人大常委会授权特别行政区法院在审理案件时对基本法关于特别行政区自治范围内的条款可以自行解释,对其他条款也可以解释,不过,此项解释权的行使具有一定的条件。

特别行政区的司法机关是特别行政区的各级法院,其行使特别行政区审判权。在澳门特别行政区,司法机关还包括特别行政区检察院,行使特别行政区的检察权。

香港特别行政区设立终审法院、高等法院、区域法院、裁判署法庭和其他专门法庭。香港特别行政区法院的法官实行任命制,由当地法官和法律界及其他方面知名人士组成的独立委员会推荐,行政长官任命。香港特别行政区法院的法官实行终身制,法官只有在无力履行职责或行为不检点的情况下,行政长官才可以根据终审法院首席法官任命的不少于3名当地法官组成的审议庭的建议,予以免职。香港特别行政区终审法院的首席法官只有在无力履行职责或行为不检点的情况下,行政长官才可任命不少于5名当地法官组成的审议庭进行审议,并可根据其建议,依照本法规定的程序,予以免职。终审法院法官和高等法院首席法官的任免还须行政长官征得立法会的同意,并报全国人大常委会备案。

澳门特别行政区法院行使审判权。澳门特别行政区法院设立初级法院、中级法院和终审法院。此外还保留了刑事起诉法庭,设有行政法院。行政法院是管辖行政诉讼和税务诉讼的法院。不服行政法院裁决者,可向中级法院上诉。

澳门特别行政区各级法院的法官实行任命制和终身制。澳门特别行政区各级法院的法官,根据当地法官、律师、知名人士组成的独立委员会的推荐,由行政长官任命。法官的选用以其专业资格为标准,符合标准的外籍法官也可聘用。法官只有在无力履行职责或行为与其所担任职务不相称的情况下,行政长官才可根据终审法院院长任命的不少于3名当地法官组成的审议庭的建议,予以免职。终审法院院长由澳门特别行政区永久性居民中的中国公民担任。终审法院院长的任免须报全国人大常委会备案。

就检察机关而言,香港特别行政区在政府中设律政司,主管刑事检察工作。澳门特别行政区设检察院,独立行使法律赋予的检察职能。澳门特别行政区检察院采取的是单一系统的形式,只设一间检察院。检察长由澳门特别行政区永久性居民中的中国公民担任,由行政长官提名,报中央人民政府任命。检察官经检察长提名,由行政长官任命。

4. 自行处理有关对外事务的权力

中央人民政府授权特别行政区依照特别行政区基本法自行处理有关的对外事务：(1)特别行政区可在经济、贸易、金融、航运、通讯、旅游、文化、体育等领域以"中国香港"、"中国澳门"的名义，单独地同世界各国、各地区及有关国际组织保持和发展关系，签订和履行有关协议；(2)特别行政区可以"中国香港"、"中国澳门"的名义参加不以国家为单位参加的国际组织和国际会议；(3)特别行政区政府依照法律给持有特别行政区永久性居民身份证的中国公民签发中华人民共和国特别行政区护照，给在特别行政区其他合法居留者签发中华人民共和国特别行政区的其他旅行证件；(4)对世界各国或各地区的人入境、逗留和离境，特别行政区政府可实行出入境管制；(5)中央人民政府协助或授权特别行政区政府与各国或各地区缔结互免签证协议；(6)特别行政区可根据需要在外国设立官方或半官方的经济和贸易机构，报中央人民政府备案；等等。

5. 其他方面的自治权

特别行政区可以实行与中华人民共和国不同的社会、经济和政治制度。

中央所属各部门，各省、自治区、直辖市均不得干预特别行政区依法自行管理的事务。

特别行政区的行政机关和立法机关由特别行政区永久性居民组成。两部基本法均在第 24 条规定了永久性居民的条件。

总之，特别行政区的自治权，权力之大是其他单一制国家和联邦制国家地方政府所无法比拟的。以美国为例，各州都没有特别行政区那样的独立的关税政策、发行货币、财政独立、海关独立及出入境管制等权力，更谈不上司法的终审权和许多涉外事务的处理权等。可以说，现在世界上还没有哪一个国家的地方政府或哪个联邦成员国，有特别行政区这样的自治权。

第三节　居民自治权和村民自治权

我国的城市居民自治和农村村民自治，统称基层群众性自治，其自治组织根据宪法的规定是居民委员会或村民委员会。居民（村民）委员会不是国家的一级政权组织，但它们都是我国基层政权的有力支柱。现行宪法第三章国家机构第 111 条对居民委员会和村民委员会作了专门的规定。所以本教材把居民（村民）自治权放在地方自治权这一章，专门一节加以介绍。

一、基层群众性自治概述

(一)基层群众性自治

基层群众性自治是指城乡居民通过选举产生居民委员会或村民委员会，依法行使民主权利，实现自我管理、自我教育和自我服务的基层民主形式。

群众自治是现代民主社会的基础，在我国，早在20世纪50年代，作为基层群众性自治组织的一种形式，居民委员会就已经存在了。1954年《城市居民委员会组织条例》，首次用法律的形式肯定了居民委员会的性质、地位和作用。1982年，现行宪法明确规定了居民(村民)委员会的性质、任务和作用。1989年，第七届全国人大常委会制定了《中华人民共和国城市居民委员会组织法》(简称居民委员会组织法)。1998年第九届全国人大常委会正式颁布了《中华人民共和国村民委员会组织法》(简称《村民委员会组织法》)，该部法律于2010年第十一届全国人大常委会重新修订，较以前的村民委员会组织法更加完善。两部法律对落实宪法的基层民主制度发挥了巨大的作用。

(二)基层群众性自治组织

基层群众性自治组织是指根据宪法和法律的规定，以城乡居民的居住区域为基础而设立的，由城乡居民选举产生的成员组成的，实行自我管理、自我教育、自我服务的自治性社会组织。

现行宪法第111条规定："城市和农村按居民居住地区设立的居民委员或村民委员会是基层群众性自治组织。"宪法的这一规定表明，我国的基层群众性自治组织的性质是:它们不是政权组织，不享有政府权力。它们是以居民或村民的居住地为基础而设立的，其目的是服务于社区的共同生活，办理居住地范围内的公共事务与公益事业等。

(三)基层群众性自治的特点

1. 基层性。从基层群众性自治组织的设立来看，居民(村民)委员会是以基层社区为基础设立的，且只存在基层社区，它们不同于国家机关或者社会团体，它们没有上下级组织，也没有全国性组织。从基础群众性自治的内容来看，居民(村民)委员会所从事的工作，是居民(村民)居住范围内的公共事务和公益事业。

2. 群众性。基层群众性自治的主体是居住在一定范围内的所有居民(村民)。居民(村民)通过基层群众性自治组织依法办理群众自己的事情，而居民(村民)委员会的成员都是由社会的最基本的单位——个人组成的。

3. 自主性。基层群众性自治组织是具有自治性质的社会组织，它代表本居住地的居民(村民)行使自治权，依法办理自己的事情，做到自我管理、自我教育、自我服务，实行居民(村民)自治。居民(村民)会议是居民(村民)自治的更高自治组织形式，居民(村民)委员会，是居民(村民)会议的执行组织和工作组织，对居民(村民)自治范围内的事项，任何组织和个人不得干预。

(四)基层群众性自治组织与基层政权的关系

我国宪法规定，居民委员会、村民委员会同基层政权的相互关系由法律规定。

基层政权是我国国家政权体系中最底层次环节，是指不设区的市、市辖区、乡、镇的人民代表大会和人民政府。因此，基层群众性自治组织与基层政权的关系，包括基层群众性自治组织同基层人民代表大会及人民政府的关系。

1. 同基层人民代表大会的关系

基层群众性自治组织同基层人民代表大会的相互关系，城市居民委员会组织法中没有规定，《村民委员会组织法》第 39 条作了概括性的规定："地方各级人民代表大会和县级以上地方各级人民代表大会常务委员会在本行政区域内保证本法的实施，保障村民依法行使自治权利。"

2. 同基层人民政府的关系

城市居民委员会组织法和村民委员会组织法分别对基层群众性自治组织与基层人民政府的关系作了规定。《城市居民委员会组织法》第 2 条第 2 款规定："不设区的市、市辖区的人民政府或者它的派出机关对居民委员会的工作给予指导、支持和帮助。居民委员会协助不设区的市、市辖区的人民政府或者它的派出机关开展工作。"第 20 条规定："市、市辖区的人民政府有关部门，需要居民委员会或者它的下属委员会协助进行工作，应当经市、市辖区的人民政府或者它的派出机关同意并统一安排。市、市辖区的人民政府的有关部门，可以对居民委员会有关的下属委员会进行业务指导。"《村民委员会组织法》第 5 条规定："乡、民族乡、镇的人民政府对村民委员会的工作给予指导、支持和帮助，但是不得干预依法属于村民自治范围内的事项。村民委员会协助乡、民族乡、镇的人民政府开展工作。"归纳起来，基层群众性自治组织与基层人民政府的关系主要有两个方面：一是协助与被协助的关系；二是指导与被指导的关系。

二、居民(村民)自治权

(一)居民(村民)自治权的内涵

居民(村民)自治权,[2]指居民(村民)通过自治组织依法办理与居民(村民)利益相关事务的权利。居民(村民)自治权的主体是全体居民(村民)这个共同体,包括居民(村民)个体、居民(村民)委员会、居民(村民)会议等。其中,居民(村民)个体,是共同体的基础,没有居民(村民)的自治权,就不可能有共同体的自治权;居民(村民)会议则是居民(村民)自治的更高自治组织形式。因此,居民(村民)自治权是多种权利的集合。

(二)居民(村民)自治权的来源

居民(村民)自治权这个概念,在现行宪法、城市居民委员会组织法和村民委员会组织法中没有明确规定。现行宪法和村民委员会组织法中只有“自治”的表述。现行宪法第111条规定,城市和农村按居民(村民)居住地区设立的居民委员会或者村民委员会是基层群众性自治组织。《中华人民共和国村民委员会组织法》第1条规定:“为了保障农村村民实行自治,由村民依法办理自己的事情,发展农村基层民主,维护村民的合法权益,促进社会主义新农村建设,根据宪法,制定本法。”《居民委员会组织法》和《村民委员会组织法》均在第2条规定,居民(村民)委员会是居民(村民)自我管理、自我教育、自我服务的基层群众性自治组织,《村民委员会组织法》第2条还进一步规定村民委员会实行民主选举、民主决策、民主管理、民主监督。因此,根据宪法和相关法律的规定,居民(村民)委员会的自治权来源于居民(村民),它们由居民(村民)选举产生,并对居民(村民)负责。

(三)居民自治权

1. 居民自治组织

(1)居民会议。居民会议由居民委员会辖区内年满18周岁以上的居民组成。居民会议可以由全体18周岁以上的居民或者每户派代表参加;也可以

---

〔2〕 居民自治权与村民自治权的研究,学术界更热衷于村民自治权的探索和研究。但村民自治权的内涵、性质、主体、内容等问题学术界尚未达成共识。就村民自治权的主体来看,大致有三种观点:第一种观点认为是村民个体(参见潘嘉玮、周贤日:《村民自治与行政权的冲突》,中国人民大学出版社2004年版,第179页)。第二种观点认为是村民委员会(参见陈箭、刘民安:“简论村民委员会的法律地位”,载《政治与法律》1992年第6期,第45~47页)。第三种观点认为是以村为基础的村民集体(参见黄辉:《中国村自治法的制度、实践与理论》,法律出版社2009年版,第296页)。

由每个居民小组选举代表2至3人参加。居民会议必须有全体18周岁以上的居民,户的代表或者居民小组选举的代表的过半数出席,才能举行。会议的决定,由出席人的过半数通过。居民会议由居民委员会召集和主持。有1/5以上的18周岁以上的居民、1/5以上的户或者1/3以上的居民小组提议,应当召集居民会议。

(2)居民委员会。根据居民委员会组织法的规定,一般在100户至700户的范围内设立居民委员会。居民委员会的设立、撤销、规模调整,由不设区的市、市辖区的人民政府决定。居民委员会由主任、副主任和委员共5至9人组成。多民族居住地区,居民委员会中应当有人数较少的民族的成员。居民委员会的成员,由本居住地区全体有选举权的居民或者由每户派代表选举产生,根据居民意见,也可以由每个居民小组选举代表2至3人选举产生。居民委员会每届任期3年,其成员可以连选连任。居民委员会根据需要设人民调解、治安保卫、公共卫生等委员会。居民委员会可以分设若干居民小组。

(3)居民会议与居民委员会的关系。根据城市居民委员会组织法的规定,居民会议与居民委员会的关系主要体现在两个方面:一是决定与执行的关系。居民会议作出的决议和决定,居民委员会必须执行;涉及全体居民利益的重要问题,居民委员会必须提请居民会议讨论决定。二是监督与被监督的关系。居民委员会向居民会议负责并报告工作;居民会议有权撤换和补选居民委员会成员。

2. 居民自治权的内容

(1)民主选举权。居民委员会主任、副主任和委员,由本居住地区全体有选举权的居民或者由每户派代表选举产生,根据居民意见,也可以由每个居民小组选举代表2至3人选举产生。年满18周岁的本居住地区居民,不分民族、种族、性别、职业、家庭出身、宗教信仰、教育程度、财产状况、居住期限,都有选举权和被选举权,但是,依照法律被剥夺政治权利的人除外。根据法律规定和居民自治实践,居民不仅可以选举居民委员会的成员,还可以选举其他法定的或者居民创设的自治组织。

(2)民主决策权。涉及全体居民利益的重要问题,居民委员会必须提请居民会议讨论决定;在居民会议中,采用少数服从多数的民主方式,集体讨论、决定居民自治范围内涉及居民利益的事情。

(3)民主管理权。居民委员会决定问题,采取少数服从多数的原则;居民委员会进行工作,应当采取民主的方法,不得强迫命令;另外,居民可以通过居民会议讨论决定居民公约。[3] 居民公约由居民会议讨论制定,报不设区的市、市辖区的人民政府或者它的派出机关备案,由居民委员会监督执行。居民公约的内容不得与宪法、法律、法规和国家的政策相抵触。

(4)民主监督权。居民委员会向居民会议负责并报告工作;居民会议有权撤换和补选居民委员会成员。当然,居民监督的对象不仅涉及居民委员会及其成员,还应包括居民会议等其他自治组织。

(四)村民自治权

1. 村民自治组织

(1)村民会议。村民会议由本村18周岁以上的村民组成。召开村民会议,应当有本村18周岁以上的村民的过半数,或者本村2/3以上的户的代表参加,村民会议所作决定应当经到会人员的过半数通过。法律对召开村民会议及作出决定另有规定的,依照其规定。村民会议由村民委员会召集。有1/10以上的村民或者1/3以上的村民代表提议,应当召集村民会议。召集村民会议,应当提前10天通知村民。

(2)村民代表会议。村民代表会议是指人数较多或居住分散的村,可以设立村民代表会议,讨论决定村民会议授权的事项。村民代表会议由村民委员会成员和村民代表组成,村民代表应当占村民代表会议组成人员的4/5以上,妇女村民代表应当占村民代表会议组成人员的1/3以上。村民代表由村民按每5户至15户推选一人,或者由各村民小组推选若干人。村民代表的任期与村民委员会的任期相同。村民代表可以连选连任。村民代表会议由村民委员会召集。村民代表会议每季度召开一次。有1/5以上的村民代表提议,应当召集村民代表会议。村民代表会议有2/3以上的组成人员参加方可召开,所作决定应当经到会人员的过半数同意。村民代表会议经过村民会议的授权,可以办理涉及村民利益的事项(《村民委员会组织法》第24条规定了9个方面的事项)。

(3)村民委员会。村民委员会根据村民居住状况,人口多少,按照便于群众自治,有利于经济发展和社会管理的原则设立。村民委员会的设立、撤销、范围调整,由乡、民族乡、镇的人民政府提出,经村民会议讨论同意,报县级人民政府批准。村民委员会由主任、副主任和委员共3至7人组成。村民委员会成员中,应当有妇女成员,多民族村民居住的村应当有人数较少的民族的成

---

〔3〕 居民公约是居民会议依照法律、法规和国家政策制定的调整社区事务的规范。居民公约只在居民委员会管辖的范围内有效,只针对居住区域内的居民发生效力。

员。村民委员会主任、副主任和委员,由村民直接选举产生。村民委员会的选举,由村民选举委员会主持。选举委员会由主任和委员组成,由村民会议、村民代表会议或者各村民小组会议推选产生。村民委员会每届任期3年,届满应当及时举行换届选举。村民委员会成员可以连选连任。村民委员会根据需要设人民调解、治安保卫、公共卫生与计划生育等委员会。村民委员会成员可以兼任下届委员会的成员。人口少的村的村民委员会可以不设下属委员会,由村民委员会成员分工负责人民调解、治安保卫、公共卫生与计划生育等工作。村民委员会可以根据村民居住状况,集体土地所有权关系等分设若干村民小组。

(4)村民(村民代表)会议与村民委员会的关系。根据村民委员会组织法的规定,村民(村民代表)会议与村民委员会的关系主要体现在两个方面:一是决定与执行的关系。村民会议对本村重大事项有讨论决定权,村民会议的决定村民委员会必须执行;村民委员会对于涉及村民利益的重要事项,必须提请村民会议讨论决定方可办理。二是监督与被监督的关系。村民委员会向村民(村民代表)会议负责并报告工作;村民会议(村民会议可以授权村民代表会议)审议村民委员会的年度工作报告,评议村民委员会成员的工作,有权撤销或者变更村民委员会不适当的决定。

2. 村民自治权的内容

《村民委员会组织法》第2条规定:“村民委员会是村民自我管理、自我教育、自我服务的基层群众性自治组织,实行民主选举、民主决策、民主管理、民主监督。”

(1)民主选举权。民主选举权是村民选举产生村民自治组织成员的权利。主要包括村民的选举权、被选举权、提名权以及对候选人的投票权等。村民委员会中的主任、副主任和委员,由村民直接选举产生。年满18周岁的村民,不分民族、种族、性别、职业、家庭出身、宗教信仰、教育程度、财产状况、居住期限,都有选举权和被选举权,但是,依照法律被剥夺政治权利的人除外;选举村民委员会,由登记参加选举的村民直接提名候选人;登记参加选举的村民,选举期间外出不能参加投票的,可以书面委托本村有选举权的近亲属代为投票,村民选举委员会应当公布委托人和受托人的名单。

(2)民主决策权。涉及村民利益的重大事项,经村民会议讨论决定方可办理。《村民委员会组织法》第24条明确了村民决策权的内容:第一,本村享受务工补贴的人员及补贴标准;第二,从村集体经济所得收益的使用;第三,本村公益事业的兴办和筹资筹劳方案及建设承包方案;第四,土地承包经营方案;第五,村集体经济项目的立项、承包方案;第六,宅基地的使用方案;第七,征地补偿费的使用、分配方案;第八,以借贷、租赁或者其他方式处分村集体财产;第九,村民会议认为应当由村民会议讨论决定的涉及村民利益的其他事项。

村民会议可以授权村民代表会议讨论决定前款规定的事项。新修订的《村民委员会组织法》,增加了村民小组会议制度,第28条第3款规定:"属于村民小组的集体所有土地、企业和其他财产的经营管理以及公益事项的办理,由村民小组会议依照有关法律的规定讨论决定,所作决定及实施情况应当及时向本村民小组的村民公布。"

(3)民主管理权。民主管理权是指村民通过自治组织实现自己处理自治范围内事务的权利。具体包括以下几个方面:第一,村民有权选择管理者;第二,村民委员会有权管理本村属于村农民集体所有的土地和其他财产,引导村民合理利用自然资源,保护和改善生态环境;第三,进行村务档案管理;第四,村民有权办理本村的公共事务和公益事业、调解民间纠纷;第五,村民会议可以制定和修改村民自治章程、村规民约,[4]并报乡、民族乡、镇的人民政府备案。村民自治章程、村规民约以及村民会议或者村民代表会议的决定不得与宪法、法律、法规和国家的政策相抵触,不得有侵犯村民的人身权利、民主权利和合法财产权利的内容。

(4)民主监督权。根据《村民委员会组织法》的规定,村民的民主监督权主要包括以下内容:第一,村民的举报权,对以暴力、威胁、欺骗、贿赂、伪造选票、虚报选举票数等不正当手段,妨害村民行使选举权、被选举权、破坏村民委员会选举的行为,村民有权向乡、民族乡、镇的人大和人民政府或者县级人大常委会和人民政府及其有关主管部门举报,由乡级或者县级人民政府负责调查并依法处理。第二,村民委员会向村民会议、村民代表会议负责并报告工作。第三,罢免权,本村1/5以上有选举权的村民或者1/3以上的村民代表联名,可以提出罢免村民委员会成员的要求,并说明要求罢免的理由。第四,村民会议审议村民委员会的年度工作报告,评议村民委员会成员的工作;有权撤销或者变更村民委员会不适当的决定。第五,对村务的监督权,实行村务公开制度,建立村务监督委员会或者其他形式的村务监督机构,实现民主监督。

---

[4] 村民自治章程和村规民约是村民会议依照法律、法规和国家政策并结合本村实际情况制定的调整村内事务的自治规范的总称。村规民约的内容主要是有关"公序良俗"的规定,村民自治章程的内容比村规民约更广泛、全面,结构更完整,主要涉及自治组织的设置、行为规则等。

延伸阅读

1. 文正邦主编:《宪法学教程》,法律出版社2005年版,第二十五章。
2. 陈云生:《中国民族区域自治制度》,经济管理出版社2001年版。
3. 王叔文主编:《香港特别行政区基本法导论》,中共中央党校出版社、中国民主法制出版社2006年版。
4. 王禹:《我国村民自治研究》,北京大学出版社2004年版。

问题思考

1. 如何正确处理中央与特别行政区的关系?
2. 民族自治地方的立法权与特别行政区的立法权有何区别?
3. 村民委员会的性质是什么?其主要职能是商讨并决定本村发展的基本政策,还是执行村民会议所决定的事务?

第八章　中国的行宪

第一节　宪法的解释

一、宪法解释及其原因

宪法解释是指特定主体按照一定的原则和程序阐明宪法含义的行为。

创制宪法仅仅是解决了静态的宪法问题，而动态的宪法，即宪政问题则需要实施宪法方能解决。宪法解释是实施宪法所必须的基本手段，在现代民主国家的宪政建设中起着非常重要的作用。

宪法颁布实施之后，由于种种原因需要加以解释。解释宪法的目的，是为了统一理解和正确执行宪法，以维护国家根本大法的尊严和最高权威。所以，不少国家都在宪法中专门规定了关于宪法解释这方面的内容。

宪法为什么需要解释？归纳起来主要有以下几点原因：

1. 阐明宪法用语的准确含义。由于宪法是国家根本法，规定国家和社会的基本原则和基本制度，这就使得宪法条款往往比较原则抽象，不容易理解，再加上人们的政治立场、法律意识、文字理解能力不同，对同一条款可能出现仁者见仁、智者见智的理解，甚至作出截然相反的解释，这不利于宪法的贯彻执行，所以要由权威机关作出统一的解释。例如，美国各州在死刑存废问题上意见相左，主要源于宪法修正案第 8 条用词过于抽象："在一切案件中，不得……处以非常残酷之刑罚。"死刑算不算"非常残酷"？这的确需要解释一番。

2. 补充制宪时留存的缺漏。由于现实的复杂多变和人们认识能力的局限性，宪法在制定时难免存有疏漏，应该规定的事项被遗漏了，当然也有可能是制宪者根据当时的情势，认为有些事项暂时不作规定为宜从而有意识地予以保留。如果因为这些缺漏或保留造成了宪法争议，则往往需要通过解释来作补充说明。

3. 适应新形势发展。任何一部宪法或者宪法中的某些内容总有其时代局限性，即是说宪法在制定时不可能对未来的一切都洞幽烛微、准确预测而预立无遗。社会客观实际的变化往往是不以人的意志为转移的，当历史条件发生改变，原来的规定过时，出现某种新情况却没有相适应的宪法条款予以规范，但又来不及或者没有必要立即修改宪法，[1]在这种情况下，为了保证不至于出现法律鞭长莫及的局面，就需要对宪法中原来某些规定作出新的扩充解释，使之继续有效以适应新的情势。

4. 违宪审查的需要。立法机关制定了某项法律或者政府部门实施了某种行为，假如该法律或该行为的合宪性引起质疑，那么它到底是否违宪？违宪审查机关在进行处理时，首先就要对相关的宪法条款进行解释，作出确切的说明，这样才便于比较分析，才能最后作出准确判断。

二、宪法解释的体制

一般认为，宪法解释制度起源于美国，世界上其他国家也相继建立了宪法解释制度，形成了三种不同的宪法解释体制。

1. 立法机关解释制。即由立法机关行使解释权。在资本主义国家里，奉行议会至上的国家采用这种体制。社会主义国家的立法机关就是最高权力机关，所以都由最高权力机关来行使解释权。这种体制的特点是：(1)宪法解释权只能由立法机关行使，其他机关或个人解释均为非正式解释；(2)解释需按立法程序进行，立法机关可以主动进行解释，也可以应其他机关或政党等主体的请求进行解释；(3)解释可以以决议、决定的形式出现，也可寓于立法机关的立法文件之中；(4)宪法解释具有普遍的约束力。

2. 司法机关解释制。即由普通司法机关行使解释权。实行“三权分立”的国家往往采用这种体制，如美国、日本、加拿大。这种体制的特点是：(1)解释权由经宪法授权的或惯例认可的普通司法机关行使，其他机关或团体的解释为非正式解释；(2)解释按司法程序进行，一般遵循“不告不理”的原则；(3)解释寓于审判之中，常以判决的形式出现；(4)解释只对审理的具体案件

---

〔1〕 有学者认为：“解释权运用的极限就是修宪权的开始。……在大部分情况下，规范与现实之间的冲突并不十分激烈，属于宪政运作中不可避免的‘正常冲突’。在这种情况下，可以通过宪法解释对宪法文字进行扩展而使现实的合理需求为规范所包含。只有在规范与现实冲突十分激烈而达到‘违宪’程度时，才考虑动用修宪权的可能性。”参见徐秀义、韩大元主编：《现代宪法学原理》，中国人民公安大学出版社 2001 年版，第 287 页。

适用,理论上不具有普遍约束力。

3. 专门机关解释制。即由专门设立的机关行使解释权。这种专门机关通常有两种形式:一是宪法委员会(法国、前罗马尼亚),二是宪法法院(意大利、德国、前南斯拉夫)。设立专门的机关依照特定的程序行使宪法解释权,这是二战以后宪法发展的显著特点之一。

三、宪法解释的原则

宪法解释的原则可分为总原则和具体原则。在总原则方面,学术界存在两种不同观点:一是认为宪法解释应该坚持从严原则。其理由在于,制宪权是人民行使主权的体现,人民通过制定宪法,划定国家权力的界限,规定人民的权利和自由。因此,宪法解释只能严格依照制宪者的意图进行,如果由宪法解释者自由解释,则会破坏人民的制宪权,人民的权利和自由也会得不到保障。二是认为宪法解释应该坚持从宽原则。其理由在于,宪法的规定不是为了说明过去,而是为了说明未来,但制宪者并不可能准确预测未来,为了使宪法适应社会发展的需要,应当根据新的情况对宪法作出新的解释,因此宪法解释应该是广义的和灵活的。应该说,这两种观点都有一定道理,但如果将其绝对化则会产生片面性。既然宪法是国家的根本大法,宪法的变化影响深远,那么对宪法的解释就必须坚持从严的原则。但宪法规范的原则性、纲领性,以及宪法必须适应社会发展需要的特点,又决定了必须根据新情况对宪法进行及时解释。因此合理的原则应该是,以从严解释为主,但并不排除在个别情况下一定的灵活解释。

1. 符合宪法精神和制宪目的原则。解释宪法时,必须严格遵循宪法的基本精神、基本原则,因为它们集中体现制宪者的意图,是宪法的支柱和灵魂。根据宪法的基本精神、基本原则进行解释才能准确地阐释宪法的含义。任何一部宪法都有其制定的目的,以及为实现其目的而提出的根本任务和奋斗目标。因此,解释宪法不要仅仅着眼于表面文字,而要特别关注制宪的目的,使宪法解释与之符合。

2. 适应社会发展需要原则。由于国家的政治、经济、文化等形势不断发生变化,宪法解释也必须适应社会发展的需要,这样才能起到调整社会基本关系的作用。因此在解释宪法时既要考虑到制宪时的历史条件,又要在此基础上考虑到社会发展的实际状况和需要,不能完全拘泥于宪法条文的词句进行刻板的解释,使得宪法落后于时代,以至于成为一纸空文。

1787 年美国宪法规定,联邦有权管理贸易。依当时的原意,“贸易”就是货物买卖和经商的意思，但是最高法院在解释“贸易”一词时大大地扩充了其含义，凡与贸易有关的航运、陆上运输、电讯、生产与劳资关系等均属于贸易的范围。这种解释从文字的字面含义来看显然有些脱离原意，但却适应了扩大联邦政府管理权限这一时代的需要，从而赋予“贸易”一词以新的含义，而不违背宪法的精神和原则。

3. 系统解释原则。宪法解释机关在解释宪法的某一条文时，不能孤立进行，而要全面地考虑宪法的基本精神、基本原则、制宪的目的。同时，还要考虑到该宪法条文与其他内容相互之间的内在逻辑联系，对宪法中规定同一事项的不同条款应作为一个系统来考虑，不要就事论事、舍本逐末，偏离了解释宪法的本来目的。

4. 依法定程序解释原则。宪法的解释必须依照法定程序来进行，也就是说，只有由有权机关根据法定的权限和程序解释宪法，才能保证宪法解释科学、权威和有效。一般由立法机关来解释宪法的国家，均先由自己或其他国家机关提出解释的提案，然后再进行审议、表决，最后以决议的形式来解释宪法；由普通司法机关来解释宪法的国家，只能在具体案件的审理中需要对所适用的法律作出是否合宪的裁定时才对宪法作出解释；由宪法法院来进行解释的国家一般可由国家机关提出解释申请，或通过对宪法控诉案的审理，对宪法进行解释。

四、宪法解释的分类

（一）按解释的主体和效力不同分为正式解释和非正式解释

1. 正式解释。也称为法定解释、有权解释，是指由宪法授权的机关或习惯认可的机关依据一定的标准或原则对宪法条文所作的具有法律效力的说明。正式解释中解释机关一般由宪法明确规定，也有些国家对此并无明文规定，但通常习惯上认可某一特定的机关行使解释权，比如美国就是如此。正式解释中，解释本身具有法律效力，当然这种法律效力的范围及影响由于国家具体制度的差异会有所不同。

2. 非正式解释。也称非法定解释、无权解释，是指非特定的机关、团体和个人对宪法所作的不具有法律效力的说明。非正式解释可以分为学理解释和任意解释。学理解释通常是指学者就宪法规范的文字和内容，依据法学理论作出的阐释；任意解释是普通公民依据自己的理解和感悟，从各自的利益和角度出发，对法律作出的认知、评价和解释。非正式解释虽不具有法律效力，不能作为宪法实施的依据，但可能对立法机关产生一定影响。尤其是其中的学理解释更是如此。

(二)按解释方法不同可分为文理解释、系统解释、历史解释

1. 文理解释。按照语法规则和逻辑规律分析宪法条文的句子、文字及标点符号等,从而说明宪法的内容。

2. 系统解释。通过分析某一宪法规范与其他宪法规范的内在联系来说明宪法的内容。

3. 历史解释。通过考察宪法制定的历史背景以及同旧宪法进行比较来说明宪法的内容。

(三)按解释尺度不同可分为字面解释、限制解释、扩充解释等

1. 字面解释。也称普通含义解释,是指对宪法依据其字面最普通、最常用的含义所进行的解释。

2. 限制解释。指对宪法条文中过于宽泛的含义作符合宪法规范要求的限制的解释。

3. 扩充解释。指对宪法条文规定的含义作广于字面规定含义的解释。

五、我国的宪法解释

或许是由于缺乏行宪经验,对宪法解释的重要性认识不足,我国在制定1954年宪法的时候并未规定宪法解释权及其归属。1954年宪法第31条规定的全国人大常委会职权的第3项是:解释法律。直到1978年宪法,才正式确立了宪法解释权及其归属。1978年宪法第25条规定的全国人大常委会职权的第3项是:解释宪法和法律,制定法令。到了1982年宪法,对于宪法解释权的性质及其重要性的认识有了进一步的提升,将宪法解释权与法律解释权分开,并将前者提到与宪法监督相同的位置。1982年宪法第67条关于全国人大常委会职权的第1项规定是:解释宪法,监督宪法的实施。

按照现行宪法,宪法解释权只明文赋予了全国人大常委会,据此有人认为只有常委会才享有解释权,不过我们认为这种理解失之片面。作为最高国家权力机关的全国人大享有宪法解释权是不言而喻的,尽管宪法第62条罗列的15项全国人大职权中没有该项权力,但是从第11项“改变或者撤销全国人民代表大会常务委员会的不适当的决定”、第15项兜底条款“应当由最高国家权力机关行使的其他职权”的规定以及全国人大常委会与全国人大的关系中,我们都可以得出全国人大享有宪法解释权的结论。只是因为全国人大每年才开一次会,不便于经常行使解释权,所以把它赋予给了常委会。

虽然宪法解释权确立已经三十多年,但是由于我国宪法解释理论研究薄

弱、制度建构粗疏，导致了宪政实践中宪法解释的具体个案寥寥无几。1983年9月2日第六届全国人民代表大会常务委员会第二次会议通过了《全国人民代表大会常务委员会关于国家安全机关行使公安机关的侦查、拘留、预审和执行逮捕的职权的决定》，该决定是常被学界提及的对宪法第37条和第40条进行扩大解释的典型例子。

加大宪法实施力度，加快宪政实践步伐，树立宪法无上权威，是我们社会主义法治国家建设的必由之路，但目前我国的宪法解释制度，远远不能适应这种要求。我们应当进一步加强理论研究，吸取各国有益经验，尽快建立和完善具有中国特色的宪法解释制度。

第二节　宪法的修改

一、宪法修改及其原因

宪法的修改是指国家有关机关依照法定的程序对宪法进行变更、调整、增加或删减的活动。

宪法能否修改曾经是一个问题，有过两种不同的理论。一种是不可修改论，把宪法看成神圣不可侵犯的东西，修改宪法就是亵渎神圣。另一种是可修改论，这其中又有两种不同的观点：一种观点认为，宪法是成立国家的契约，它基于人民的相互承诺，人民可以变更立约的条件，可以用后来的意思表示否定先前的意思表示，因而理论上说宪法是可以修改的。但是因为缔约者是全体人民，变更宪法必须征得全体人民的同意。这当然办不到，所以这种可修改论毫无意义。另一种观点认为，宪法不是什么“契约”而是法律，制宪行为是立法行为而非立约行为。世界上任何一个国家的法律都是可以修改的，宪法只是法律的一种，因此，无论是形式上还是实质上，宪法都可以修改。

当然，我们首先要明确的是，宪法作为国家的根本大法，规定了国家和社会的根本制度和基本原则，它既不同于普通法律，也不同于具有鲜明时代特征的政策规定，它是一部具有前瞻性和延续性的根本大法，也是一个国家和全体公民的行为准则。一部宪法凝聚了一个时期内人们对法治的认可和信仰，而坚定的法治信仰非朝夕之功可致，须经历一个必要的和长期的时间过程来孕育和长成。如果我们频繁地修宪，就会人为地中断这一过程，造成法治文化发展的断裂和人们法治心理上无所适从，从而瓦解宪法的一致性和连续性，破坏宪法的稳定，动摇宪法的权威，消解人们法治认可和宪政信仰的心理积淀。同时,由于宪法是普通法的立法依据,它的修改不仅可能涉及国家一些根本制度和基本原则的改变,而且涉及普通法的制定、修改和废除。总而言之,宪法的修改将可能导致原有社会关系与社会秩序的重构,或者原有法律制度的调整,以及与原有法律制度相适应、相匹配的一系列事项的重新适配。可谓牵一发而动全身,因此,对宪法的修改必须持十分谨慎的态度,应当尽量保持宪法的稳定性和连续性,不要轻易修改,这对于树立宪法权威,构建良好宪政秩序是十分必要的。

然而,不轻言修改并不意味着不修改,宪法应当而且必须适时修改,一劳永逸的想法和做法是错误的甚至是危险的。

从主观上讲,由于人们认识能力的局限,无论多么天才的政治家、法学家,无论他们在立宪的时候怎样竭尽心智,也难免有考虑欠周之处:一方面是对现实未能洞悉无遗;另一方面是对未来的预测不可能绝对准确,致使宪法内容存在缺漏或偏差,这些缺漏或偏差必然影响宪法功能的发挥,所以需要通过修改宪法给予纠正。

从客观上看,法律(包括宪法)的制定总体上是滞后于现实发展的,现实世界犹如一条奔腾向前的河流,处在永恒的变化之中。稳定的宪法与日新月异发展变化着的社会的政治、经济现实之间,迟早总会出现不协调的情况,这种不协调倘若在制度包容范围之内那还没有太大的问题,若是政治、经济生活环境变化巨大,致使宪法规范与社会实际严重脱节,我们还不及时进行调整,以适应社会发展变革需要,则宪法将逐渐丧失对社会的调控能力而成为一纸空文。正如马克思在谈到拿破仑法典时所指出的那样:“这法典一旦不再适应社会关系,它就会变成一叠不值钱的废纸。”[2]再进一步设想,如果由此酿成了剧烈的阶级冲突,甚至导致政变,原有宪法秩序将荡然无存,所谓的宪法终究还不是权威扫地!所以,从适应客观现实、保持社会稳定、维护宪法权威上讲,适时修改宪法尤显重要。

另外,囿于法律文化和立法技术的时代性,宪法典自身也可能存在不完备、不严谨、不明晰等瑕疵,发现以后也应当适时纠正。

二、宪法修改的限制

宪法修改应不应该有一个界限,受不受一定的限制?学术界的意见并不一致,一些学者认为,宪法中任何条文的效力是相等的,不应有高低之别。故

〔2〕《马克思恩格斯全集》(第6卷),人民出版社1958年版,第292页。

主张任何条文均可修改，而一些学者却认为宪法的根本精神、基本原理不能成为修改对象，不得对修改宪法的条文进行修改等等。

从世界各国的宪政实践看，对宪法的限制主要表现在两个方面：

1. 修改内容的限制。即宪法规定的某些内容不能修改。如联邦德国基本法规定，宪法的基本原则不得修改；法国意大利都规定，政府共和政体不得成为修改对象；希腊宪法规定，对公民人身自由不得侵犯条款不得修改。

2. 修改时间的限制。这可以分为消极的限制和积极的限制两种。消极的限制即规定在一定期间内不得修改宪法。如巴西宪法规定戒严期间不得修改宪法；希腊宪法规定宪法公布之日起未满 5 年不得修改等。积极的限制即规定若干年内必须修改宪法。如葡萄牙宪法规定，宪法每隔 10 年修改一次；波兰宪法规定每隔 25 年修改一次等等。

三、宪法修改的方式

1. 全面修改。所谓全面修改，是指对原来的宪法典在不改变宪法根本精神的条件下，从头到尾进行全面研讨、修订并重新公布。全面修改的方式一般是在国家的某些重大问题发生了变化的情况下使用。尽管这种方式形式上废止了原来的宪法文本，公布了新宪法，但新宪法不过是原宪法的继承和发展。

2. 局部修改。所谓局部修改，是指对宪法部分条款进行变更、补充或删除。通常采用宪法修正案的方式来进行。这种方式灵活方便，迅速及时，也较全面修改节省更多的精力和财力。在正常情况下，用局部修改方式比较好。但是，局部修改方式用得太多的话，容易造成法典的零乱感，使用起来不方便，如美国 27 条修正案翻来覆去折腾不便阅读。

除了以上两种正式的、以变更宪法文字表现出来的宪法修改外，有学者提出宪法修改还应该包括非正式的、不变更宪法文字但实际变更宪法内容的方式，称为“无形修改”，即不经由正式修宪机关依照法定程序修改，而是采取其他方法变更宪法内容。就是说，宪法条文没有变，而实际内容已经变更。这种无形修改通常是通过宪法解释、宪法惯例以及其他形式实现的。如我国 1978 年宪法中规定的“无产阶级专政下继续革命”的内容，在这部宪法修改以前就已经被否定了。

但我们也应当注意到，“无形修改”的方式由于缺乏法定的程序予以控制而容易失范，它的随意性、经常性的使用必然损害宪法的规范性价值和无上性权威，所以对其使用应该十分谨慎，更不应该任由其发展演变成为一种被普遍认同的修宪常态。

四、宪法修改的程序

1. 提案。通常是由有立法提案权的国家机关或个人提出修改宪法的问题。例如法国是总统或议员;美国是2/3的议员或2/3的州议会。

2. 议决。议决形式有三种:议会议决;制宪会议议决;全民公决。如日本,先经2/3以上议员赞成,再由国民投票,获得半数以上赞成才能生效。瑞士亦然。

3. 公布。一是由国家元首公布;二是由代议机关公布;三是由行政机关公布。

我国宪法规定,宪法修改由全国人大常委会或1/5以上的全国人大代表提议,宪法修正案由全国人大全体代表的2/3以上通过,修正案应由最高权力机关即全国人大公布,但习惯上是由全国人大主席团予以公布。

五、我国宪法的修改

我国自1954年制定宪法之后,先后于1975年、1978年和1982年进行了三次全面修改,每一次修宪的背景都是国家某些重大问题发生了变化。

我国修宪史上首次采用局部修改方式是在1979年。但当时并没有采用宪法修正案的形式,而是采用了全国人大决议案的形式。1980年的修宪沿用了1979年的形式。1982年宪法实施以后,分别于1988年、1993年、1999年和2004进行了四次修改,这四次修改都采用了宪法修正案的形式。

(一)1975年的宪法修改

1954年宪法实施以后,我国社会主义革命和建设事业取得了巨大进步。到1956年,我国已基本完成了对农业、手工业和资本主义工商业的社会主义改造,并打下了社会主义工业化的初步基础。民族资产阶级已经不再存在,原来的地主阶级分子和官僚资产阶级分子的绝大多数也已改造成为自食其力的劳动者。人民民主政权空前巩固。在新的历史条件下,国内的主要矛盾已经发生了变化,国家的工作重点应当由阶级斗争及时地转移到社会主义现代化建设上来。1954年宪法的部分条款已不能反映社会生活发生的变化,需要作出相应的修改。但是从1957年开始,我国社会主义建设中出现了"左"的错误。政治上的阶级斗争扩大化极大地破坏了宪法的人民民主原则,经济上的瞎指挥破坏了有计划按比例发展国民经济的原则。法律虚无主义观念和"文革"的冲击,致使法制建设停滞不前,全国人大及其常委会长期不能召开会议,修宪工作因此耽搁。直到1975年1月13日,第四届全国人民代表大会第一次会议才得以召开。大会以党的九届二中全会基本通过的宪法修改草案为基础,进行讨论和修改后,于1月17日通过了1975年宪法。

1975年宪法除序言外,有总纲、国家机构、公民的权利和义务以及国旗、国徽、首都,共4章30条。这部宪法继承了1954年宪法有关社会制度和国家制度的基本原则的规定,反映了我国已经进入了社会主义社会这个事实。但是由于它是在“十年动乱”这一特殊的历史条件下修改的,同时,由于“四人帮”反革命集团篡夺了一部分国家权力,并且参与了宪法修改,使得1975年宪法不可避免地打上了极“左”路线的烙印,成为一部有着严重缺点和错误的宪法。主要表现在以下几方面:

1. 在指导思想方面,1975年宪法总体指导思想是“以阶级斗争为纲”和“无产阶级专政下继续革命”的错误理论。这些“理论”建立在对我国阶级状况错误估计的基础之上,是十分有害的。从而给少数野心家、阴谋家搞阶级斗争扩大化、侵犯人权、破坏法制提供了理论和法律的借口。

2. 在民主法制方面,把“大鸣、大放、大辩论、大字报”确认为人民群众创造的社会主义革命新形式。取消了公民在法律面前一律平等的原则,取消了独立审判、公开审判以及辩护制度。

3. 在经济制度方面,否定个体经济存在,规定不切实际的“不劳动者不得食”的原则。取消公民对私有财产的继承权等一系列极“左”的城乡经济政策。

4. 在国家机构方面,确认“文化大革命”造成的国家机构的混乱状态,如取消了国家主席的建制,取消检察机关,把革命委员会确认为地方国家权力机关和行政机关,以政社合一的人民公社取代乡、镇作为农村的基层政权组织等,打乱了国家机关之间的合理分工和正常活动。

5. 在公民基本权利和义务方面,严重混淆了权利义务的概念,缩小了公民权利范围,取消了公民获得赔偿权。取消了公民进行科学研究、文艺创作和其他文化活动的自由,取消了对公民实现权利和自由的物质保障。

6. 在表现形式方面,缺乏应有的规范性、完备性、准确性和科学性,将宪法简括为30条,这就把宪法大量的具体内容变成了空洞的原则和口号,使国家和社会生活的许多重大问题无法可依,甚至用标语、口号代替严谨的法律条文,使得概念含糊、混乱。

(二)1978年的宪法修改

1976年10月粉碎了“四人帮”反革命集团,结束了危害中国十年的“文化大革命”。

1977年8月召开了党的十一次全国代表大会,大会报告提出了我国新时期的根本任务就是:动员一切积极因素,团结一切可以团结的力量,在21世纪内把我国建设成为社会主义强国而奋斗。为了适应新的历史时期的需要,恢复被破坏的社会主义民主和法制,修改1975年宪法,拨乱反正已成为必然。修宪工作由中共中央政治局全体委员组成修改宪法委员会进行。

1978年2月,宪法修改草案经征求各方面的意见和全国人民进行广泛的讨论后,党的十一届二中全会讨论并通过了宪法草案,决定提请五届全国人大一次会议审议。同年3月5日五届全国人民代表大会一次会议正式通过了这部宪法。

1978年宪法在结构上与前两部宪法相同,共4章60条。这部宪法首先恢复了1954年宪法中一些好的原则和制度,恢复了对公民基本权利的规定和国家机关的某些职权,取消了1975年宪法中的错误规定。其次规定了国家在新的历史时期的总任务是在21世纪内把我国建设成为农业、工业、国防和科学技术现代化的伟大强国。但是,由于这部宪法的修改正处于拨乱反正时期,还没有完全摆脱极“左”思想的影响,因此仍然遗留下来一些“文革”的痕迹。如“坚持阶级斗争为纲”、保留了“四大”,在国家机构部分,仍保持了地方国家机关中“革命委员会”的名称等。

1979年7月1日,第五届全国人大第二次会议通过《关于修正〈中华人民共和国宪法〉若干规定的决议》,决定在县和县级以上的各级人民代表大会设立常务委员会,将地方各级革命委员会改为地方人民政府,将县的人民代表大会代表改由选民直接选举,将上级人民检察院同下级人民检察院的关系由监督改为领导。1980年9月10日,第五届全国人大第三次会议通过《关于修改〈中华人民共和国宪法〉第四十五条的决议》,取消原第45条中“有运用‘大鸣、大放、大辩论、大字报’的权利”的规定。

尽管经过两次局部修改,但从整体而言,1978年宪法仍然不能适应国家和社会生活的需求,必须进行全面的修改。

(三)1982年的宪法修改

从1978年党的十一届三中全会到1981年党的十二大召开,我国在政治、经济生活的各个方面发生了重大变化:首先,党和国家工作的重点转移到社会主义四个现代化建设上来。其次,总结了新中国成立32年来的历史经验和教训,完成了思想上的拨乱反正;同时确定了党在十一届三中全会以来所确定的发展生产力,建设社会主义民主与法制,开创社会主义现代化建设新局面的宏伟规划。最后,经济体制改革已全面展开,党提出了对内搞活经济,对外实行改革开放的政策,商品生产的作用得到重视。这一切都标志着我国已开始了历史性的伟大转变。而1978年宪法从它内容的局限性到存在的"左"的错误,都不能适应这一历史性的伟大转变的需要,修宪已迫在眉睫,于是1980年8月30日,中央向五届全国人大提出了《关于修改宪法和成立宪法修改委员会的建议》,五届全国人大三次会议通过了这一决议。1982年4月21日宪法修改委员会向五届全国人大常委会提交了宪法草案,并建议公布交付全国各族人民讨论。4月26日,五届全国人大常委会二十三次会议同意宪法修改委员会的建议,向全国人民公布宪法草案,交全国各族人民讨论。修改宪法草案根据全民意见又作了相应修改后于11月23日提交五届全国人大五次大会审议。12月4日,五届全国人大五次会议以无记名投票的方式通过了1982年宪法。

1982年宪法的结构除"序言"外,由"总纲"、"公民的基本权利和义务"、"国家机构"、"国旗、国徽、首都"四个部分,共4章138条。从这个结构的顺序可以看出,将1978年宪法的第2章"国家机构"变成第3章,而将原来第3章的"公民的基本权利和义务"改为第2章。这一变化体现了国家对保障公民基本权利的高度重视。1982年宪法在继承1954年宪法的基础上,对新的历史时期我国的政治、经济制度作了原则性的规定。其特点是:

第一,确定了党的"一个中心,两个基本点"的基本路线。宪法在序言中明确规定:"今后国家的根本任务是集中力量进行社会主义现代化建设",坚持四项基本原则,完善社会主义各项制度,"逐步实现工业、农业、国防和科学技术现代化,把我国建设成为高度文明、高度民主的社会主义国家"。

第二,强调了加强社会主义民主与法制建设的必要性,确立了宪法在国家生活中的重要地位。并在序言中规定:"全国各族人民、一切国家机关和武装力量、各政党和各社会团体、各企业事业组织,都必须以宪法为根本的活动准则,并且负有维护宪法尊严,保证宪法实施的职责。"第5条还规定:"国家维护社会主义法制的统一和尊严。一切法律、行政法规和地方性法规都不得同宪法相抵触。国家机关和武装力量、各政党和社会团体、各企业事业组织都必须遵守宪法和法律。一切违反宪法和法律的行为,必须予以追究"等。

第三,确认了人民民主专政的国家性质与主权在民的原则。宪法规定"中华人民共和国是工人阶级领导的,以工农联盟为基础的人民民主专政的社会主义国家","中华人民共和国一切权力属于人民,人民行使国家权力的机关是全国人民代表大会和地方各级人民代表大会,人民依照法律规定,通过各种途径和形式管理国家事务,管理经济和文化事业,管理社会事务"。

第四,在经济制度方面不仅规定了社会主义全民所有制经济和各种形式的劳动群众集体所有制经济,而且还规定了城乡劳动者个体经济和中外合资经济。

第五,规定了建设社会主义精神文明的内容。

第六,在公民的基本权利和义务方面,恢复了"公民在法律面前人人平等"的规定,明确规定公民权利和义务一致的原则,增加了公民的人格尊严不受侵犯,公民对国家机关和国家工作人员有批评、监督和建议的权利等。

第七,在国家机构一章作了重大改革,加强了人民代表大会制度,扩大了全国人大常委会的职权,恢复国家主席制度等。

第八,在"一国两制"方针的指导下,规定了"国家在必要时得设立特别行政区",为解决历史遗留问题,维护祖国统一,恢复对香港、澳门行使主权提供了法律依据。

(四)历次宪法修正案

随着我国经济、政治体制改革的不断深入和发展,1988 年、1993 年、1999 年和 2004 年全国人大分别对 1982 年宪法的有关内容进行了四次修改,共计 31 条宪法修正案。

1. 1988 年宪法修正案的主要内容是:(1)确认私营经济的法律地位;(2)规定土地使用权可以依法转让。

2. 1993 年宪法修正案的主要内容是:(1)在序言部分增加了"我国正处于社会主义初级阶段"、"建设中国特色的社会主义理论"、"坚持改革开放"、"中国共产党领导的多党合作和政治协商制度将长期存在和发展"等内容,同时将"把我国建设成为高度文明、高度民主的社会主义国家"修改为"把我国建设成为富强、民主、文明的社会主义国家"。(2)在经济制度方面,确认"农村中的家庭联产承包为主的责任制"是集体经济的一种形式,规定"国家实行社会主义市场经济"。删去了"计划经济"、"国家计划"等用语,将"国营经济"、"国营企业"改为"国有经济"、"国有企业"。(3)在国家机构方面,将县级国家政权机关的任期改为五年。

3. 1999 年宪法修正案的主要内容是:(1)确立了邓小平理论在国家生活中的指导思想地位。(2)确认"依法治国,建设社会主义法治国家"是我国民主政治建设的基本方略。(3)进一步指明"我国将长期处于社会主义初级阶段",并规定"国家在社会主义初级阶段坚持公有制为主体,多种所有制经济共同发展的基本经济制度,坚持按劳分配为主体,多种分配方式并存的分配制度”。(4)确认了“农村集体经济组织实行家庭承包经营为基础、统分结合的双层经营体制”和“个体经济、私营经济等非公有制经济是社会主义市场经济的重要组成部分”。(5)将“反革命的活动”改为“危害国家安全的犯罪活动”等。

4. 2004 年宪法修正案的内容有 14 项,可以从以下几个方面进行归纳:

(1)国策方面:一是将“三个代表”写进宪法,确立“三个代表”重要思想和马克思列宁主义、毛泽东思想、邓小平理论一样,在国家政治和社会生活中具有指导地位。二是将“政治文明”写进宪法,增加“推动物质文明、政治文明和精神文明协调发展”的内容。三是在统一战线的表述中增加“社会主义事业的建设者”。

(2)制度方面:一是进一步明确国家对发展非公有制经济的方针。将宪法第 11 条第 2 款“国家保护个体经济、私营经济的合法的权利和利益。国家对个体经济、私营经济实行引导、监督和管理。”修改为:“国家保护个体经济、私营经济等非公有制经济的合法的权利和利益。国家鼓励、支持和引导非公有制经济的发展,并对非公有制经济依法实行监督和管理。”二是增加建立健全社会保障制度的规定。在宪法第 14 条中增加 1 款,作为第 4 款:“国家建立健全同经济发展水平相适应的社会保障制度。”三是为便于应对各种紧急状态,也同国际上通行的做法相一致。将宪法中关于“戒严”的相关条款作了修改。第 67 条规定的全国人大常委会职权第 20 项“决定全国或者个别省、自治区、直辖市的戒严”修改为“决定全国或者个别省、自治区、直辖市进入紧急状态”,并相应地将宪法第 80 条规定的中华人民共和国主席根据全国人大常委会的决定“发布戒严令”修改为“宣布进入紧急状态”;将宪法第 89 条规定的国务院职权第 16 项“决定省、自治区、直辖市的范围内部分地区的戒严”修改为“依照法律规定决定省、自治区、直辖市的范围内部分地区进入紧急状态”。

(3)权利方面:一是增加尊重和保障人权的规定。在宪法第二章“公民的基本权利和义务”头一条即第 33 条中增加 1 款,作为第 3 款:“国家尊重和保障人权”,这意味着保障人权已经成为我国的一项宪法原则。二是完善了土地征用制度。将宪法第 10 条第 3 款“国家为了公共利益的需要,可以依照法律规定对土地实行征用。”修改为:“国家为了公共利益的需要,可以依照法律规定对土地实行征收或者征用并给予补偿。”三是完善对私有财产保护的规定。将宪法第 13 条“国家保护公民的合法的收入、储蓄、房屋和其他合法财产的所有权。”“国家依照法律规定保护公民的私有财产的继承权。”修改为:

"公民的合法的私有财产不受侵犯。""国家依照法律规定保护公民的私有财产权和继承权。""国家为了公共利益的需要,可以依照法律规定对公民的私有财产实行征收或者征用并给予补偿。"

(4)国家机构方面:一是完善全国人民代表大会组成的规定。在宪法第59条第1款关于全国人民代表大会组成的规定中增加"特别行政区"。二是为了给国家元首的国际交往留有空间,在宪法第81条关于国家主席职权的规定中增加"进行国事活动"的规定。三是修改乡镇政权任期的规定。把乡、镇人大的任期由三年改为五年。

(5)修宪技术方面:一是将长期以来以决议形式确定的国歌正式纳入宪法文本当中。将宪法第四章的章名"国旗、国徽、首都"修改为"国旗、国歌、国徽、首都";并在第136条中增加1款,作为第2款:"中华人民共和国国歌是《义勇军进行曲》。"赋予国歌以宪法地位。二是将"沿着建设有中国特色社会主义的道路"修改为"沿着中国特色社会主义道路"。

第三节 违宪审查

一、违宪审查概述

宪法既定,必须付诸实施,而宪法实施中如影随形须臾不可忽视的情形或者问题便是:"违宪"。

所谓"违宪",是指宪法主体违反宪法的精神、原则或者具体规范从事各种行为的状态。这种违宪的状态,阻碍着宪法从纸面走向现实,妨害着国家权力的正常有效运作,也不断侵蚀着公民神圣的宪法权利。

根据违宪主体是否包括一般公民,可以将违宪分为广义违宪和狭义违宪;根据违宪的法律特征,可以将违宪分为直接违宪和间接违宪,等等。

违宪问题是宪法实施的关键所在,解决违宪问题、消除违宪现象,预防宪法危机,保障宪法顺利实施成为各国宪政实践的着力点与试金石,学者们也为此进行了广泛深入细致周密的研究。

由于制宪者们思维方式不同以及学者们看待分析问题视角的差异乃至用词的偏好,呈现在我们面前的有关制度及其表述大致有如下几种:宪法保障制度、宪法监督制度、违宪审查制度、宪法审查制度、宪法诉讼制度、司法审查制度[3]等等。关于这些制度的内涵与外延、界定与区别,可谓众说纷纭。但我们认为,所有这些制度的终极目的都是为了确保宪法得以顺利实施,而以国家意志去解决违宪问题才是矛盾的主要方面,因此我们比较赞同直指问题核心而且表意明确的"违宪审查"一说。

(一)违宪审查概念

违宪审查,是指特定的国家机关依照法定的程序,对有关法律或者有关行为是否违宪进行审查和处理的制度。

它是现代法治国家必须建立的一种法律纠错机制。试想如果立法机关日常的立法活动或者政府部门的行政行为违反宪法——这几乎是不可避免的事情——却又不能及时有效地纠正,那么宪法的效力和权威无疑将受到损害,作为"写着人民权利的纸"的宪法可能就真的变成了一张废纸,美好的宪政理想也就化为了海市蜃楼。

(二)违宪审查体制

1. 立法机关审查制。起源于英国,与英国的"议会至上"原则有关。在英国,议会权力高于行政机关和司法机关,它制定的法律行政机关无权过问,司法机关也无权审查,议会的法律地位决定了它有权解释宪法、监督宪法实施。它可以通过修改和废除自己制定的法律来保障法律的合宪性,还可以通过监督法院和行政机关行使职权,保障它们行为的合宪性。

2. 普通司法机关审查制。由美国首创。美国宪法原本并未规定由司法机关行使违宪审查权,这种体制是美国最高法院通过1803年的"马伯里诉麦迪逊"案件的审理确立的。由于普通法院在具体案件中有权审查国会制定的法律是否符合宪法以及行政机关的行为是否符合宪法和法律,所以也将这种模式称为"司法审查制"。

3. 专门机关审查制。所谓"专门机关",是指在立法机关或普通司法机关之外另外专门设立的行使违宪审查权的机关。主要是两种形式,一种是被多数国家采用的称为"宪法法院",由奥地利在1920年首先设立;另一种是少数国家采用的称为"宪法委员会",由法国1958年宪法首先规定。宪法法院兼

---

[3] 为方便读者了解,提供有关这些概念的一种诠释:宪法保障,是指为了维护宪法的尊严和权威、保障宪法的原则和精神以及具体规定得以贯彻实施的各项活动和制度。宪法监督,是指由国家和社会各方面力量所进行的监控、督促宪法实施的活动和制度。宪法审查,是指由特定机关对立法或者行为的合宪或者违宪性进行审查并作出处理的制度。宪法诉讼,是指公民因为宪法保护的基本权利受到国家机构及其公职人员侵害时,向法院提起诉讼,法院依据宪法受理案件并作出裁决的制度。司法审查,是指通过司法程序来审查、裁决立法和行政机关是否违宪的制度。

具政治性和司法性的特点,其法官要求具有精深的法律专业知识和相当的政治素养和从政经验,因而,宪法法院通常享有较高的政治地位,其裁决也比较具有权威性。因此,宪法法院在实践中通常成为这些国家解决政治危机和宪法危机的机构。目前世界上采用这种体制的国家越来越多。法国式的宪法委员会实际上是一个政治机构,其政治色彩过浓,比如它的历任总统是当然的宪法委员会的成员。因此,也有人称之为"专门政治机关审查制"。

(三)违宪审查对象

违宪审查对象,是指违宪审查权所指向的对象或范围,即哪些事项应该由违宪审查机关进行审查处理。违宪审查的对象在不同的体制下有所不同,即使是采用同一种审查体制,不同的国家也仍有区别,归纳起来主要有以下几个方面:

1. 规范性法律文件。宪法是国家根本大法,具有最高法律效力。立法机关的日常立法活动是否维护了宪法的最高效力,必须加以审查,否则宪法的最高效力就有可能被经常的立法活动和行政活动侵蚀。这里所指的法律文件,包括立法机关制定的一切法律和其他国家机关制定的法规和规范性文件。违宪审查机关要审查法律、法规及其他规范性文件的合宪性,如果它们的内容与宪法相抵触,则被视为违宪,宣布无效。

2. 国家机关之间的权限争议。国家机关相互之间由于存在权力交叉现象,其权力界限有时很难划清,因此极有可能导致权属争议。解决此种争议,一是通过采取立法措施弥补缺漏,二是由违宪审查机关作出裁决,以理顺有关机关之间的关系。

3. 国家机关及其工作人员的行为。国家机关及其工作人员由于代表国家行使一定的职权,通常会对国家、社会或公民基本权利造成重大影响,他们行为的合宪性必须予以审查。

当这里的"国家机关"是立法机关时,它的行为可能是立法行为,立法行为的结果表现为制定出法律文件,与前述第 1 项有交叉。但立法机关除了制定法律,还有许多其他行为,若其他行为涉嫌违宪,也需要审查。

4. 社会团体、企事业组织的行为。这些法人或组织出于管理上的需要而制定的章程、制度等,有可能造成对公民宪法权利的侵害,应该将其纳入违宪审查的视野。

另外,法国宪法委员会对于总统选举投票、国家就重要事项举行的全民公决投票行使监督权,以保证其活动的合宪性;德国宪法法院对于政党行为的合宪性有权进行审查。德国联邦基本法规定:"凡由于政党的宗旨或党员的行为,企图损害或废除自由民主的基本程序或企图危及德意志联邦共和国的存在的政党,都是违反宪法的。联邦宪法法院对是否违宪的问题作出裁决。”

(四)违宪审查方式及结果

违宪审查方式是指特定国家机关在进行违宪审查时针对审查对象所采取的步骤程序。我们可以根据不同的标准对违宪审查方式进行适当的分类以便于对它们进行更好的分析研究。

需要说明的是,违宪审查对象是多元的,不过目前违宪审查的对象主要是立法机关制定的法律文件,因此在以下描述当中为简明起见只提及了法律文件。

1. 事先审查和事后审查

事先审查和事后审查是根据启动审查的时间节点来划分的。

根据审查是发生在法律文件颁布前还是颁布后,可以将违宪审查的具体方式分为事先审查和事后审查两种,但在宪政实践中多数国家一般都将这两者结合起来使用。

(1)事先审查。又称为预防性审查,是指在法律文件颁布实施以前进行的合宪性审查。一般是由立法机关制定法律时主动进行,或由特定机关提请专门的宪法监督机关进行。如法国,宪法性法律颁布前须交宪法委员会审查是否合宪。经审查认定违宪的法律必须进行修改。

(2)事后审查。是指法律文件颁布之后,在执行和适用的过程中进行的合宪性审查。如意大利,宪法法院在法律公布后法定时期内就其合宪性进行审查。

2. 抽象性审查和具体性审查

抽象性审查和具体性审查是根据审查过程是否涉及具体个案来划分的。

(1)抽象性审查。是指对已经通过尚未颁布的法律文件,或者已经颁布生效的法律文件在执行和适用的过程中,因对它的合宪性产生怀疑而进行审查。由于没有涉及法律实施状况,或并不以具体的争讼事件为前提,而仅对法律条文进行审查,故称为抽象性审查。这种审查方式并不需要通过类似司法机关开庭的程序来进行,而只需要通过对法律文件进行书面审查即可,所以也可以称为书面审查。

(2)具体性审查。这主要是指美国为代表的普通司法机关在审理具体案件的过程中,对案件所涉的法律是否违宪进行的审查。由于法院的目的是审理案件而不是审查法律,只是在具体个案的审理中附带审查相关法律是否违宪。因此这种方式也有人称之为个案审查或附带性审查。被法院宣布违宪的法律原则上只在有关的具体案件中被拒绝适用,不能将违宪的法律撤销。但由于美国实行“先例约束”的判例法制度,上级法院的判决对下级法院有约束力,因此凡被最高法院宣布违宪而拒绝适用的法律,下级法院在以后的同类案件中通常都会尊重和服从“先例”而拒绝适用。

3. 主动性审查和被动性审查

主动性审查和被动性审查是根据审查机关启动审查的主观状态来划分的。

(1)主动性审查。主动性审查是违宪审查机关根据职权和程序,主动对有关法律文件是否违宪进行审查。这种审查既可以是在法律文件颁布之前进行,也可以是在法律文件颁布实施以后进行。

(2)被动性审查。被动性审查是违宪审查机关根据各种宪法主体就有关法律文件是否违宪有疑问提起审查请求而进行的审查。这种审查一般是在法律文件颁布实施的过程当中发生的。

违宪审查的结果根据审查的具体对象有所不同,通常有以下情形:不批准或者撤销、修改违宪的法律、法规以及其他规范性文件;宣告违宪的法律、法规以及其他规范性文件无效;撤销违宪的行为;罢免、弹劾有关人员等。

二、我国违宪审查制度

我国宪法文本中并无“违宪审查”一词,关于全国人大及其常委会职权的规定中使用的词语是“监督宪法”,正是考虑了宪法文本的原因,学者们多半将我国这一制度归纳为“宪法监督制度”,并将该制度进行了“广义”与“狭义”的区分:广义的宪法监督是指国家为了监控、督促宪法实施而建立的各项制度的总称。包括了特定的国家机关的监督和各种社会力量如政党、舆论、公民等的监督;狭义的宪法监督是指特定的国家机关依照法定的程序审理违宪事件的制度。狭义的宪法监督制度实际上就是我们所指称的违宪审查制度。

(一)违宪审查体制

我国的违宪审查制度首先是由1954年宪法确立的。1954年宪法规定,全国人民代表大会是宪法实施的监督机关。但是,1954年宪法所确立的宪法监督制度很粗略,虽然规定了由最高权力机关行使监督权,但对违宪审查的范围、程序和方式等缺乏全面的规定。1975年宪法是在“左”的指导思想下制定的,问题多多,对违宪审查也只字未提。1978年宪法对1954年宪法有所恢复,规定全国人大行使监督宪法实施的职权,全国人大常委会行使解释宪法的职权,但却取消了常委会“撤销国务院的同宪法、法律、法令相抵触的决议和命令”的职权。1982年宪法第62条规定全国人大有权“监督宪法的实施”,第67条规定全国人大常委会有权“解释宪法,监督宪法的实施”,由此可见,我国违宪审查机关是全国人大及其常委会,如果按照前述分类,可以归为立法机关审查制。

(二)违宪审查对象

根据我国宪法、立法法和地方政府组织法的规定,违宪审查的对象主要是:

1. 规范性文件

(1)国家权力机关制定的法律、地方性法规和各种决议、决定。我国的国家权力机关包括全国人民代表大会和地方各级人民代表大会,全国人民代表大会及其常务委员会行使国家立法权。全国人民代表大会有权审查全国人大常委会制定的法律,但全国人民代表大会制定的法律应由谁来审查呢?按照现行体制只能由其自行审查,若与宪法相抵触应在以后的立法中予以纠正。

省级地方国家权力机关制定的地方性法规由全国人大常委会审查,省会市和较大市的地方国家权力机关制定的地方性法规由省级人大常委会和会国人大常委会共同审查。

各级国家权力机关通过的决议和发布的决定也在审查之列。

(2)各级行政机关制定的规范性文件及发布的决定和命令。根据宪法、立法法和地方政府组织法的规定,国务院制定的行政法规,由全国人大常委会审查,国务院各部门规章由国务院审查,省级人民政府制定的行政规章由国务院和同级人大常委会审查,省会市和较大市的人民政府制定的规章由同级人大常委会以及省、自治区人民代表大会常务委员会、人民政府和国务院审查。

根据宪法和地方政府组织法的规定,全国人民代表大会常务委员会审查国务院发布的各种决定和命令;县级以上地方各级人民代表大会及其常务委员会有权审查本级人民政府发布的各种决定和命令;国务院有权审查地方各级国家行政机关发布的决定和命令;上级人民政府有权审查下级人民政府发布的决定和命令。

2. 国家机关主要官员的公务行为

国家机关主要官员的公务行为,由于是代表国家行使职权,通常会对国家、社会或公民基本权利造成重大影响,他们的行为应当予以审查。至于国家机关的主要官员包括哪些,目前并没有统一的认识。

(三)违宪审查方式及结果

按照前述审查方式的分类看,我国违宪审查的方式有事先审查也有事后审查,有主动审查也有请求审查,例如宪法第116条规定自治条例和单行条例须报全国人大常委会批准后生效。这是事先审查。宪法第67条规定全国人大常委会有权撤销国务院制定的同宪法相抵触的行政法规、决定和命令。这是事后审查。另外,由于我国普通法院没有违宪审查权,因此不存在所谓的具体审查而只有书面审查。2004年5月全国人大常委会法制工作委员会新设了一个工作机构——法规审查备案室,该室除了负责法规备案,还要审查下位法与上位法尤其是宪法的冲突和抵触。这种审查就只能是书面审查。

我国违宪审查的结果主要有:(1)不批准违宪法案;(2)撤销违宪的法律、法规、决议、决定和命令;(3)罢免国家机关负责人的职务。

(四)违宪审查制度的完善

自1954年宪法颁布、违宪审查制度确立以来,我国几乎就没有发生过一起严格意义上的违宪审查事件,也没有宣布过某一部法律、法规因为违宪而予以撤销,这真是一个充满无奈的"宪政奇迹"。究其原因,除了法治传统缺失、宪法观念淡薄等以外,违宪审查制度的不完善难辞其咎。

1. 现行违宪审查制度的缺陷

(1)缺乏专门性的违宪审查机关。虽然宪法规定由全国人大及其常委会监督宪法实施,但它们并不是专门从事违宪审查的机关。全国人大及其常委会的工作主要是立法,承担繁重的立法任务,不能专事违宪审查工作。全国人大每年只开会一次,每次会期半个月左右,需要其讨论和决定的全国性的重大问题很多,无暇顾及违宪审查。全国人大常委会虽为常设机关,但从其组成及工作方式来看,也难以使违宪审查工作落到实处而流于形式,不能成为一种专门化和经常性的工作,违宪行为未能得到及时的纠正和制裁。

(2)缺乏违宪审查程序。违宪审查程序是指违宪审查主体行使违宪审查权所必须遵循的方式、步骤、时限等的规则体系。目前我国违宪审查在实体方面尚有法可依,但在程序方面却无章可循,立法法的有关规定也过于简略,以致无法开展监督。

(3)违宪审查的核心内容缺失。宪法第5条第3款规定:"一切国家机关……都必须遵守宪法和法律。一切违反宪法和法律的行为,必须予以追究。"这里的"一切国家机关"当然包括全国人大。这里的"一切违反宪法……的行为",当然应包括全国人大的违宪立法行为。全国人大制定的基本法律违宪的可能性是不能绝对排除的。对基本法律是否违宪的审查,一定意义上说恰恰是违宪审查的核心内容。但目前体制下我们充其量只能是"自查",自查的效果如何不难想象。

(4)违宪审查对象的范围过窄。从我国宪法的规定来看,宪法监督对象基本上限于国家机关和国家机关公职人员的行为,社会团体、企事业组织的行为实际上不在审查之列。而事实是,宪法上确认的公民的基本权利除受到来自国家机关的侵犯之外,还会受到社会团体、企事业组织的侵犯。比如它们制定的章程、规章制度等可能剥夺或限制了公民的基本权利。

(5)违宪制裁措施不力。我国违宪审查最后的结果,根据具体情形,或者是不批准违宪的法律、法规,或者是撤销违宪的法律、法规,或者是罢免违宪责任者的职务。但无论是“不批准”还是“撤销”,严格地说都不具备制裁性。“罢免”虽有一定的制裁性,但它本身并不是一项专门的违宪制裁措施,对违宪责任者的制裁作用甚微。这些都使得违宪审查缺乏应有的严肃性和强制性,降低了违宪审查的权威。

2. 完善我国违宪审查制度

在以上诸多缺陷当中,首当其冲的或者说瓶颈意义上的缺陷就是缺乏专门性的违宪审查机关。这个问题解决了,其他的问题都将迎刃而解。

违宪审查机关的专门化,是二战以后宪法发展的趋势。如何组织违宪审查机关,构建违宪审查体制,学者们纷纷倾其智慧,提出了多种方案,归纳起来无非也是三种模式:第一种模式是在现有的政治体制和现行的违宪审查制度框架内,进一步完善我国违宪审查制度,即在最高国家权力机关下建立专门的违宪审查机关,至于具体的名称、组织、职权等等又各有不同方案。比如,(1)在全国人大之下设立宪法委员会,其地位与全国人大常委会平行;(2)在全国人大常委会之下设立宪法委员会;(3)在全国人大及其常委会之下设立宪法委员会,属于专门委员会性质。第二种模式是参照美国的做法,在最高人民法院内设立宪法审判庭。第三种模式是设立宪法法院。

我们认为,在对中国的违宪审查体制进行建构时,应该考虑以下几个方面问题:第一,广泛考察当前世界违宪审查的发展趋势;第二,深入剖析现行违宪审查体制的缺陷;第三,充分考量中国的国情和基本制度设计;第四,提前预估违宪审查体制的运行效果。

希望在不久的将来,通过我们的共同努力,构建具有中国特色、适合中国国情的违宪审查制度。

延伸阅读

1. 李步云主编:《宪法比较研究》,法律出版社 1998 年版,第六、七、八章。
2. 董和平、韩大元、李树忠:《宪法学》,法律出版社 2000 年版,第五章。
3. 张千帆:《宪法学导论》,法律出版社 2004 年版,第三章。

问题思考

1. 宪法解释与宪法修改的辩证关系。
2. 三种违宪审查模式的利弊比较。
3. 确立我国违宪审查体制应当研究和解决的问题。

图书在版编目(CIP)数据

中国宪法学/汪太贤主编. --2版. --北京:法律出版社,2016.1(2020.4重印)
ISBN 978-7-5118-9112-9

Ⅰ.①中… Ⅱ.①汪… Ⅲ.①宪法-法的理论-中国-高等学校-教材 Ⅳ.①D921.01

中国版本图书馆CIP数据核字(2016)第018292号

中国宪法学(第二版)
ZHONGGUO XIANFAXUE (DI-ER BAN)

汪太贤 主编

责任编辑 陈 慧
装帧设计 凌点工作室

编辑统筹 法律教育出版分社
出版 法律出版社
总发行 中国法律图书有限公司
经销 新华书店
印刷 固安华明印业有限公司
责任印制 胡晓雅
开本 720毫米×960毫米 1/16
印张 13
字数 220千
版本 2016年1月第2版
印次 2020年4月第6次印刷

法律出版社/北京市丰台区莲花池西里7号(100073)
网址/www.lawpress.com.cn
投稿邮箱/info@lawpress.com.cn
举报维权邮箱/jbwq@lawpress.com.cn
销售热线/400-660-8393
咨询电话/010-63939796

中国法律图书有限公司/北京市丰台区莲花池西里7号(100073)
全国各地中法图分、子公司销售电话:
统一销售客服/400-660-8393/6393
第一法律书店/010-83938432/8433 西安分公司/029-85330678 重庆分公司/023-67453036
上海分公司/021-62071639/1636 深圳分公司/0755-83072995

书号:ISBN 978-7-5118-9112-9 **定价**:24.00元